云南省自然科学基金青年项目（202401AU070113）成果

上下级关系

图式匹配对员工建言行为的

影响机制研究

RESEARCH ON THE INFLUENCE OF
SUPERVISOR-SUBORDINATE
RELATIONAL SCHEMA CONGRUENCE ON EMPLOYEE VOICE BEHAVIOR

代毓芳 ◎ 著

经济管理出版社
ECONOMY & MANAGEMENT PUBLISHING HOUSE

图书在版编目（CIP）数据

上下级关系图式匹配对员工建言行为的影响机制研究 /
代毓芳著 . -- 北京 ：经济管理出版社，2025. 7.
ISBN 978-7-5243-0377-0

Ⅰ. F279. 23

中国国家版本馆 CIP 数据核字第 2025DE7046 号

组稿编辑：杜　菲
责任编辑：杜　菲
责任印制：张莉琼
责任校对：王纪慧

出版发行：经济管理出版社
　　　　　（北京市海淀区北蜂窝 8 号中雅大厦 A 座 11 层　　100038）
网　　址：www. E-mp. com. cn
电　　话：（010）51915602
印　　刷：唐山玺诚印务有限公司
经　　销：新华书店
开　　本：720mm×1000mm/16
印　　张：17. 25
字　　数：263 千字
版　　次：2025 年 7 月第 1 版　　2025 年 7 月第 1 次印刷
书　　号：ISBN 978-7-5243-0377-0
定　　价：88. 00 元

前　言

　　在中国情境下的组织中，员工有意建言却没有付诸行动的现象频频发生，主要原因在于员工对上下级关系的顾虑。尽管针对员工建言行为的影响因素已取得较为丰富的研究成果，但却忽视了个体对上下级关系的内隐认知这个关键影响因素。与聚焦于上下级关系实际特征的领导成员交换、上下级关系、上下级匹配等不同，上下级关系图式表征了个体对上下级关系应有模式或特征的认知，它解释了领导和下属在关系互动过程中的行为准则，亦可能成为解释员工建言行为的关键因素。此外，过往研究多从领导角度探讨对员工建言行为的影响。考虑到员工镜头角度的缺失，本书从领导与下属的关系图式匹配角度出发，探讨上下级关系图式匹配对员工建言行为的影响机制。

　　为构建研究的理论模型，首先，系统回顾了相关理论文献，进一步明确了研究核心变量的概念、结构与测量。具体来说，核心变量包括上下级关系图式、员工建言行为、积极关系情感基调、认知灵活性和任务互依性。其次，基于开放式调查（76份）和半结构化访谈（52份）所获数据，采用归纳分析法，从实践的角度验证了上下级关系图式四维结构的合理性，并依据案例对上下级关系图式匹配与员工建言行为之间的关系展开了质性分析，探索其中可能存在的中介机制，为后续的理论构建以及量表的选择奠定了基础。基于质性分析结果，结合相关的理论基础，包括关系图式理论、认知—情感系统理论和人—环境匹配理论，构建了本书的理论模型及相关假设。最终以83个团队338名下属的有效配对数据进行验证，采用跨层次多项式回归分析、块变量分析和选点法对相关假设进行了检验。

本书的实证检验以四个子研究展开，分别探讨了不同维度的上下级关系图式匹配对员工建言行为的影响机制，情感路径下积极关系情感基调和认知路径下认知灵活性的中介作用，以及任务互依性的调节作用。结果发现：①情感共享性关系图式匹配和照顾回报性关系图式匹配能够正向预测员工的建言行为。权威服从性关系图式匹配能够负向预测员工建言行为，且主要负向预测员工的抑制型建言行为。而工具交换性关系图式匹配对员工建言行为没有影响。②积极关系情感基调在情感共享性关系图式匹配、照顾回报性关系图式匹配、权威服从性关系图式匹配与员工建言行为的影响关系中起中介作用，且主要中介了对员工促进型建言的影响，而在工具交换性关系图式匹配对员工建言行为的影响关系中未起中介作用。③认知灵活性在上下级关系图式匹配与员工建言行为的影响关系中起中介作用，包括情感共享性关系图式匹配、工具交换性关系图式匹配、照顾回报性关系图式匹配、权威服从性关系图式匹配对员工建言行为的影响。④任务互依性加强了工具交换性关系图式匹配和权威服从性关系图式匹配对积极关系情感基调的影响，也加强了工具交换性关系图式匹配、照顾回报性关系图式匹配和权威服从性关系图式匹配对认知灵活性的影响。

本书研究的理论贡献包括：第一，聚焦于上下级关系图式，不仅拓宽了从人际关系视角探讨员工建言行为的研究视角，还丰富了关系图式理论的应用情景，为上下级关系图式领域研究贡献了新的知识。第二，从人际关系视角，基于认知—情感系统理论揭开了领导—下属上下级关系图式匹配影响员工建言行为的过程"黑箱"，在一定程度上区别了促进型建言和抑制型建言的差异成因，丰富了员工建言行为的发生机制。第三，探讨了不同维度的上下级关系图式匹配对员工建言行为的影响，不仅突破了以往有关员工建言行为研究的单一视角（领导视角或下属视角），而且拓展了上下级关系匹配"一致性最优"的假设，是对人—环境匹配理论的有益补充。第四，从工作特征的情境因素拓展了上下级关系图式匹配影响员工建言行为过程的边界条件。

基于以上分析，本书讨论了对企业实践管理的建议：第一，重塑个体对上下级关系的内隐认知，避免掉入思维模式陷阱。第二，营造良好的上下级关系企业文化，避免员工"销声匿迹"。第三，重视上下级关系的情感基调管理，激发员工建言行为。第四，开展员工认知灵活性训练，增强员工多情境适应能力。

目　录

第1章 绪论

1.1 研究背景

1.1.1 现实背景

1.1.1.1 员工的建言行为供给无法与组织的建言行为需求匹配

员工的建言行为是指员工就组织中现有的问题和促进组织进步与提升的想法与领导沟通交流的行为。面对VUCA环境①，组织环境复杂性以及竞争激烈度不断提高。企业为了提升自己在行业内的地位，迫切需要不断进行创新和变革。而员工的直言进谏有助于帮助企业开拓思路，及时纠正错误，对企业的绩效提升和创新有重要作用。尽管中国历史上有很多与建言相关的美谈，如从善如流的唐太宗与犯颜直谏的谏臣魏征，但在实际的组织管理中，员工往往对组织中存在的问题视而不见，或即使有建言意愿也未能将之付诸行动。与西方组织情景中司空见惯的向上建言现象形成对比，对在中国文化背景下华人组织中的下属而言，向领导建言始终属于不敢问津的"敏感"地带。因此，对解释中国文化情境中的员工建言行为发生之

① VUCA为Volatility（易变性）、Uncertainty（不确定性）、Complexity（复杂性）、Ambiguity（模糊性）的缩写。

本土化研究展开探索很有必要，有助于了解其行为选择背后的原因，促进员工打破沉默，主动表达自己的想法、意见和观点。

1.1.1.2 员工的建言行为与中国的文化价值观之间存在矛盾

事实上，中国文化中所蕴含的诸多要义均可能对员工建言行为产生限制。首先，中国社会既不是社会本位也不是个人本位，而是关系本位。这与西方的组织情景大相径庭。在管理学领域，关系发挥着重要的作用。西方组织中的上下级关系主要指领导成员交换，这一点已被证明为影响员工态度与行为的重要因素。但中国的上下级关系与之不同，其超越了领导成员交换所指的工作场所关系，常常包含工作之外的"私人关系"，具有强烈的"私人感情"和非正式的感情色彩。上下级关系的亲疏对员工建言行为有很大影响。亲近的上下级关系可以促进员工自然地表达自身的想法和意见，不佳的上下级关系则导致员工谨言慎行。此外，当上下级关系比较一般时，中国人对人际和谐的较多推崇，对人情法则的工具性思考以及根深蒂固的面子意识，都可能成为员工建言行为的阻碍。

其次，从权力距离的视角来看，中国文化中仍然存在较为明显的尊卑观念。受儒家"上尊下卑""忠孝顺从"等传统思想影响，组织内部上下级关系往往更强调对领导的尊重与服从。尽管随着社会现代化进程的推进，平等与独立的理念日益受到重视，但"官本位"等观念在一些组织实践中依然可见，使得员工在向上级表达意见时倾向于保持谨慎。在这样的文化氛围中，建言行为有时会被视为对领导权威的挑战。因此，员工在提出建议时往往会更加犹豫，从而在一定程度上抑制了建言行为的发生。

1.1.1.3 有必要对中国文化背景下员工建言行为的发生机制展开本土化研究

中国文化具有十分丰富的内涵，即使现代社会已经发生剧烈的变迁，传统文化或儒家伦理观仍然对现代组织中的个体有重要影响。中国社会是关系本位的社会，这表明中国人的行为具有很强的情境性。中国人在不同的关系情境下，相应的行为方式也会依情境而变化。也就是说，上下级之间不同的关系模式会影响领导与下属在关系互动中不同的行为展现。因此，在组织中研究具体的上下级关系情境或模式对员工建言行为的影响尤其重要。从文化层次具体到微观层次，中国文化塑造了个体对上下级关系"应该具备哪些特征"的内隐认知，员工建言行为会受到个体对上下级关系间应有模式或特征认知（上下级关系图式）的影响。这可能是解释中国员工为何缺乏建言的核心原因，值得继续深入研究。本书响应本土化研究热潮，探索领导与下属所持的上下级关系图式如何能够对员工建言行为产生影响，有助于揭开刺激员工将建言意愿转化为行为的方法路径，以期对中国企业的实践管理提供借鉴和建议。

1.1.2　理论背景

员工建言行为（Employee Voice Behavior），也被译作员工谏言行为。目前学术界并未对两种译法做出明确区分，均指员工对组织有益的想法、建议或者忧虑（Morrison，2011）进行主动的沟通。"谏言"的翻译始于韩翼等（2020）认为中国古代历来就有"进谏"一说，因此他们将"voice"翻译成"谏言"，在其研究中所使用的量表也与以往"建言"研究无明显差异，强调对员工所展现出的建言行为评估，建言对象为"他者"，可能包括同事、团队或领导。"谏"，依据现代汉语字典的释义，指旧时规劝君主或尊长，使改正错误，用于从下对上的直言规劝。而在具体的研究情境中，依据员工建言的对象不同，建言可分为平行建言以及上行建言两个维度（段锦云等，2017）。可以看出，"谏言"从字面上更凸显了建言的方向是从下对上的建言，而"建言"则没有那么明显的方向性。本书主要聚焦于下对上的建言，为避免歧义，仍延续采用经典译法，将 voice 翻译为建言。

学术界针对员工建言的影响因素展开了研究，多集中在员工的个体因素和与领导互动的二元层次的影响因素上。其中个体层次的研究，如员工的性格特质和价值观等因素，虽然有益于企业甄别偏好建言的员工，但对于促进现有的组织成员打破沉默选择建言的借鉴意义有限。而二元层次的研究主要集中在不同领导行为和领导—成员交换质量对建言的影响上，尤其是不同领导行为对建言的促进或抑制作用。尽管学术界针对员工建言的研究已经取得了比较丰富的成果，但仍存在以下几点不足：

（1）研究忽略了个体对上下级关系的内隐认知可能产生的影响。从关系视角来看，现有的研究均聚焦于上下级关系的实际特征对员工建言行为的影响，如领导成员交换、上下级关系、上下级匹配等。这类研究虽强调了上下级关系互动的结果对员工建言的重要性，却未对上下级之间的关系应该如何互动才能有效促进员工建言做出回答。近年来，由社会认知理论在组织领域的应用所诞生的内隐领导理论和内隐追随理论，为研究领导与下属的关系互动提供了全新的视角。内隐领导（追随）理论是指个体对领导者（追随者）应有属性或特征的认知图式，包括原型和反原型。在上下级的互动过程中，各互动主体会依据心中的认知原型对领导（下属）进行评估和分类，进而影响双方关系、态度和行为。例如，Goswami 等（2017）研究发现，领导的追随原型会影响员工的工作绩效和组织公民行为。员工的内隐追随原型匹配和内隐领导原型匹配会相互影响，并经由领导—成员交换的中介机制，共同作用于员工的角色内行为和组织公民行为（孔茗等，2019）。这两个理论提供了一个由个体的"内隐认知（原型）→匹配加工过程→态度或行为"的理论框架，但两者均忽视了在二元关系层次上针对"上下级关系"应有特征的内隐认知结构。后有 Huang 等（2008）、Tsai 等（2017）关注到，个体对上下级关系应有模式或特征的认知，即上下级关系图式，也会影响个体的态度和行为。与领导成员交换或上下级关系等关注上下级的关系实际特征不同，上下级关系图式作为一种重要的认知结构，聚焦于关系的"应然"特征。即上下级之间应该存在何种关系？特别地，蔡松纯等（2015）还就中国文化情境下的上下级关系图式内涵进行了细致的梳理和论证，将上下级关系图式依据关系的亲疏程度和权力距离分为情感共享性、照顾回报性、工具交换性和权威服从性四个维度，对增进中国情境下上下级关系互动的理解有很大帮助。因此，本书从关系的内隐认知角度出发，探讨上下级关系图式对员工建言的影响。这不仅能丰富从关系视角分析员工建言行为的前因机制，还能有效弥补内隐领导理论和内隐追随理论的研究不足。

（2）研究多基于西方情境和理论的推演和验证，忽视了华人文化独具特色的影响机制。首先，西方文化所发展出来的组织理论，强调逻辑理性、正式职权，领导者凡事希望通过制度层次的应对措施来进行管理；华人组织中的管理方法则充满了许多人与人之间非正式的关系，领导也较看重人际之间的情感联系。在"关系取向"的华人社会中，个体与他人的互动讲究"因人而异"。因此，领导与下属之间的关系是影响员工行为的重要变量。从关系互动视角来看，现有研究大都基于社会交换理论，重点探讨领导成员交换对员工建言的影响，并取得丰硕成果，其重要性不言而喻。但领导成员交换聚焦于工作层面的互动关系，仅涉及工作上的往来，忽略了华人组织中公、私领域高度重叠的特色。因此，仅通过领导成员交换无法摸清关系在华人组织中的全貌。其次，从理论框架来看，最为常用的社会交换理论在解释中国的上下级互动方面可能并不准确（Farh et al.，2007；Roclcstuhl et al.，2012）。社会交换的前提是交换双方地位平等和身份独立（Blau，2017），而上下级之间往往并非如此。因此，利用社会交换机制解释中国情境中的组织现象需要谨慎（朱苏丽等，2015）。

（3）研究多从领导角度探讨对员工建言的影响，员工视角相对被忽略。过往研究多以领导者为中心，探讨领导行为或领导成员关系质量如何对员工的心理或认知产生影响，进而影响员工建言。例如，通过影响员工的心理安全感、互惠信任、自我效能感、工作满意度等。这类研究大都基于领导力领域的研究基础，强调了领导者在上下级互动中的重要作用，但这可能掩盖了追随者本身在互动中所发挥的作用。领导力是领导者与追随者之间相互的、动态的互动过程，这涉及双方的特征、行动和反应，而以追随者为中心的研究视角能够帮助我们更好地理解领导与下属互动的动态过程（Uhl-Bien et al.，2018），但鲜有研究从员工角度对上下级关系互动与建言行为进行讨论。

总而言之，对中国文化背景下的组织管理而言，如何刺激员工打破沉默惯性，将建言意愿转化为行为仍是大多数企业面临的难题。尽管为解决这个问题，以往研究已做出诸多有益的尝试，但仍存在些许局限。在讲究关系社会和高权力距离的文化背景下，员工建言行为本身所具备的亲社会性和挑战性强度应该是随着具体的关系情境变化而变化的。换句话说，对中国的员工而言，是否向领导建言既不取决于个人自身的某些性格特质，也不取决于建言本身所附带的亲社会性，而是取决于与领导之间的关系是何种关系模式。从这个角度来看，探讨上下级之间应该存有何种关系才能有效促进员工建言可能成为解释中国背景下员工建言行为背后的关键原因。过往研究仅解决了高质量的上下级关系为何能够影响员工建言问题，但进一步，什么样的上下级关系能够叫作"高质量"的上下级关系？"高质量"的上下级关系应该具备什么特征？这些问题仍未得到回答。上下级关系图式作为个体对上下级关系间应有模式的认知结构，表征了个体对上下级之间应该存有何种关系的看法，恰好能够从一个全新的角度帮助企业管理者或员工理解上述问题，并通过有意识地重塑个体的认知改变自身的行为。

　　当前，上下级关系图式的研究正处于起步阶段。探究上下级关系图式匹配对员工建言的影响有其独特的理论价值和现实意义。从管理实务来看，企业为实现组织目标或团队绩效，促进员工大胆建言，总是不遗余力地花费时间与金钱来甄选合适的领导者和员工，或是用各种不同的方式对领导和员工的态度或行为进行培训。然而，直接针对行为的训练往往无法获得持续性的改善。若能追本溯源先调整个体的上下级关系图式，由此引导出的态度与行为的改变应更为有效。本书关注个体的上下级关系图式如何影响员工建言行为，所得结论能在一定程度上为改善企业管理中员工惯性沉默的问题提供依据，以期为企业创新发展提供支持。

1.2　问题的提出

　　通过上述分析本书认为，为了进一步厘清中国情境下解释员工建言

行为背后的发生机制，有必要从关系视角入手，探讨个体的上下级关系
图式对员工建言行为可能产生的影响。员工建言行为是下属在与领导的
关系互动中所展现的典型行为，而在上下级关系中，关系图式又表征了
双方对人际交往的期望和评价标准，会被彼此用来解释对方的态度和行
为，并指引自身后续的行为表现（Baldwin，1992，1997）。这表明虽然
员工建言行为具有亲社会性，但建言的真正效用或意义在一定程度上是
在领导的头脑中才建构起来的，这与领导力的效用在一定程度上是在下
属的脑中建构同理（Lard & Maher，1991；Hernandez & Sitlcin，1997）。
换句话说，下属建言行为的意义并不一定与领导心目中的建言行为意义
相同。例如，下属为了组织发展向领导直言进谏，而领导却将下属的建
言行为视为挑战自己的权威，不给自己面子，不但不会接受下属建言，
甚至还会对下属的绩效评价产生负面影响（Burris，2012）。正是因为领
导和下属均站在自己的视角权衡得失，缺少共同的价值判断标准，使得
员工在建言时产生了诸多顾虑，阻碍了员工建言行为的发生。因此，识
别出具体的关系图式内容并探讨关系图式在领导—下属人际关系中对员
工建言行为的影响作用具有重要的理论价值和实践意义。鉴于此，本书
旨在分析领导—下属的上下级关系图式匹配对员工建言行为的影响机
制，以期为企业的实践管理提供启示和建议。主要包括以下几个研究
问题：

1.2.1 在上下级的关系互动中，领导—下属上下级关系图式的匹配状态是否会对员工建言行为产生影响？

鉴于上下级关系图式是一种内隐认知，不是外显的特征或行为，不同
的个体由于过往的人际交往经验不同所持有的上下级关系图式也会有所差
异。因此，在领导与下属的关系互动中，领导与下属可能持有不同的上下
级关系图式。倘若领导和下属持有的关系图式各不相同，那么这种差异将
如何影响他们的互动及后续的建言行为？这就牵涉到下属和领导的匹配性
问题。依据人—环境匹配（Person-Environment Fit）理论，匹配被定义为

人与环境之间的相似性、兼容性、匹配度或一致性（Guan et al.，2021）。领导—下属的关系图式匹配属于人—主管匹配（Person-Supervisor Fit）的范畴，关注上下级之间关系图式的一致性匹配。Tsai等（2017）研究发现，领导和下属在关系图式上的匹配能够有效提升领导成员关系，也能通过影响下属对领导的信任进而对员工绩效产生影响（王雁飞等，2021）。因此，作为影响上下级交往互动的关键因素，本书提出领导与下属关系图式的匹配不仅是建立良好上下级关系的前提，也是员工建言行为的重要预测因素。

1.2.2 不同的上下级关系图式匹配对员工建言行为的影响是否有差异?

有关上下级关系图式的研究表明，领导与下属在不同维度上的关系图式匹配可能会导致不同的结果。例如，Tsai等（2017）研究发现，情感性关系图式一致性对下属评价的LMX（Leader-member Exchange，领导—成员交换）有正向影响，而工具性关系图式一致性对下属评价的LMX则有负向影响。这启示本书即使是在领导—下属匹配的状态下，不同维度的上下级关系图式匹配也可能对员工建言行为产生不同的影响。然而，Tsai等（2017）对上下级关系图式的划分过于简单，仅靠情感性和工具性无法全面概括出上下级关系图式的具体内涵（代毓芳等，2022），尤其对揭开中国背景下上下级互动过程中的关系图式匹配所能产生的影响解释范围有限。因此，本书在蔡松纯（2012）、蔡松纯等（2009，2015）对上下级关系图式内涵更为全面的研究基础上，进一步确认上下级关系图式的具体内涵，并探讨领导和下属的上下级关系图式在情感共享性、工具交换性、照顾回报性以及权威服从性四个不同维度的匹配对员工建言行为是否也存在差异化的影响。

1.2.3　领导—下属上下级关系图式匹配影响员工建言行为的过程机制是怎样的？

员工建言行为是一种兼具亲社会性和挑战性的角色外行为，所以学者大都将其视为员工理性衡量之后的结果，即在衡量建言的效用和成本之后做出的理性选择（Morriswn，2011）。也有研究指出员工的建言行为是以情感为载体的，员工可以依靠直觉进行决策并付诸行动。例如，Zhang 等（2019）、徐振亭等（2019）、隋杨等（2019）、Zhang 等（2020）发现，员工的积极情绪和消极情绪体验能够直接对建言行为产生影响。可以看出，认知要素和情感要素对员工的建言均有十分重要的影响。认知—情感系统理论强调，个体对情境反应的主动适应性，认为人都是积极的、有目标的，并会根据变化制订计划不断适应。而建言行为作为个体主动行为之一，是个体主动适应情境的典型代表（Parlcer et al.，2010）。基于此，本书将员工视为感性与理性结合的有机体，通过建立情感和认知双路径来观察建言行为的形成机制，并确认在不同路径下上下级关系图式匹配影响员工建言行为的关键机制。

1.2.4　是否存在跨层次的调节作用？

上下级关系图式匹配可能通过不同的路径影响员工建言，在此过程中是否存在边界条件？或者说，在怎样的条件下，这些路径的作用会更强？根据个体—情境交互视角，情境因素会削弱或强化个体层次自变量对因变量的影响。也就是说，员工的建言行为不仅会受到关系互动时个体层面的影响，还与其所处的情境因素有密切联系。虽然现有研究陆续揭示了上下级匹配影响效应的权变条件，但对工作特征的权变作用缺乏探讨（彭坚等，2019）。本书引入上下级的任务互依性作为影响上下级关系图式匹配发挥功效的权变因素，分析领导和下属的任务互依性对上下级关系图式匹配影响员工建言行为过程中的调节作用。

1.3 研究意义

1.3.1 理论意义

现有研究在理解员工建言行为的前因影响方面已经取得较为丰硕的理论成果，从个体层次、双元层次到组织层次的诸多因素皆有涉及。然而，仍旧无法解释领导与下属的上下级关系图式匹配如何影响员工建言行为的形成机制。本书基于关系图式理论、认知—情感系统理论和人—环境匹配理论构建上下级关系图式匹配影响员工建言行为的作用机制模型，利用开放式调查问卷、半结构化访谈和上下级配对问卷等多种方法进行归纳分析、理论演绎和实证研究。本书的研究目的如若实现可以达到以下几个理论意义：

（1）拓展员工建言行为的前因研究，为解释员工建言行为的发生提供新的理论视角。基于关系图式理论，引入上下级关系图式的概念，从领导和下属的双边视角探讨领导和下属对上下级关系的内隐认知对员工建言的影响，为解释员工建言行为的发生提供了一种新的视角。这弥补了以往研究仅聚焦于上下级关系的"实然"特征而忽视"应然"特征对员工建言行为产生影响的不足。

（2）拓展上下级关系图式的后果研究，丰富上下级关系图式领域的相关知识。上下级关系图式领域的研究正处于起步阶段，尽管已逐渐受到学者的关注和重视，但有关上下级关系图式的后果研究仍十分有限。以往研究探讨了领导与下属的上下级关系图式匹配对领导成员交换以及员工绩效的影响，对员工建言这样的角色外行为则缺乏关注。本书探讨了领导和下属的上下级关系图式匹配对员工建言行为的影响，是对上下级关系图式领域研究的有益补充。

（3）构建上下级关系图式匹配影响员工建言行为的认知路径和情感路径，揭开上下级关系图式匹配影响员工建言行为的过程机制。以往研究大多将员工建言行为视为下属回报领导的一种社会交换行为，以此突出其亲社会性的特征。或是聚焦于员工建言行为的挑战性特征，强调心理安全感等心理资源的重要性。这无法将员工建言行为的多重属性进行整合，对理解员工建言行为的发生机制难免有些片面。本书考虑员工建言行为的多重属性，针对亲社会性和挑战性，提出积极关系情感基调和认知灵活性在上下级关系图式匹配与员工建言行为间的双元路径，有利于更加全面地了解员工建言行为的原因。

（4）从工作任务特征方面提出上下级关系图式匹配影响员工建言行为双元路径的边界条件，探讨上下级关系图式匹配影响效果的权变因素，使领导—下属上下级关系图式匹配对员工建言行为的研究更系统、更全面。过往研究多聚焦于上下级关系图式的直接作用结果或中介机制，忽视了情景因素的调节作用。从上下级匹配视角来看，虽然现有研究陆续揭示了上下级匹配影响效应的权变条件，但工作特征的权变作用仍缺乏探讨。本书引入任务互依性作为调节变量，并构建被调节的中介作用模型，有助于进一步完善上下级匹配对员工态度或行为影响的作用边界。

1.3.2　实践意义

（1）对企业与管理者而言，本书有助于提高组织中领导的人际关系管理，特别是与下属之间的关系，为企业促进员工的建言行为提供参考。首先，为组织管理者提供上下级之间应该存有何种模式才能有效促进员工建言的参考意见，指引领导更好地处理好上下级关系。其次，为企业对员工的关系图式展开相关培训和干预提供了研究支持。实践中，企业通常是对领导或员工的态度和行为展开培训，但这种直接针对行为的训练往往无法获得持续性的改善。若能追本溯源先调整个体的上下级关系图式，由此引导出的态度与行为的改变应更为有效。虽然短时间内，个体的上下级关系图式不易改变，但只要经由组织文化或相关培训长期积累的熏陶，企业仍可以通过重塑员工的关系图式以达到管理目的。本书通过分析领导和下属不同上下级关系图式匹配对建言行为的影响，为组织进行上下级关系管理、建言管理等方面提供参考和建议。

（2）对员工而言，本书有助于员工意识到不同关系图式的作用后果，从源头调整自己对待上下级关系的期望和认知，从而既能管理好自身与领导间的上下级关系，又能更好地利用建言为组织做出贡献。在中国文化背景下，如何在不影响上下级关系互动的同时积极主动地向领导出谋献策是很多员工的目标和理想。本书旨在通过研究上下级关系图式匹配影响员工建言行为的机制，帮助员工理解自身对上下级间的关系期望所能发挥的重要作用，为员工的上下级关系期望管理提供建议和启示。这使得员工在调整好自我认知的基础上，既能管理好与领导之间的关系，又能主动为组织的发展出谋献策。

1.4　研究内容与方法

1.4.1　研究内容

本书关注四个主要问题：①在上下级的关系互动中，领导—下属上下级关系图式的匹配状态是否会对员工建言行为产生影响？②不同的上下级关系图式匹配对员工建言行为的影响是否有差异？③领导—下属上下级关系图式匹配影响员工建言行为的过程机制是怎样的？④是否存在跨层次的调节作用？基于关系图式理论、认知—情感系统理论和人—环境匹配理论，研究试图明确上下级关系图式匹配对员工建言行为的影响机制及其边界条件。

首先，探讨不同维度的上下级关系图式匹配如何影响员工建言。从领导与下属的双边视角，关注上下级关系图式的不同匹配状态如何影响员工建言。

其次，在情感路径上，对于在上下级关系之间的积极关系情感基调是否会对员工建言行为产生影响，在领导—下属上下级关系图式匹配与员工建言行为间扮演什么样的作用，现有研究还缺乏探讨。因此，检验积极关系情感基调在上下级关系图式匹配与员工建言之间的中介作用，并探讨任务互依性的调节作用。

最后，在认知路径上，假设认知灵活性在上下级关系图式匹配与员工建言行为间发挥中介作用，并探讨了任务互依性的调节作用。

1.4.2　研究方法

本书主要基于文献研究、质性探索与实证研究相结合的方式展开。在数据的分析处理上则主要采用 Nvivo11、SPSS、HLM、Mplus 和 R 等软件进行。

首先，针对上下级关系图式匹配和员工建言行为相关文献展开系统回顾。在对现有文献的分析总结之后发现目前研究的不足，且并未对本书的自变量影响因变量的过程提供足够清晰的证据链，不利于研究模型构建。接着，为厘清上下级关系图式匹配对员工建言行为的影响过程展开一次质性调查，通过开放式问卷和半结构化访谈，采用归纳分析法从实践的视角验证上下级关系图式四维结构的合理性，并试图探索上下级关系图式匹配对员工建言行为的过程"黑箱"，为后续的理论模型构建和量表选择提供视角和实践支撑。其次，基于归纳分析的结果，结合相关理论最终构建出研究的理论模型。最后，采用上下级配对的问卷调查法收集数据对所构建的理论模型进行实证检验。

问卷调查法是管理研究中最常用的研究方法，具有节省时间、调查范围较广、结果便于量化等优点。倘若所选量表的信效度较高，问卷调查通常可以收获高质量的研究数据。鉴于此，采用问卷调查法对实际工作中的企业职员展开调查并用于本书所提出理论模型的实证检验。在正式的问卷调查之前依据研究目的进行量表选择和问卷设计。在量表选择方面，尽量选取国内外已经发表在权威期刊上的量表。英文量表则遵循翻译和回译的原则，邀请博士生和同行学者进行讨论。尽量做到题项表述既保持与原量表一致，又确保符合中国语境。此外，对于改编后的量表进行预调研，对量表的信度和效度进行评价。

统计分析法是管理学、社会学和心理学中常用的分析方法。本书通过上下级配对的问卷调查法收集用于实证检验的数据。根据所得数据的特征，利用 Nvivo11、SPSS、HLM、Mplus 和 R 等软件进行信效度分析、多项式回归分析和响应面分析，以检验领导—下属上下级关系图式匹配影响员工建言行为的直接效应、间接效应和调节效应。

1.4.3　技术路线

本书采用开放式问卷、半结构化访谈、归纳性分析和问卷调查等方法开展研究。技术路线如图 1.1 所示，主要包含了研究方法、研究内容和研究思路三部分。整体研究思路遵循提出问题、分析问题、解决问题、方案实施的步骤进行，在每个阶段都设计了相关的研究内容。首先，在提出问题阶段，对实践背景和相关的理论文献进行系统的回顾与分析，包括上下级关系图式、建言行为、认知灵活性、关系情感基调和任务互依性，总结现有研究的不足。其次，在分析问题阶段，采用归纳性分析的方法，结合上下级关系图式和建言行为的相关理论文献，构建上下级关系图式匹配影响员工建言行为的直接效应模型、认知—情感双元中介模型以及调节效应模型。最后，在解决问题阶段，采用上下级配对的问卷调查法对假设进行验证，并基于研究结果，提出对管理实践的策略和建议。

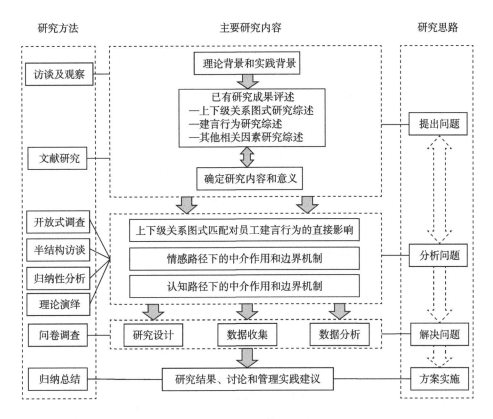

图 1.1　技术路线

1.5　结构安排

本书共有 7 章内容，各章内容安排如下：

第 1 章：绪论。首先，阐明研究的现实背景和理论背景，提出研究的关键问题并阐述理论意义和实践意义。其次，介绍研究内容、研究方法和技术路线。最后，简单介绍总体的结构安排。

第 2 章：文献综述。依次对上下级关系图式、员工建言行为和其他相关因素（认知灵活性、关系情感基调、任务互依性）等相关文献进行系统性回顾，分析现有研究的现状，发现存在的不足和缺陷，为研究的努力方向提供指引。

第3章：上下级关系图式匹配影响员工建言行为的质性分析。通过归纳性分析的方法，采用开放式调查问卷和半结构化访谈收集数据，自下而上地识别上下级关系图式匹配对员工建言可能存在的中介机制，并确认蔡松纯（2012）对上下级关系图式的四维结构划分在实践中的合理性。为第4章的模型构建提供实践支持和研究视角，并为后续开展研究的量表选择奠定基础。

第4章：模型构建和假设提出。基于相关理论基础（关系图式理论、认知—情感系统理论、人—环境匹配理论），结合第3章的质性分析结果构建本书的理论模型并提出假设。

第5章：研究设计与小样本测试。首先，依据要解决的问题设计了研究展开的具体流程和实施方案，并确定了数据分析的方法。其次，对研究所涉及变量的操作化定义进行清晰界定，并对来源于西方成熟量表的测量项目进行适当调整与修改，开展一次小样本的预调研初步检测问卷量表的信效度，确定正式调研问卷。最后，展示了正式调研的过程，并检验了正式问卷量表的质量，包括信效度分析、数据聚合分析和共同方差偏差检验等。

第6章：实证分析与假设检验。首先，在假设检验之前，将理论模型拆解出4个子研究模型，针对每个子研究模型的测量模型展开验证性因子分析，以确定不同子研究测量模型的信效度。其次，对所涉及的变量进行了描述性统计分析，初步观察变量之间的关系。最后，运用跨层次多项式回归分析、块变量分析、选点法对理论假设进行检验，分为四个子研究展开：情感共享性上下级关系图式匹配对员工建言行为的影响机制、工具交换性上下级关系图式匹配对员工建言行为的影响机制、照顾回报性上下级关系图式匹配对员工建言行为的影响机制和权威服从性上下级关系图式匹配对员工建言行为的影响机制，探讨不同维度的上下级关系图式匹配对员工建言行为的影响。

第7章：研究结论与讨论。对全书进行系统的总结，包括总体结论和综合讨论、理论贡献、管理启示以及研究的局限与展望。

第 2 章　文献综述

2.1　上下级关系图式研究综述

2.1.1　上下级关系图式的概念及稳定性

2.1.1.1　概念的缘起与界定

图式（Schema）是社会认知理论中十分重要的概念，指的是个体用以解释世界的心理认知结构，认为个体会根据过去的行为与经验，经过分类与解释，形成一套对人事物有组织、有结构的内部认知表征（Sherman et al.，1989）。在社会关系中，个体同样会产生一套图式来处理人际互动或人际关系等问题，即关系图式（Relational Schema）。个体在社会化经历中逐渐形成了在特定社会情境下应该如何行动的共识，一些具体规定每个角色的义务和行为期望的行为脚本以抽象表征的形式被储存为认知结构，保存在长期记忆中（Baldwin，1992，1997）。这些行为脚本可以作为一个有用的社会指南，指导人们在不同的给予和接受的社会互动中如何正确地行动。

社会认知理论在组织情景中的应用与发展，催生了内隐领导理论（ILTs）和内隐追随理论（IFTs）。内隐领导是指组织成员通过社会化、过去与领导者的经历，发展出理想领导者应有的特征和能力的认知结构或原型（Lord et al.，2020）。内隐追随与之对应是个体心中预先存在的，关于追随者应具备的特质与行为的认知结构（Sy，2010）。内隐领导、内隐追随原型会影响个体对实际领导或下属行为的感知。个体会自动地将实际行为与内在原型进行比较，并根据比较结果采取行动（Foti et al.，2017）。将内隐领导理论和内隐追随理论相结合，可以增进对上下级关系的理解，但是两者均只聚焦于个体层次，忽略了"关系"本身二元性的重要特征。在特定情境下，不仅针对领导或追随者的图式会被激活，关系图式也会被激活，而关系图式会影响领导和下属的感知和结果，因此，Thomas 等（2013）呼吁针对"上下级关系"的内隐理论展开研究。

近年来，关系图式的研究逐渐延伸至工作关系中，包括横向关系图式和纵向关系图式。横向关系图式主要针对同事关系，纵向关系图式主要针对上下级关系。Huang 等（2008）首次正式提出领导—成员关系图式的定义，指个体在过去的社会经验基础上，逐步形成的关于领导成员交换的认知结构或图式，而这种关系图式又作为发展角色期望的基础，并指导个体如何参与当前的领导成员交换。而后 Tsai 等（2017）的研究将领导与成员之间的关系图式当成关于领导与下属之间交换关系的知识结构。此外，蔡松纯等（2009，2015）基于社会认知理论探讨了上下级关系认定（Relational Identity），并将其定义为：领导与下属对上下级对偶关系本质与状态的认知与信念，此种信念来源于个体的思想、观念与学习经验，通俗地可将其理解为个体对上下级关系的先成之见。虽然名称不同，但含义与上下级关系图式有异曲同工之处（见表 2.1）。

表 2.1　上下级关系图式的概念

代表人物	概念名称	概念内涵
Huang 等（2008）	领导—成员关系图式	个体在过去社会经验基础上，逐步形成的关于领导成员交换的认知结构或图式，而这种关系图式又作为发展角色期望的基础，指导个体如何参与当前的领导成员交换

代表人物	概念名称	概念内涵
Tsai 等（2017）	领导—成员关系图式	关于领导与下属之间交换关系的知识结构
蔡松纯等（2009，2015）	上下级关系认定	领导与下属对上下级对偶关系本质与状态的认知与信念，此种信念来源于个体的思想、观念与学习经验，可通俗地将其理解为个体对上下级关系的先成之见

资料来源：根据相关文献整理。

如表 2.1 所示，针对上下级关系图式尚未形成一个统一的概念，但可以看到，不同学者关于上下级关系图式的解释都是针对个体关于对领导与下属之间的互动关系应该是什么样的、储存在个体内部的一种认知结构，强调其内隐性特征。本书整合上述观点，将上下级关系图式定义为个体对上下级关系应有模式或特征的认知。该认知结构作为角色期望和评价标准，被个体有意识或无意识地用来评估上下级关系的质量，同时也作为互动指南指导着个体在上下互动中的表现和行为（代毓芳等，2022）。

2.1.1.2　上下级关系图式的稳定性和改变

依据社会认知理论的观点，关系图式一旦形成并通过使用而增强后，其就被假定为稳定的一种静态结构（Fiske & Dyer，1985）。研究指出经过充分发展的图式通常是不易改变的，在面对不一致或矛盾的情境时，仍然不变。因此，上下级关系图式一旦形成，通常不易变化。

但是，如若个体一直遇到很多与关系图式不符合的情境，或者经验显示所持关系图式不再发挥功能时，关系图式可能会面临改变或调整。Weber 和 Crocker（1983）研究了刻板印象的认知图式可能改变的三个模型：一是记账模型（Bookkeeping Model）。该模型指出，人们在每增加新的信息后就会修改图式，与图式不符的信息将导致图式的局部修正，但大量矛盾与极端的反例将促进图式产生可观的改变。因此，如果领导与下属之间的互动如个体原先所持有的上下级关系图式相抵触或矛盾，久而久之则可能改变个体所持的上下级关系图式结构。二是转换模型（Conversion Model）。该模型指出，当遭遇明显与图式不一致的反证时，图式将产生剧烈的改变。但如果只是与图式有些微小的矛盾，图式并不会发生改变。延伸至上下级关系图式可知，当个体依据所持有的上下级关系图式与领导或下属互动，却遭遇极大的挫折或冲突时，个人可能会改变自身上下级关系图式的认知结构。三是子类型模型（Subtyping Model）。该模型指出，当有反证的个案出现时，个体将这些反例另归为一个子类别，该模型假设图式是一个层级结构，主要类别位于结构的上层，而子类别则位于结构的下层。因此，例外的个案会被纳入子类别中，而将大部分的图式维持原来的样貌。

综上所述，个体的上下级关系图式不易变动，但是若经由长时间的互动之后，会发现另一方与其关系图式有很大差异，个体会调整自身的上下级关系图式内涵，以此符合互动标准。这表明上下级关系图式是一种相对稳定的特质。一方面，从短期的角度来看，个体所持有的上下级关系图式不易发生改变。这为针对上下级关系图式展开时序调查奠定了理论基础，并为个体展现特定的态度或行为提供了持久的驱动力。另一方面，从长期的视角来看，个体所持有的上下级关系图式也可以经由积年累月的影响发生调整，或是经由生命体验中的重大事件改变。这又为组织实践中通过从根源上对成员的上下级关系图式调控以管理成员的行为提供了可能性。

2.1.2　上下级关系图式的维度和测量

当前上下级关系图式的定量研究多采用 Huang 等（2008）、蔡松纯等（2009）和蔡松纯（2012）开发的测量工具，各量表的维度、报告信度、题目数和例题如表 2.2 所示。

表 2.2　上下级关系图式的维度和测量

文献来源	维度	题项示例	题项	信度
Huang 等（2008）	对领导期望	他性格好，能与他人愉快合作 vs. 他性格不好，很难与他人合作	30	0.76~0.87
	对下属期望	直接沟通 vs. 不知道他在想什么		0.76~0.82
蔡松纯等（2009）	情感性	主管和部属应该是无话不谈的工作伙伴	10	0.86
	工具性	主管与部属的关系基于实质利益		0.83
蔡松纯（2012）	情感共享性	领导与下属应该能够相互展现真诚情绪，不论高兴或悲伤	24	0.82
	工具交换性	领导与下属之间要相互计算双方能为彼此带来的实际利益		0.83
	照顾回报性	领导在上位应无条件地关怀下属，下属在下位则以尊敬回报领导		0.87
	权威服从性	领导拥有比较多的权力，下属应该要服从领导的安排，以避免领导的惩罚		0.89

资料来源：根据相关文献整理。

Huang 等（2008）通过对领导和下属对于对偶关系中期望的采访，首次编制了测量上下级关系图式的问卷。值得注意的是该问卷的测量方式为五点李克特双极量表，且包括两套子量表，一套用于评估关系中对于领导的期望，另一套用于评估关系中对于下属的期望。各因子内部一致性在 0.76~0.82，该问卷的信度和效度均通过了检验。可以看出该量表所捕获的是关系中某一方的角色期望，而不是对关系本身的期望。因此，该量表所捕获的关系图式是有偏差的。此外，由于 ILTs 和 IFTs 对领导者或追随者的内隐认知结构通常也是通过对角色期望的测量来衡量（Sy，2010；Offermann & Coats，2018），此量表易与 ILTs 和 IFTs 混淆。

蔡松纯等（2009）参考姜定宇（2005）的部属—主管关系量表对上下级关系认定（图式）进行了量表开发，最终将上下级关系认定（图式）分

为情感性和工具性两个维度。其中，部属—主管关系量表是参考黄光国
（2010）所提出的关系成分编制的，而黄光国主要以传统华人为研究对象。
随着全球化进程，个人的心理与行为同时受到西方文化与传统文化的影响，
对上下级关系的认知结构也可能与过去有所出入。此外，黄光国的人情与
面子模型是基于社会交换理论的，强调交换双方地位平等，这与中国情境
下的上下级关系并不相符。中国情境下的上下级关系还包括既有成分，即
因角色地位而产生的角色认同，主要指下属对上级的服从和敬畏等或上级
对下属的庇护等行为规范（郭晓薇和李成彦，2015）。由此可见，蔡松纯等
（2009）基于此开发的量表并未全面地概括出上下级关系图式的结构。

蔡松纯（2012）基于社会认知理论，综合考察了华人传统文化和现代
文化对组织中上下级关系的形塑作用，将上下级关系认定（图式）按照平
等／不平等和亲密／疏远两个基本的认知维度区分出了四种上下级关系图式
的内涵：平等而亲密的关系模式—情感共享性、平等而疏远的关系模式—
工具交换性、不平等而亲密的关系模式—照顾回报性、不平等而疏远的关
系模式—权威服从性，并开发了相应量表，具有良好的信度。其中，情感
共享性关系图式是指上下级之间基于互相关怀与情感分享而形成的关系，
认为领导与下属之间的互动应像朋友一样，是一种情感交换，双方具有共
同性、亲密性、关怀和合作，其互动规范为情感交换。工具交换性关系图
式是指领导和下属是基于工作利益形成的关系，认为上下级互动应该只是
一种纯计算性与功利性的交往，双方具有自我导向、理性分析、竞争性，
其互动规范为经济交换。照顾回报性关系图式是指领导和下属是基于角色
规范而非职务要求而形成的关系，认为领导与下属互动应该展现传统华人
上下间的角色规范要求，上对下照顾，下对上回报，其互动规范为角色义
务规范。权威服从行关系图指领导和下属是基于工作权力高低而形成的关
系，认为上下级的互动应有明确的上下分际，形成上对下命令，下对上顺
从，其互动规范为上尊下卑的权力控制。四种不同关系图式的互动规范如
表2.3所示。

表 2.3　上下级关系图式的互动规范

上下级关系图式	互动动机	互动原则	回应原则
情感共享性	情感互惠	社会交换	情感回应
工具交换性	经济互利	经济交换	利益回应
照顾回报性	角色要求	角色义务	角色规范
权威服从性	权力控制	上尊下卑	上下分际

资料来源：蔡松纯等（2015）。

此外，以往文献中还存在其他测量关系图式的量表，如 Brunson（2014）编制的关系图式问卷 RSQ（Relational Schema Questionnaire），RSQ 由 55 个题项组成，包括对自我、他人和关系三个维度的预期，但其所测量的关系图式属于全局性层次。虽然全局性关系图式适用范围更广，但针对特定领域或者特定情况的特定知识和理论能更好地预测关系评估和相关行为（Thomas et al.，2013），因此，为了更贴近组织情景，使用针对上下级关系开发的关系图式量表更为合适。

综上所述，蔡松纯（2012）的量表是目前用于测量上下级关系图式较合适的版本。这个量表不仅具有良好的信效度，而且从理论上看，也较为全面地测量了中国情境下上下级关系图式的结构和内涵。在中国文化背景下，差序格局是华人的重要认知结构，人际关系会依据亲疏程度认知不同而有不同的运作法则（Hwang，1987；Chuang，1998）。此外，传统文化中儒家对五伦关系所作角色规范也催生了上下权力不等的人际结构。关系亲疏和权力这两个重要属性均被该量表涵盖，对上下关系图式更为细致地划分也有利于进一步厘清影响机制。

2.1.3　上下级关系图式与其他概念的区分

2.1.3.1　上下级关系图式与实然关系的区别和联系

目前研究主要关注上下级的实然关系，典型研究有领导成员交换（Graen & Uhl-Bien，1995；Tse et al.，2018）、上下级关系（郭晓薇和范伟，

2018；付博等，2019）、上下级匹配（彭坚等，2019；刘超等，2020）、差序式领导（姜定宇和郑伯埙，2014）和领导—员工关系类型（冯蛟等，2019）等。LMX 和差序式领导均着眼于领导与下属互动之后对下属的归类——圈内人或圈外人，但 LMX 对下属归类的依据来源于交换关系的质量，而差序式领导归类的依据来源于下属的关系亲疏、才能大小和忠诚高低。SSG（上下级关系）是 LMX 经过本土化后，对中国情境下上下级关系更为准确的刻画，强调上下级之间超越工作场所的情感联系，通常涉及与工作无关的私人领域互动。上下级匹配则关注领导和下属的属性契合度对领导效能和下属反应的影响。领导—员工关系类型是双方互动关系的具体内容和类型，包括信任支持、理性契约和被动执行三种类型（冯蛟等，2019）。可以看出，这些研究均聚焦于上下级互动与交换之后所形成的关系特征，可将其视为实际关系所具备的特征，具有一定客观性，属于"实然"范畴。而上下级关系图式则聚焦于实际关系知觉之前，是个体对上下级关系应有特征所持有的"固有看法"，具有主观性，属于"应然"范畴。

上下级关系图式与实然关系两者相互影响。依据人类大脑的信息处理框架（Baddeley，2003），个体的认知框架和行为反应之间可通过两种途径进行相互影响：自上而下和自下而上（见图 2.1）。自上而下途径涉及长期记忆和工作记忆之间的功能联系，描述了如何使用图式知识来指导信息处理和行为反应。自下而上途径描述了感知和工作记忆之间的功能联系。工作记忆扮演平台的角色，在自上而下和自下而上过程之间整合这两种力量。上下级关系图式通过自上而下的处理过程影响个体在实际关系中的互动，而实际关系又会通过自下而上的处理过程影响个体的上下级关系图式。上下级关系图式和追随力认知图式的运作机制类似（彭坚和王霄，2015），包含了匹配加工的过程：当个体的上下级关系图式与实际关系特征匹配时，意味着个体的关系期望得到满足，个体也会更坚信自己的关系图式，从而强化在原有上下级关系模式中所表现的态度和行为；当两者匹配失败时，会进一步影响关系评价，个体也很有可能会改变或重建自己的关系图式，进而调整其在关系中的态度和行为。

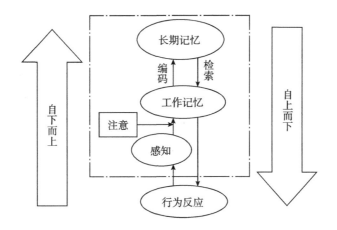

图 2.1　人类认知框架与行为反应

资料来源：根据相关资料整理。

2.1.3.2　上下级关系图式与相关概念的区分

内隐关系理论（Implicit Theories of Relationships，IRTs）与上下级关系图式都具有内隐认知的共同特性，虽都是描述对于关系的认知，但本质上有着明确的区别。IRTs 假设个体所持有关于浪漫关系的内隐信念分为两种："命中注定"或是"可以培养发展"（Mattingly et al.，2019）。在关系图式结构上[①]，IRTs 和上下级关系图式均属于特定领域的关系图式，但各自针对领域不同，前者针对浪漫关系，后者针对上下级关系。

追随力认知图式与上下级关系图式均会影响个体在上下级关系互动中的感知、态度和行为，且同作为图式结构，拥有十分类似的运作加工机制。但两者的认知对象并不相同，追随力认知图式关注的是个体对追随者属性的期望（彭坚和王霄，2015），针对的是一元层次的认知，而上下级关系图式关注的是个体对上下级关系互动模式的期望（Baldwin，1997），针对的是二元层次的认知。个体对如何理解一个好的追随者与如何理解一段良好

---

① 关系图式结构与个体的内部工作模型结构类似，自上而下分为三个层次：第一，全局性关系图式，针对一般人的通用结构。第二，特定领域的关系图式，如同事关系、父子关系、上下级关系等。第三，特定对象的关系图式，如我的朋友鲍勃。

的工作关系是不同的。换句话说，一个典型的追随者可能并不是领导想要与之形成良好工作关系的人。

社会认同理论中的关系自我和关系认同也与上下级关系图式类似，都涉及对关系的认知，但在理论上区别却十分明确。关系自我（Relational Self）是指个体的自我概念来源与重要他人之间联结的关系（Brewer et al.，1996）。后 Flynn（2005）、Sluss 和 Ashforth（2007）在此基础上进一步提出了关系认同的概念。关系认同是指个人基于自己与他人的关系所进行的自我认知和评价（卫武和倪慧，2020），可以理解为个体的自我定义中与他人关联的联结程度（Robert & Vandenberghe，2021），与他人联结程度的高低即关系认同的多寡。由此可以看出，关系自我、关系认同和上下级关系图式的定义对象不同，关系自我与关系认同是以关系的本质来定义"自己"，而上下级关系图式定义的对象是领导和下属这一对偶角色的"关系"。

2.1.4　上下级关系图式的相关研究

为了对上下级关系图式进行系统性回顾，本书搜索了自 2000 年以来相关研究的中文和英文文献。中文文献使用了 CNKI 数据库、台湾学术文献数据库。英文文献来源于 Web of Science、PsycINFO、EBSCO、Emerald 和 Google Scholar。使用关键词集中在关系图式、关系认定、关系模式、关系结构、关系认知、Relational Schema、Relational Identity、Relational Prototype、Relational Mode 等，搜索范围限定在工作场所关系。此外，还检查了纳入文章的参考文献列表，以获得更多其他因搜索词可能已经排除的文章。通过阅读搜索结果的标题和摘要，仅纳入同时关注工作场所关系和关系图式的研究，最终获得了 24 项与上下级关系图式相关的研究，整理如图 2.2 所示。

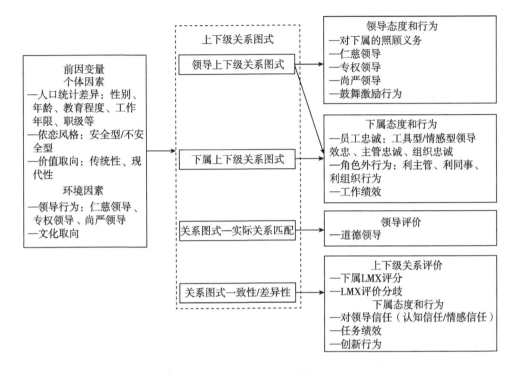

图 2.2　上下级关系图式的影响效果

资料来源：根据相关资料整理。

2.1.4.1　上下级关系图式的前因变量

（1）个体因素。个体的依恋风格会影响个体持有的上下级关系图式。陈靖枫（2018）通过对 204 名职场人员的调查，发现安全型依恋风格的个体会发展出共享情感性和照顾回报性的上下级关系图式，而不安全型依恋风格的个体则可能发展出工具交换性和照顾回报性的上下级关系图式。此外，个体的价值取向也会对上下级关系图式产生影响，如传统性和现代性。陈靖枫（2018）研究发现个体的现代性或传统性调节了依恋风格与上下级关系图式之间的关系。当个体现代性或传统性水平较低时，安全型依恋风格与共享情感性、照顾回报性上下级关系图式之间的关系更强。对于不安全依恋风格与照顾回报性上下级关系图式之间的关系，当个体现代性水平较高时或传统性水平较低时，两者关系更强。另外，在上下级关系图式的前因研究中，一些人口统计变量通常被当作控制变量，以控制其对上下级关系图式可能的影响。例如，性别、年龄、教育程度、工作年限、职级等（蔡松纯，2012；陈靖枫，2018）。

（2）环境因素。首先，领导行为是影响下属形成上下级关系图式的重要原因。研究发现，仁慈领导行为会正向促进下属情感共享性和照顾回报性关系图式的形成，尚严领导行为会正向促进下属照顾回报性和权威服从性关系图式的形成，而专权领导行为会正向促进下属工具交换性关系图式（蔡松纯，2012）。其中，尚严领导与专权领导同属于威权型领导，都强调领导的权威是绝对不容挑战的，对下属行为有严格的控制，要求下属毫不保留地服从。不过两者的控制焦点不同，尚严领导偏向工作取向，而专权领导偏向人员取向（周婉茹等，2010）。

其次，不同的文化对工作关系风格偏好不尽相同，也会影响到个体的关系图式。例如，主流的美国文化更强调任务取向的工作关系，与之对比，拉丁美洲文化则更追求关系的和谐，强调工作场所中的社会情感，即社会情绪关系图式（Socio-Emotional Schema）。虽然研究对象是横向关系——同事关系，但有理由推测文化也可能会影响上下级关系类型的偏好，进而影响个体的上下级关系图式。

2.1.4.2　上下级关系图式的结果变量

概括来看，现有的上下级关系图式主要应用于对领导的态度与行为、下属态度和行为、领导评价和上下级关系评价的影响。

（1）上下级关系图式对领导态度和行为的影响。领导持有的上下级关系图式会影响其所展现的领导行为。蔡松纯（2012）研究发现，领导者的情感共享性上下级关系图式与领导的鼓舞激励行为具有正向关联性，工具交换性上下级关系图式负向影响仁慈领导和领导的鼓舞激励行为，并正向影响专权领导行为，照顾回报性上下级关系图式正向影响尚严领导行为，权威服从性上下级关系图式与专权领导行为正相关。此外，领导关系图式中的情感性认定越高，对下属的责任感和照顾行为越强，而工具性认定则相反（周丽芳等，2008）。

（2）上下级关系图式对下属态度和行为的影响。主要包括下属忠诚、工作绩效、角色外行为、领导信任和创新行为。首先，上下级关系图式能够对下属忠诚产生影响。谢佩儒（2015）研究发现，下属的情感性上下关系图式能强化情感型差序式领导和下属的领导忠诚之间的正向关系。王震等（2018）基于 430 名企业员工的两时点调查发现，下属的情感性关系图式能够正向调节领导言行一致对领导忠诚的影响，且进一步调节领导言行一致通过领导忠诚对组织忠诚的间接影响。同时，彭坚和王震（2019）通过 120 对上下级匹配的调查发现，下属的上下级关系图式能够调节领导言行一致与下属效忠之间的关系，具体而言，下属的工具型关系图式能够增强领导工作言行一致对下属工具型效忠的促进作用，而情感型关系图式能够增强领导私交言行一致对下属情感型效忠的促进作用。

其次，上下级关系图式对下属工作绩效的影响。上下级关系图式对下属的工作绩效也有一定影响。彭坚和王震（2019）通过 120 对上下级匹配的调查发现，下属的上下级关系图式能够调节下属效忠在领导言行一致与工作绩效之间的中介作用，从而影响到下属工作绩效。具体而言，下属的工具型关系图式能够增强下属工具型效忠在领导工作言行一致与工作绩效之间的中介作用，而情感型关系图式能够增强下属情感型效忠在领导私交言行一致与工作绩效之间的中介作用。此外，谢佩儒（2015）研究发现，下属的工具性上下级关系图式强化了工作型差序式领导与工作绩效之间的正向关系。而王雁飞等（2021）等通过对 220 名员工及其直接领导的匹配调查发现，领导—下属关系图式一致性能够通过下属对领导的认知信任影响下属的任务绩效。

再次，上下级关系图式对下属角色外行为的影响。上下级关系图式还能对下属的角色外行为产生影响，尤其是亲社会行为。蔡松纯等（2009）基于 795 对领导与下属的匹配调研，发现领导的情感性上下级关系图式能够正向影响下属的利主管、利同事及利组织行为，领导的工具型上下级关系图式则对下属的利主管和利同事行为具有显著的负向影响，而下属的权力距离在其中起调节作用：权力距离弱化了领导情感性关系图式对利主管行为的正向影响以及领导工具性图式的负向影响，但强化了领导情感性关系图式对利同事、利组织的正向影响。

最后，上下级关系图式还能影响员工对领导的信任以及创新行为。王雁飞等（2021）通过匹配研究发现，领导—下属关系图式一致性能够通过下属对领导的情感信任影响下属的创新行为。对于上下级关系图式与下属的领导信任之间的关系，他们发现在一致情况下，与低水平一致相比，情感性关系图式在高水平一致时下属对领导的情感信任和认知信任更高；在一致情况下，与高水平一致相比，工具性关系图式在低水平一致时下属对领导的情感信任和认知信任更高；在不一致情况下，与"领导高—下属低"相比，下属对领导的情感信任和认知信任在情感性关系图式"领导低—下属高"时更高。

（3）上下级关系图式对领导评价的影响。上下级关系图式与实际关系的匹配过程会影响个体对互动对象的评价。Giessner 和 Van Quaquebeke（2010）研究指出，决定员工认为领导是否道德的关键在于领导是否以下属认为适当的关系互动规范行动。换句话说，只要下属认为当前的上下级关系与预想中的上下级互动模式相匹配，就倾向认为领导是道德的，不应局限于共同分享这一种关系互动模式。基于该研究，Keck 等（2020）通过对101 名荷兰员工的调研发现，当前上下级关系与理想上下级关系的不一致性越高，下属就越不可能认为领导是道德的。共同分享、权威排序、平等匹配和市场计价四种关系图式与实际关系的匹配都可以预测对道德领导的评价。

（4）上下级关系图式对关系评价的影响。上下级关系图式作为个体评估关系的内在标准，能够对关系评价产生影响。Huang 等（2008）指出，领导与下属对 LMX 的评价分歧主要原因在于，领导和下属通常持有不一致的关系图式。领导的关系图式更关注与工作相关的问题，下属的关系图式则更关注人际关系，两者评估对方行为的内在标准不一致。如果对方的行为与个体关系图式中指定的行为一致，个体会倾向于与对方进行高质量的交流。其研究结果发现，当领导对下属的图式评价和下属对领导的图式评价同时高或者低时，LMX 评分差异会比不匹配时更低。此外，Tsai 等（2017）经过 205 对上下级匹配数据调查发现，情感性关系图式一致性对下属评价的 LMX 有正向影响，而工具性关系图式一致性则有负向影响。领导和下属的情感性关系图式不一致与一致时相比，会导致更低的下属 LMX 评分。该研究没有支持工具性关系图式的一致与不一致对下属 LMX 评分的影响有显著区别，可能的原因是，与情感性交换关系相比，工具性交换的关系更注重在关系中实现"施"与"得"的平衡，且有形交换的价值（如金钱奖励）更容易被计算和双方认可。当领导者和追随者持有不一致的工具性关系图式组合时，无论是低—高组合还是高—低组合，其中一方可能会对回报的等价性产生忧虑进而只考虑自身利益。这可能会提高追随者的受挫程度，导致追随者对 LMX 的评价降低，形成与工具性关系图式一致时所形成的负面影响。

2.1.5 上下级关系图式研究评述

上下级关系图式是个体对领导和下属之间关系应有特征或模式的认知，是社会认知理论应用在组织管理领域的新拓展。学术界对上下级关系图式的关注逐渐增加，但总体上看，上下级关系图式的研究正处于起步阶段，仍有很多问题亟待未来研究继续探索。依据以往理论研究和实证研究的框架基础，有理由推测其是影响在中国情境下组织中个体行为的重要因素，也是影响领导和下属之间关系动态变化的重要因素。对上下级关系图式的影响机制进行深入研究，有其独特的现实意义和理论价值。基于现有研究的不足，未来研究建议可以从以下几个方面进一步深入上下级关系图式的结果效能机制研究，丰富上下级关系图式的实证研究成果。

（1）加强上下级关系图式匹配性的探索研究。探索上下级关系图式匹配性能够带来什么影响是一个有趣且值得探讨的主题。上下级关系图式涉及对二元关系的内隐认知，因此以二元互动的视角能够更好地帮助理解领导与下属地互动过程和发展。在实际的组织环境中，领导和下属通常都持有不同的关系图式（Huang et al., 2008; Zhou & Schriesheim, 2010）。因此，探讨关系图式差异性的影响符合组织情境，有助于揭开组织现象中的关键问题。以往研究证明领导—下属的关系图式匹配能够影响领导—成员交换的质量（Tsai et al., 2017），但缺乏个体层次的结果变量。未来应探索关系图式匹配能否影响到下属或领导的个体态度与行为，并继续识别更多二元层次的结果变量，以增进对上下级关系动态变化的理解。

（2）拓展上下级关系图式的后果研究。现有后果研究所涉及的效标变量十分有限，未来应继续拓展上下级关系图式的后果研究。首先，需要指出的是，现有研究多集中于领导的上下级关系图式所能产生的影响，缺乏对下属的上下级关系图式的探讨，这体现了长久以来追随者镜头缺失的现象。虽然权力不对称有利于领导者在关系互动中发挥积极作用，但这并不意味着下属在整个行动过程中仅是被动的接受者。近年来基于追随者中心视角的研究逐渐成为学术界热点（Sy, 2010），有必要从员工视角，针对员工的上下级关系图式的后果影响展开研究。其次，现有研究已经证明了领导的关系图式可以影响到员工的亲社会行为，未来可以在此基础上进一步识别出员工是如何正确知觉到领导上下关系图式的中介（近端结果），并将远端结果拓展到员工的其他态度或行为上，如工作幸福感、建言、沉默和创新等。

（3）挖掘上下级关系图式的作用机制。当前对上下级关系图式的研究大多聚焦于远端结果，如领导和员工的态度和行为等，对于解释上下级关系图式如何对相关结果产生影响的中介机制缺乏深入探讨，亟待未来研究加强。首先，上下级关系图式与相关后果之间的情感机制值得进一步深化研究。关系图式与一般认知图式不同，因涉及个体的归属需求（the Need-to-belong）（Baumeister, 2011），在激活时通常会引发个体强烈的情绪反应，如焦虑、恐惧、幸福和抑郁等（刘翔平等，2016）。当个体的上下级关系图式被激活时，个体会有意无意地将上下关系特征与所持关系图式比较。基于情感事件理论（Weiss & Cropanzano, 1996），将上下关系的特征视为一种工作环境特征，该特征与个体的工作目标息息相关，因此对于该特征与关系图式比较后的认知评价，会引发个体产生不同的情感反应，进而影响到后续行为。未来应将情感机制纳入上下级关系图式的作用机制研究中，进一步厘清不同的关系图式被激活时个体的情感反应是否具有差异。其次，未来也可从个体的认知过程来探讨上下级关系图式的影响机制。

2.2 建言行为研究综述

2.2.1 建言行为的概念

建言行为（Voice Behavior）[①] 又称为谏言行为，最早可以追溯到 Hirschman（1970）的离开—建言—忠诚模型（Exit-Voice-Loyalty Model）。其中，建言是指个体"任何对有异议的现状尝试改变的行为"，具体做法包括消费者对企业不满时通过个人或集体向直属管理层请愿、表达诉求或提出申诉，以迫使管理层改善问题。后 Farrell（1983）将该模型引入员工研究中，并在此基础上加入了"漠视"（Neglect）这一维度，认为漠视是员工对组织不满时的第四种反应。随后，由于运用领域存在差异，对建言行为的研究逐渐形成了两种不同的学科流派和研究范式，包括人力资源管理（HRM）领域和组织行为学（OB）领域，并赋予了其不同的内涵特征，具体如表 2.4 所示。在 HRM 研究中，学者认为建言是"员工发言的机会"，即能够帮助改进组织流程的直接发言机制是否存在（Knoll et al.，2017；Nechanska，2020）。例如，Lavelle 等（2010）认为建言是"组织提供给员工的、使员工有机会发表观点或参与决策的各种形式的机制、组织结构、程序或管理实务"。Fu 等（2017）认为建言是"一种易于实施的人

---

① Voice Behavior 最常见的译法为"建言行为"。本书为凸显建言方向是向领导建言，也将其译为"建言行为"。后文将不再对两者进行区分。

力资源实践，注重为员工创造参与的机会并作为追求高绩效的手段"。从本质上说，该领域内的建言主要是指"正式申诉程序"（Formal Grievance Procedure），与组织内部的"决策参与机制"（Participation of Decision-Making）（Mc Case & Lewin，1992）。

表 2.4 不同领域的建言比较

区别类别	人力资源管理（HRM）	组织行为学（OB）
切入层次	宏观层面	微观层面
表现形式	建言机制／系统	行为
内容形式	工作参与／表达 不满／解决上级问题	关于提升的建议／表达对 组织的担忧／交流不同的观点
建言渠道	正式	非正式
建言对象	管理层	领导／同事
主要动机	不满／亲社会	不满／正义／亲社会
行为类别	角色内行为／角色外行为	角色内行为／角色外行为
关注焦点	决策参与	提升组织或团队效能

资料来源：根据相关文献整理。

组织行为学领域的建言则更偏向于强调其提升组织或团队效能为导向的假设（Nechanska et al.，2020）。例如，Morrison（2011）在综合以往研究的基础上将建言定义为"员工以提高组织效能为目的，沟通关于工作相关问题的想法或建议"。类似地，Grant 等（2013）将建言定义为"一种主动提出改进建议的行为"，Detert 等（2013）认为建言是"一种具有挑战性的、亲社会的组织公民行为，其目的是通过改变现有实践来改善组织"。概括来说，该领域认为建言具有以下特征：第一，建言行为具有主观意图的建设性，而不是单纯地发泄不满，其目的是帮助组织规避问题、支持组织目标或提升组织效能（Mowbray et al.，2015；Barry & Wilkinson，2016）；第二，建言是一种自愿性的主动性行为，即员工对直言进谏或保持沉默有

充分的自我决定权；第三，建言具有高风险性和高挑战性的属性（陈建和
时勘，2017）；第四，建言需要通过语言沟通的形式才能传递给信息接收
者，是一种言语表达行为（Detert et al.，2013）。

本书所研究的员工建言采用组织行为领域的定义，将建言行为视为一
种员工为提高组织效能而主动向领导提出改进建议的行为，是一种角色外
行为。

2.2.2　建言行为的维度和测量

早期的建言行为研究多以 Van Dyne 和 LePine（1998）所开发的 6 个
题项测量量表为主，这是将建言行为作为单一维度最有影响力的量表。该
量表虽能有效地捕捉建言行为的基本特征，但并未对其他不同的特征维度
进行细分，后续研究在此基础上针对建言的内涵做了更细致的界定与探讨
（见表 2.5）。

表 2.5　建言行为的维度和测量

分类法	维度	文献来源
单一维度	建言行为	Van Dyne 和 LePine（1998）
双维度	促进型建言、抑制性建言	Liang 等（2012）
	挑战型建言、支持型建言	Burris（2012）
	自我—工作相关型建言、自我—工作无关型建言	Wu 等（2015）
	平行建言、上行建言	Liu 等（2010）、段锦云等（2017）
三维度	亲社会型建言、防御型建言、默认型建言	Van Dyne 等（2003）
	改进提升类建言、问题规避类建言、观点差异类建言	Morrison（2011）
四维度	支持型建言、建设性建言、防御型建言、破坏型建言	Maynes 和 Podsakoff（2014）

资料来源：本书根据相关文献整理。

不少研究根据表达的内容对建言进行了区分，如 Liang 等（2012）将建言行为区分为促进型建言和抑制型建言两类，前者表达有助于改进组织或单位功能的新想法，后者则针对可能伤害到组织或单位的事情提出警告；Burris（2012）将建言行为划分为挑战型建言和支持型建言两个维度，前者以挑战现状为目的，后者则以维持现状为目的；Wu 等（2015）基于角色认同理论将建言行为分为自我—工作相关型建言（Self-Job-Concerned Voice）和自我—工作无关型建言（Self-Job-Unconcerned Voice），前者指表达与自身工作角色密切相关的意见，后者指表达与自身工作角色无关的意见。

Liu 等（2010）认为建言行为是指员工主动挑战现状并进行建设性变革的行为，并将建言行为分为平行建言（Voice Toward Peers）和上行建言（Voice Toward The Supervisor）两个维度，在此基础上开发了建言行为量表。段锦云等（2017）在研究建言行为与组织承诺的关系时，对该量表进行了修订。

此外，Morrison（2011）依据建言内容的信息类型，区分了三种建言行为，包括关注改进组织或单位功能有关的改进提升类建言（Suggestion-Focused Voice）、关注组织或单位潜在问题的问题规避类建言（Problem-Focused Voice），以及在工作议题上提出与他人不同主张与观点的观点差异类建言（Opinion-Focused Voice）。

也有学者基于建言动机对其进行了区分，如 Van Dyne 等（2003）将建言分为亲社会型建言、防御型建言和默认型建言。亲社会型建言主要出于合作动机，具有利他性目的，防御性建言出于自我保护动机，而默认性建言则出于顺从目的。Maynes 和 Podsakoff（2014）综合以往研究提出了更为开放的建言行为界定，不再将员工建言限定在亲社会的假设下，并开发了四维度的建言行为量表，包括支持型建言、建设性建言、防御型建言、破坏型建言。

综合来看，在众多建言行为量表中，Liang 等（2012）的促进型建言和抑制性建言两维度量表是基于中国本土情景所开发的，具有较高的信效度和文化适用性，也受到了诸多学者的关注（Lin & Johnson，2015；Wei et al.，2015；Kakkar et al.，2016；Li et al.，2017）。

2.2.3　建言行为的相关研究

现有研究从个体因素和情境因素探讨了员工建言行为的影响因素，本书则从个体、对偶互动、团队、组织和组织外情景五个层次对影响建言行为的因素展开回顾。

2.2.3.1　个体层次因素

影响建言行为的个人层次因素主要包括性格特质、价值观 / 信念、工作态度 / 认知、动机等。

（1）性格特质。不同的人格特质对建言行为影响不同，如 LePine 和 Van Dyne（2001）发现外向性、尽责性和开放性人格对建言行为有正向影响，而神经质和宜人性人格对建言行为则有负向影响。此外，主动性人格也被证明与建言行为正相关（Wuaya，2018）。不同的认知风格偏好会导致个体建言行为的差异，如促进焦点越高的员工，其促进型建言越高，而抑制焦点则与抑制型建言正相关（Lin & Johnson，2015；Kakkar et al.，2016）。

（2）价值观 / 信念。王啸天等（2019）发现员工想要获得面子能够正向预测员工的促进性建言。Botero 和 Van Dyne（2009）发现权力距离与建言行为呈负向关系。Wei 等（2015）进一步发现权力距离负向影响促进性建言，表面和谐（Superficial Harmony）价值观负向影响抑制性建言。Tangirala 等（2013）发现道德责任取向（Duty Orientation）与建言行为正相关；Ward 等（2016）发现情景沟通取向对员工自评的抑制性建言具有负向影响。

（3）工作态度 / 认知。此类因素多与员工对建言的效用性和安全性感知有关，或与个体资源相关。例如，研究表明自我效能（Parker，1993）、组织自尊（Liang et al.，2012）、控制感知觉（Tangirala & Ramanujam，2008）、知觉工作网络中心性（Venkataramani et al.，2016）、知觉团队地位（Janssen & Gao，2015）、心理安全感（Liang et al.，2012）、建设性变革责任感（Liang et al.，2012）、工作满意度（阎亮和马贵梅，2018）、资质过剩感（周晔等，2020）和权力感知（谢江佩等，2020）会正向影响员工的建言行为，而心理契约破坏则与建言负相关（曹科岩和李宗波，2016）。

（4）动机。员工的亲社会动机与建言行为正相关（刘娜婷等，2016），但员工也会基于印象管理动机抑制自己的建言行为，例如，纪乃文和李学佳（2018）研究发现印象管理动机与支持型建言和挑战型建言皆呈负向关系。

（5）其他。于静静等（2015）以冲突管理理论为基础，研究当员工与主管发生冲突时，自身冲突管理方式对建言的影响，发现合作型和竞争型的冲突管理方式均能正向影响员工建言行为。一些人口统计变量如性别（Detert & Burris，2007）、性别相似性（李树文等，2020；李树文和罗瑾琏，2020）、受教育程度（胡晓娣，2011）、任职年限（Milliken et al.，2003）、代际差异（阎亮和马贵梅，2018；潘亮和杨东涛，2020）等也会影响个体的建言行为。

2.2.3.2 对偶层次互动因素

影响建言行为的对偶互动层次因素主要包括领导特质与行为、上下级关系互动、领导下属匹配、平级关系互动等。

（1）领导特质与行为。这是影响员工建言行为最重要的因素之一（Morrison，2011）。已有大量实证研究探讨了不同领导风格与员工建言行为的关系，发现变革型领导（Duan et al.，2017；Wang et al.，2018；Zhang & Inness，2019；Wang et al.，2019；贾明媚等，2020）、谦逊型领导（Li et al.，2018；Lin et al.，2019；Li et al.，2019）、魅力型领导（Zhu & Wu，2020）、仁慈型领导（徐悦等，2017）、道德型领导（王永跃等，2017；李想等，2018）、交易型领导（贾明媚等，2020）、服务型领导（井辉，2017；王永跃等，2017；李想等，2018；牛雄鹰等，2019）等积极的领导风格都会对员工的建言产生促进作用，而消极的领导风格则会抑制员工的建言行为，如威权领导（Wu et al.，2020）和辱虐领导（何瑞枝和蔡启通，2018）。领导自恋（Liao et al.，2019；Huang et al.，2020）和神经质（何瑞枝和蔡启通，2017）也被证明与员工建言行为负相关。此外，领导的一些行为也能促进员工建言行为，如领导建言采纳（章凯等，2020）、领导宽恕（张亚年和张磊，2017；

张亚年等，2017）、领导建言期望（徐悦等，2017）、领导人际情绪管理（王晓辰等，2020）、上级发展性反馈（刘顿和古继宝，2018；刘顿等，2018；Zhang et al.，2019；隋杨等，2019）、领导者信息共享（陈倩倩等，2017）等，而领导排斥（李澄峰和田也壮，2017）则负向影响员工建言。

（2）上下级关系互动。领导—成员交换（LMX）是影响员工建言的重要因素，在中国情境下，也有不少研究发现上下级关系（SSG）对员工建言有促进作用。而潘亮和杨东涛（2020）进一步研究了相对领导—成员交换关系（RLMX）对员工建言的影响，结果发现 RLMX 能正向影响员工建言，包括促进性建言和抑制性建言。

（3）领导下属匹配。研究发现领导—下属情绪评价能力一致性（李树文和罗瑾琏，2020）、领导与下属权力距离一致性（李树文等，2020）、领导下属匹配（杨君琦和毛雯慧，2018）、领导与下属主动性人格一致性（Xu et al.，2019）皆会对员工建言产生积极影响。

（4）平级关系互动。洪赞凯和严之好（2017）从社会影响的角度探讨了同事建言行为如何通过建言安全感产生影响。赖凤仪等（2016）采用平衡理论，探讨员工与领导、员工与同事两种关系之间的协调性对建言行为的影响，发现当两种关系品质一致时，建言行为程度最高，而随着一致性越朝向"高—高"时，建言行为程度越高。同事信任（孙健敏等，2015）、同事建言支持（张若勇等，2016）也会正向促进员工建言行为。

还有些研究从其他互动因素探讨了对建言行为的影响，如领导的情感状态和同级关系互动会影响建言或沉默。Liu 等（2017）对领导的情感状态与员工建言之间的关系进行了研究，发现领导的积极情感和消极情感均会促进员工建言行为。

2.2.3.3　团队层次因素

影响建言行为的团队层次因素主要包括团队结构特性、团队领导风格和团队氛围。

（1）团队结构特性。Islam 和 Zyphur（2005）指出，团队成员在团队规模较小时更能展现出建言行为。Van Dyne 和 LePine（1998）发现，建言在自我管理型团队中比在传统团队中更加常见。Erez 等（2002）发现建言更可能发生在采用平等主义做法的团队中。

（2）团队领导风格。团队层次的领导风格也是影响建言行为的重要因素，已有研究表明正向领导（罗兴鸣和张向前，2018，2019）、道德领导（陈怀杰等，2018）、教练型领导（Yuan et al.，2019）、谦逊领导（张亚年等，2017；周建涛和廖建桥，2018）、自我牺牲型领导（徐振亭等，2019）、变革领导（Wang et al.，2012）和真诚领导风格（Hsiung，2012）对建言行为具有正向影响。此外，Weiss 等（2018）通过一项实地研究发现领导使用包容性的语言，如"我们"等内隐性包容语言、邀请询问意见或直接赞赏等外显性包容语言，能够有效促进团队成员的建言行为。

（3）团队氛围。例如，建言氛围（Morrison et al.，2011）、团队政治知觉（Li et al.，2014）、感知同事支持（Zhou & George，2001）等。

2.2.3.4　组织情境因素

影响建言行为的组织情境因素主要包括组织制度、组织氛围和职场特性。

（1）组织制度。员工是否具有参与决策渠道或沟通的机会，对建言行为具有显著的影响作用（Huang et al.，2005）。胡恩华等（2019）研究发现企业的工会实践水平越高，员工越倾向于建言。

（2）组织氛围。Takeuchi 等（2012）基于不确定性理论检验了不同维度的组织公平对建言行为的影响，结果发现人际公平能够正向影响建言行为，而程序公平和分配公平在两者间起调节作用。其他如组织支持（Zhou & George，2001）、组织员工参与氛围（Vakola & Bouradas，2005）等因素均能促进员工建言，而组织政治氛围（Li et al.，2018）则会抑制员工的建言行为。

（3）职场特性。研究表明，工作、人际或组织压力越高，员工越少展现建言行为（Ng & Feldman，2012；Wu et al.，2019；卢红旭等，2019）。

2.2.3.5　组织外部情境因素

组织外部情境也会对员工建言产生影响。首先，社会环境是否鼓励不同建议表达，不同类型国家、地区会有很大差别。国家文化至少在一定程度上决定了组织不同建言渠道的规范，因此，文化权力距离、不确定性规避、团体集体主义、绩效导向和自信程度等不同维度皆可能对建言产生影响，且文化的紧密—松散程度也会导致某些国家的文化价值观比其他国家对建言产生更实质性的影响（Kwon & Farandale，2020）。此外，基于改良后的霍夫斯泰德权力距离指数指标体系，刘文钦（2018）发现，在权力距离的各项指标中，只有学校环境因素能够正向影响员工的建言意愿，而家庭环境和工作环境因素则对员工建言意愿均无显著影响。其中学校环境主要表现为教师具有亲和力、尊重学生、对学生一视同仁等特征。

　　综上所述，建言行为的影响因素总结如表 2.6 所示。

表 2.6　建言行为的影响因素

层次	类别	促进性因素	抑制性因素
个人层次	性格特质	尽责性、外向性、开放性、促进/抑制焦点、主动性人格	宜人性、神经质
	价值观/信念	想要获得面子、道德责任取向	权力距离、表面和谐、情景沟通取向
	工作态度/认知	自我效能、组织自尊、控制感知觉、感知工作网络中心性、知觉团队地位、心理安全感、建设型变革责任感、工作满意度、资质过剩感、权力感知	心理契约破坏
	动机	亲社会动机	印象管理动机
	其他	情绪耗竭（"U"形）、合作型/竞争型的冲突管理方式、性别、性别相似性、受教育程度、任职年限、代际差异……	
对偶互动层次	领导特质与行为	变革型领导、谦逊型领导、魅力型领导、仁慈型领导、道德型领导、交易型领导、服务型领导、包容型领导、领导建言采纳、领导宽恕、领导建言期望、上级发展性反馈、领导者信息共享	威权领导、辱虐领导、领导自恋等

层次	类别	促进性因素	抑制性因素
对偶互动层次	上下级关系互动	LMX、SSG、RLMX	—
	领导—下属匹配	情绪评价能力一致性、权力距离一致性、P–S Fit、主动性人格一致性	—
	平级关系互动	同事建言行为、上下级关系和同事关系协调性、同事信任、同事建言支持	—
	其他	领导情感状态……	
团队层次	团队结构特性	较小团队规模、自我管理性团队、平等主义型团队	—
	领导风格/特性	正向领导、道德领导、教练型领导、谦逊领导、自我牺牲型领导、变革领导、真诚领导风格、领导包容性语言表达	—
	团队氛围	建言氛围、感知同事支持	团队政治意识
组织情境	组织制度	沟通机制、工会实践	—
	组织氛围	组织公平、组织支持、组织员工参与氛围	组织政治氛围
	职场特性	—	工作压力、职场排斥、职场压力
组织外部情境	文化因素	不确定性规避（正式建言渠道）、绩效导向、文化自信程度、文化的紧密程度	不确定性规避（非正式建言渠道）、文化权力距离、集体主义
	学校环境	教师亲和力	

资料来源：本书根据相关文献整理。

2.2.4 建言行为研究评述

现有研究从不同的层次对员工建言行为的影响因素展开了探讨，取得了丰富的成果。但总体来看，仍存在以下几个问题：

2.2.4.1 多从领导角度探讨对员工建言行为的影响，员工视角或互动
视角相对被忽略

过往研究多以领导者为中心，探讨领导行为或是领导成员关系质量如
何对员工的心理或认知产生影响，进而影响员工建言行为，强调自上而下
的影响。例如，通过影响员工的心理安全感、互惠信任、自我效能感、工
作满意度等。这些研究大都基于领导力域的研究基础，强调了领导者在上
下级互动中的重要作用，但这可能掩盖了追随者本身在互动中所发挥的作
用。领导力是领导者与追随者之间相互的、动态的互动过程，涉及双方的
特征、行动和反应，而以追随者为中心的研究视角能够帮助我们更好地理
解领导与下属互动的动态过程（Uhl-Bien & Carsten，2018），鲜有研究从员
工角度或上下级关系互动对建言行为的影响进行讨论，有待未来深入研究。

2.2.4.2 忽视中国文化情境下华人组织管理的特色

无论是从个人层次、团队层次、组织层次，现有研究大多是基于西方文
化所诞生的组织理论对华人组织中的建言行为展开研究，虽对中国情境下建
言有一定的解释力，也取得了不少研究成果，但却无法凸显华人组织的独
特性。正如钱穆所说，华人文化的全部都是从家族观念上筑起，家以外的群
体都可以说是"家的放大"。这与西方组织中强调逻辑理性、正式职权等制
度层面的管理方法有很大差异。华人组织常被隐喻为大家庭，管理方法也
充斥了人际之间的非正式关系，讲究"因人而异"。因此，实证研究结果纷
纷指出，华人组织与管理的特色表现在上下之间的人际关系（Interpersonal
Relationship）或关系上，并认为唯有对华人的上下关系有清楚的了解，才
有可能厘清华人组织中独特的管理特色（Tsui et al.，2000；Tsui & Farh，
2016）。因此，从关系视角出发，探讨其对员工建言行为产生的影响更符合
中国文化情境，在一定程度上有助于推动管理学研究的本土化。

2.2.4.3 分析员工建言行为的理论视角和影响机制可进一步丰富

从关系视角探讨员工建言的解释框架还较为单一，多基于社会交换理
论。中国传统价值观中关于高权力距离的观点可能使建言成为一种特别危
险的行为（Huang et al.，2005），而基于平等交换的社会交换理论在解释

中国情境下的员工建言或沉默时，或多或少都存在些许局限。虽有学者尝试从资源保存理论、自我效能理论、心理赋权、心理所有权等强调员工主动性的视角出发，但在中国文化背景下，与个体能动性相比，更强调维持的和谐的人际关系和回报（Huang et al.，2005），因此在预测员工建言行为时，员工对与领导关系的情感和认知可能更为重要，有待未来进行探索。

2.3 其他相关因素研究综述

2.3.1 认知灵活性研究综述

2.3.1.1 认知灵活性的概念

认知灵活性指的是个体在不同任务之间切换时，快速重新配置思维的能力（Braem & Egner，2018）。认知灵活性最早起源于 Spiro（1988）提出认知灵活性理论（Cognitive Flexible Theory），从学习的角度解释了认知灵活性的概念，认为认知灵活的个体能从多个角度建构学习的知识，以便对不同的情境做出恰当合理的选择与反应。Martin 和 Anderson（1998）强调认知灵活的个体在很多情况下都不会纠结该如何做出反应，这通常涉及个体三个方面的能力：第一，在任意给定的情境下，都能意识到还有其他的或者备用的选择（Awareness）；第二，有灵活适应环境的意愿（Willingness）；第三，在灵活改变方面自我效能感（Self-Efficacy）很高。

认知灵活性被广泛认为是认知控制的核心功能，如 Diamond（2013）认为认知灵活性是仅次于抑制和工作记忆的三大核心认知控制（或执行）功能之一。认知控制机制允许我们使用内部目标和当前情境自上而下地指导信息处理（Miller & Cohen，2001）。例如，我们将看到交警的情境信息与个人安全目标结合起来，制定一套新的规则，指导我们如何将刺激与行动联系起来（如关注交警的手而不是出故障的交通灯）。以这种方式实施控制涉及的是超越熟悉的、习惯性的行为（如红灯时应该刹车），因此，认知控制机制在传统上被视为与刺激—反应的基本联想学习机制截然相反（Norman & Shallice，1986）。联想学习机制通常被认为能产生快速的、自动的刺激—反应链接，可以在无监督（可能是无意识的）的情况下运行，认知控制机制被认为需要意志和注意力来产生缓慢但战略性的行动（Norman & Shallice，1986；Diamond，2013）。在认知控制机制概念中，认知灵活性被认为是认知控制的顶峰。其他的控制过程对于维持和保护个体当前的目标和任务也很重要（如通过选择性地关注与目标相关的刺激和抑制习惯性反应），但是一个人灵活改变这些目标和任务的总体能力才会产生适应性行为。因此，认知灵活性也被视为一种元控制（Goschke，2003；Hommel，2015），起源于一个独立的模块（或大脑区域），是一种独立的、监督的或执行控制系统，这些系统可以纠正低级行为，而没有明确规定以适应性的方式使用这些功能的规则（Diamond，2013）。

随着研究的不断发展，有关认知灵活性的新近研究展现了不同的观点，即认知灵活性的学习视角。Braem 和 Egner（2018）提出，让个体变得灵活的功能是由联想学习机制指导的，它遵循与更低级别的行为形式相同的学习原则。这个观点与关于其他控制功能规则的理论观点是一致的，如冲突控制（Egner，2014；Abrahamse et al.，2016），并已经通过基本的强化学习规则有效建模（Botvinick et al.，2001）。这个观点的基本前提是，认知灵活性并不是来自一个独立的模块（或者大脑区域），像机器一样介入来解决低级联想加工中的问题，而是与简单的刺激—反应关联类似，均基于联想学习机制的过程（见图 2.3）。研究表明，认知灵活性非常容易受到最近强化学习历史的影响（Braem，2017），这与早期的行为心理学研究一致：行为的可变性（以一种难以预测的方式做出反应）是一种行为，这种行为本身可以有选择性地加强（Neuringer，2002）。此外，还有研究关注情境与认知灵活性的关系，发现通过学习，环境中的刺激可以与潜在认知灵活性的过程相结合（如更新阈值；Goschke，2003），并最终帮助从下向上甚至潜意识地触发认知灵活性。通过依赖这些快速的联想学习过程，认知灵活性的情境触发会使控制策略的分配更有效、更省力。

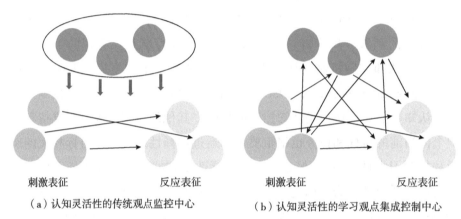

刺激表征　　　　　　　反应表征　　　　　　刺激表征　　　　　　　反应表征

（a）认知灵活性的传统观点监控中心　　　（b）认知灵活性的学习观点集成控制中心

图 2.3　认知灵活性传统观点与学习观点的对比

资料来源：Braem 和 Egner（2018）。

综合来看，认知灵活性是人类调整认知加工策略以应对环境中新的和意想不到的条件的能力（Canas et al.，2003）。这包含了认知灵活性的三个特征：首先，认知灵活性是一种能力，它可能意味着一个可以通过经验获得的学习过程。其次，认知灵活性涉及认知加工策略的适应性，其中，策略是指在问题的范围内搜索一系列操作。因此，认知灵活性指复杂行为的变化，而不是离散的反应。最后，一个人在完成一项任务一段时间后，会对新的和意想不到的环境变化产生适应。

2.3.1.2　认知灵活性的维度和测量

神经心理学测试是临床上评估认知灵活性（Cognitive Flexibility）的主流的方式。然而，这种测试在管理、评分和解释所需的时间和技能方面提出了一些挑战。也有研究者开发了两种认知灵活性的自我报告测量方法，用以测量日常环境下认知灵活性的各个方面，一个是 Martin 和 Rubin

（1995）开发的 CFS 量表（Cognitive Flexibility Scale），另一个是 Dennis 和
Vander Wal（2010）开发的 CFI 量表（Cognitive Flexibility Inventory）。

　　从神经心理学来看，通常用于评估认知灵活性的神经心理学任务包括
语言流利性（Verbal Fluency）和图形设计流利性（Design Fluency）任务。
在这些任务中，个体必须产生独特的语言或非语言反应，较少独特的项目
生成和持续性反应则代表认知僵化（Rende，2000）。设定转换任务（Set-
switching Tasks）是另一种常用的 CF 测量方法，如 TMTPB（Trail Making
Test Part B，Reitan & Wolfson，1985），利用铅笔和纸对字母数字进行排序，
评估一个人在相互竞争的认知集之间灵活转换的能力。其他常用的任务包
括概念学习和抑制控制任务，如威斯康星卡片分类测试（Wisconsin Card
Sorting Test，Grant et al.，1993）和斯特鲁普颜色词任务（Stroop Color-
Word task，Jensen & Rohwer，1966），这两项任务都评估在变化的环境突发
情况下灵活反应的能力（Rende，2000）。威斯康星卡片分类测试是一种概
念学习任务，用来评估个体的抽象推理能力，以及在收到反馈后调整认知
策略的灵活性。斯特鲁普颜色词测试则侧重于抑制控制，要求受试者在看
到颜色词时，抑制自动读取词义的冲动，准确地报告该词所用墨水的实际
颜色，以检验其对习惯性反应的抑制程度。两项任务都依赖于抑制惯性反
应的能力，从而使人能够根据任务要求恰当地改变思维方式和行为表现。

　　在日常实践中使用神经心理测量的方法存在一些实际限制，包括管
理和解释所需的时间和培训，以及接受评估者经常经历的心理困扰。有
研究者开发出两种自我报告方法来测量认知灵活性，包括 CFI 和 CFS（见
表 2.7）。CFS 是一个由 12 个项目组成的自我报告量表，旨在评估互动和
沟通风格的灵活性。这一测量方法评估了人们对不同沟通方式的意识，对
适应环境的反应方式的意愿，以及灵活的自我效能感（Martin & Rubin，
1995）。该量表被广泛地应用（Jonhco et al.，2014）。CFI 是一个由 20 个项
目的 CF 自我报告测量，由两个分量表组成：一是选择子量表，评估个体
在限定情况下识别不同解释并产生多种解决方案的能力；二是控制子量表，
评估个人将困难情况视为可控的能力（Dennis & Vander Wal，2010）。这项

测量旨在评估认知灵活性的类型。

表 2.7　认知灵活性测量汇总

文献来源	维度	题项数
Martin 和 Rubin（1995）	CFS 单维	12
Dennis 和 Vander Wal（2010）	CFI 两维：选择、控制	20

2.3.1.3　认知灵活性的相关研究

（1）认知灵活性的影响因素。通过文献梳理，认知灵活性主要受到来自领导行为、个体特质与行为、情绪、动机、其他因素的影响。

关于领导行为对认知灵活性的影响。汪佳和孙健敏（2019）研究发现，悖论领导能够正向促进员工的认知灵活性，进而对员工创新产生正向影响。此外，Liu 等（2020）以解释水平理论为基础，探讨领导授权行为对员工创造力的影响机制，研究发现，认知灵活性在领导授权行为与员工创造力之间起部分中介作用，而且未来后果考虑（Consideration of Future Consequences）调节了领导授权行为与认知灵活性的关系。李正卫等（2021）聚焦领导积极幽默对员工创造力的影响，通过研究发现，认知灵活性在两者间起中介作用，工作自主性正向调节了认知灵活性与员工创造力之间的关系。此外，领导成员交换（范晓倩和于斌，2021）和领导谦逊（Sok et al.，2021）也被证明能够对认知灵活性产生正向影响。

关于个体特质行为对认知灵活性的影响。段锦云和黄彩云（2013）通过对苏南等地区政府组织的 306 名机关工作人员及其直接上级配对成组取样进行调查，发现员工的个人权力感知能影响其认知灵活性，并间接影响员工的进谏行为，而且个人权力感知与认知灵活性之间的关系又受到员工的权力距离倾向的正向调节影响。许为卫等（2019）对 326 名在校大学生展开调查，发现心理韧性对大学生创造性的影响是通过影响其认知灵活性间接实现的。同样地，Sok 等（2021）也发现在一线服务的人员的心理韧性能够对其认知灵活性产生正向影响。周宓等（2021）研究发现乐观能正向预测大学生的认知灵活性。此外，专注冥想（Concentrative Meditation）和正念也被研究证实能够正向促进认知灵活性（Muller et al.，2016；Sunbul，2020）。工作反刍行为，即在闲暇时间对工作的持续思考，与认知灵活性显著负相关（Cropley et al.，2016）。

值得注意的是，有大量研究表明，积极情绪有助于认知灵活性的提升。仇璐昱等（2015）关注不同情绪以及情绪调节策略对个体认知灵活性的影响，通过对大学生的调查结果发现，与消极情绪和中性情绪相比，积极情绪能对个体的认知灵活性产生显著正向影响。李海等（2016）采用问卷调查的方法收集数据，研究发现积极情绪能提高人的认知灵活性，进而提高问题识别能力，从而促进个体创造力。Lin 等（2014）通过实验研究方法，对 120 名被试展开了研究，结果表明认知灵活性中介了积极情绪与顿悟问题解决的关系。Sunbul（2020）的研究也证实了积极情感和认知灵活性显著正相关。此外，张潮等（2020）采用视频与 VR 的方式诱发被试的敬畏情绪，试图探究敬畏情绪对创造力的影响，结果发现敬畏情绪通过认知灵活性影响创造力的表现，认知灵活性在其中起中介作用。

也有研究从动机视角探讨了认知灵活性的影响因素。例如，Li 等（2018）基于动机信息加工理论，提出了创造力的动机—认知模型，即内在动机通过认知灵活性对创造力产生积极的间接影响，通过实证研究证实了该影响机制，发现工作自主性能够通过内在动机对认知灵活性产生影响。

还有其他因素也能对认知灵活性产生影响，如时间压力、绩效压力和建设性冲突。范晓倩等（2020）的研究发现，挑战性时间压力能够促进认知灵活性，进而影响员工的创造力。范晓倩和于斌（2021）的研究发现当绩效压力被评估为挑战时可通过认知灵活性路径从广度上促进员工创造力；领导—成员交换在该条路径中具有正向调节作用。Al-Ghazali 和 Afsar（2021）研究发现认知灵活性在建设性冲突对创新工作行为的影响中起中介作用。

（2）认知灵活性的结果。通过文献梳理，现有研究主要探讨了认知灵活性对创业意愿、创造力、员工进谏行为和员工即兴行为的影响。

对创造力的影响是认知灵活性领域最受广泛关注的研究，大量研究表明认知灵活性能够促进个体的创造力。例如，许为卫等（2019）以大学生为研究对象，调查发现心理韧性对大学生创造性的影响是通过影响其认知灵活性间接实现的。也有不少研究是聚焦于实际的企业管理中认知灵活性对员工创造力的影响，结果均表明认知灵活性能正向促进员工创造力（汪佳和孙健敏，2019；Liu et al.，2020；范晓倩等，2020）。李海等（2016）研究发现认知灵活性在积极情绪和创造力间起中介作用，类似的影响效应也可以在张潮等（2016）和 Lin 等（2014）的研究中看到。另外，Li 等（2018）还发现认知灵活性能够中介内在动机和创造性之间的关系。

针对认知灵活性对创业意愿的影响。Dheer 和 Lenartowicz（2019）基于 440 名受访者的实证研究发现，认知灵活性对个人追求创业职业意向有正向影响，并且风险承担态度和创业自我效能中介了认知灵活性与创业意愿之间的关系。另外，胡瑞等（2020）探讨了认知灵活性对大学生创业意向的正向影响机制，以 943 名大学生的数据为基础，验证了创业自我效能和创业警觉性在其中的链式中介作用关系。

也有研究关注认知灵活性对员工其他行为的影响。例如，段锦云和黄彩云（2013）研究发现认知灵活性中介了个人权力感知和进谏行为之间的关系。而门一等（2016）则通过 213 对上下级配对的问卷调查，发现个体的认知灵活性能够正向影响自身的即兴行为。

（3）认知灵活性的调节作用。除探讨认知灵活性的前因和结果外，也有学者探讨了认知灵活性的调节作用。

吴道友等（2014）利用 368 份上下级配对样本，探讨了员工工作投入对其后续建言行为的影响过程，结果发现工作投入能够正向影响建言行为，建言效能感中介了这两者间的关系，而认知灵活性则加强了工作投入与建言效能感之间的正向关系。此外，Peng（2020）的研究表明认知灵活性正向调节了领导认同与员工建言之间的关系。

罗瑾琏等（2016）以 16 家高新技术企业中的 281 名 R & D 员工为调查对象，探讨了双元领导影响员工创新行为的作用机制和边界条件，结果发现，双元领导能够正向影响员工创新行为，创新自我效能感与领导—成员交换（LMX）在两者的关系间起完全中介作用，而认知灵活性则增强了双元领导对创新自我效能感及 LMX 的影响效果。

罗瑾琏等（2017）以中国情境下 85 个研发团队中 85 位团队主管和 397 位团队成员的配对数据为样本，考察了悖论式领导对团队创新的影响机制，结果发现，悖论式领导和团队认知灵活性两者相互交互，共同对团队创新产生影响。

2.3.1.4　认知灵活性研究述评

综合来看，有关认知灵活性的理论和实证检验尚处于初始阶段，未来研究可关注以下几个方向：

（1）认知灵活性的维度和测量。尽管现有研究已经开发出 CFS 和 CFI 两种自我报告式的测量方法，大大提升了测量的便利性，但有关认知灵活性的测量仍旧是神经生理学方法占主导。且在一些研究中发现自我报告的 CFI 与神经生理学测试的项目并不相关（Johnco et al., 2014）。此外，关于认知灵活性究竟是单维还是两维的结构还没有定论，有待未来继续探索。现有的认知灵活性量表多基予西方情景开发，对于中国情境下的实用性还有待检验，开发中国情境下的认知灵活性量表可能是一个重要的方向。

（2）认知灵活性的法理网络有待进一步深入完善。关于认知灵活性的影响因素还比较零散，值得未来继续深入探索。此外，关于认知灵活性的后果变量研究也十分有限，大多集中于对创造力的影响。认知灵活性作为认知控制的重要概念，在个体的行为和决策中起着举足轻重的作用。未来应继续扩展认知灵活性的后果研究。

2.3.2　关系情感基调研究综述

2.3.2.1　关系情感基调的概念

关系可以作为关系双方情感激发的来源（Lazarus & Folkman, 1984; Fincham & Braclbury, 1987; Berscheid et al., 1989; Gooty et al., 2019）。

Berscheid 等（1989）在其开发的情感关系模型（Emotion-in-Relationships Model，ERM）中解释了柏拉图式和浪漫关系中的认知、关系期望和情感之间的循环。他们假设，关系中的伴侣对彼此有认知期望，这是基于他们自己对关系应该如何发展的信念，以及他们与关系相关的人际目标和个人目标。离散情绪是在人际交往中激发的，这些人际交往激活了其关系期望和目标：消极情绪是在违反关系期望和阻碍关系目标时诱发的，而积极情绪则是在关系期望得到满足和关系目标实现时诱发的。随着人际关系中情感体验的积累，在个人层面上，伴侣均会形成关系的总体积极情感基调和消极情感基调。这种明确的情感基调是由积累的情感体验中与关系和伴侣的认知有关的信息库组成（Gooty et al.，2019）。

2.3.2.2　关系情感基调的维度和测量

ETI 的原始量表是 Berscheid 等（1989）为亲密关系开发的量表，用来评估情侣在恋爱关系中经历的 28 种不同情绪的频率，包括 14 种积极情绪和 14 种消极情绪。后 Beckes（2009）改编了 ETI 的原始量表，经由改编后的量表被 Gooty 等（2019）用于测量上下级关系之间的情感基调，总体而言具有良好的信效度。

2.3.2.3　关系情感基调的相关研究

与大量关于情绪和领导力的文献（Gooty et al.，2010；Van Knippenberg & Van Kleef，2016）相比，上下级关系文献中关于情感的研究尚处于起步阶段。大多数关于上下级关系中情感体验的研究本质上都是理论性的（Ashkanasy，2002；Ashkanasy & Jordan，2008；Cropanzano et al.，2009；Ballinger & Rockcmann，2010；Tse et al.，2016；Gropanzano et al.，2017），除 Gooty 等（2019）关于上下级关系情感基调一致性和 LMX 的研究。另外，Guarana 和 Barnes（2017）研究了上下级之间的敌意与 LMX 发展之间的关系，但在该研究中，敌意是由睡眠不足引起的，而不是关系本身。因此，本书对 Gooty 等（2019）与更广泛的关系科学（Relationship Sciences）中关于积极情感和消极情感的文献进行回顾，以解释关系情感基调的作用。

上下级关系是情绪激发的来源，因为积极情绪和消极情绪都会在关系中反复出现（Cropanzano et al.，2017）。随着关系的发展，积极情绪和消极情绪反复出现最终将形成关于关系总体的、相对稳定的情感基调（Berscheid et al.，1989；Cropanzano et al.，2017；Gooty et al.，2019）。这种情感基调由关系的社会经历（历史）组成，如满足或未满足的认知期望以及从关系中衍生出来的个人目标和人际目标（Van Knippenberg & Van Kleef，2016）。Gooty 等（2019）通过实证研究证明了领导与下属的关系情感基调一致性与 LMX 相关，积极情绪情感一致性与较高的 LMX 评分相关，而消极情绪情感一致性与 LMX 评分没有关联。

在一系列研究中，Gottman 和 Levenson（1992）、Gottman 等（1998）、Gottman（2014）发现积极情感与消极情感交互的功能比率是关系繁荣的关键。这些研究表明，积极情感和消极情感交互的比率是婚姻稳定性的预测指标，并且最终可以预测离婚，稳定的婚姻伴侣积极情感和消极情感交互的比率保持在 5∶1，而不稳定的婚姻伴侣保持在 0.8∶1。

2.3.2.4　关系情感基调研究述评

总体来看，上下级关系文献中关于情感的研究尚处于起步阶段。但依据情感在领导力领域的大量研究，有理由推测其也会影响员工的态度和行为，这有待未来进一步探索验证。此外，依据关系科学领域的研究，关系情感基调是影响关系发展变化的重要预测变量，这对于从关系视角看待组织领域的管理问题颇具价值。通过借鉴关系科学的观点，将关系情感基调引入上下级关系的研究中，有利于拓展上下级关系领域的研究，也是未来较有价值的研究方向。

2.3.3　任务互依性研究综述

2.3.3.1　任务互依性的概念

无论是什么工作团队为了完成工作任务或目标都需要成员之间相互合作和相互依赖，因此，任何一个团队当中成员的任务之间或多或少是相互依赖的（Van Der Vegt et al.，2001）。任务互依性涉及团队工作的输入和执行过程，是指团队成员需要彼此交换信息和资源或共同工作以有效完成任务的程度（Van Der Vegt et al，2001；程兆谦和张德，2006）。大量的研究都指出，当团队的任务互依性强度发生变化时，成员之间的互动程度也会随之发生变化（Swaab et al.，2014）。具体来说，高强度任务互依性使得团队成员之间展开更多实质性的互动，因为只有这样才能增进彼此间的支持和合作（Sluss & Ashforth，2008），获取工作所需的信息资源，最终有效实现团队目标。

任务互依性有着高低程度之分。Wageman（2001）认为任务互依性可以从以下四个方面进行判断：①如何定义这项任务；②完成这项任务的过程是什么；③完成这项任务所必备的技术是什么；④所必备的技能和资源在整个团队内部是如何分布的。倘若某项任务的分工比较复杂，且成员间必须相互合作共同努力才能完成，则可判定该项任务的互依性程度很高。Van de Ven 等（1976）将任务互依性分成联营式互依性、顺次式互依性、互惠式互依性和团队互依性。在这四种类型的互依性中，联营式互依性的依赖程度最低，强调不同成员的独立产出联合共同构成团队产出的整体，如销售团队里的销售任务强调的是个人努力实现自己的销售目标。顺次式互依性是一种基于工作流程的、定向的相互依赖，团队成员必须完成好自己负责的部分然后交由下一个成员对接，所有团队成员产出集合构成了整个团队产出。互惠式互依性类似顺次式互依性，区别在于成员间的互动是双向的。团队互依性强调不同成员共同合作完成工作，彼此间的互动没有方向限制，也没有时间规定，因为每个人均需对团队的所有方面负责。在此种情形下，每个成员均拥有完成团队任务所必备的技能和资源。

2.3.3.2 任务互依性的测量

现有研究大多采用单维度量表对任务互依性进行测量。量表汇总如表2.8所示。

表 2.8　任务互依性测量量表归纳

作者	题项数	题项示例
Campion 等（2010）	3	我要依靠其他同事的合作才能成功地完成工作
Pearce 和 Gregersen（1991）	5	我的工作方式对我的同事影响很大
Liden 等（1997）	3	团队成员之间必须紧密合作才能完成工作任务
Kiggundu（1983）	6	团队任务必须通过团队成员之间协调配合才能完成
Van Der Vegt 等（2001）	5	我的同事为了完成他们的工作任务，必须从我这获得信息和建议

资料来源：根据相关文献整理。

2.3.3.3　任务互依性的相关研究

现有研究主要将任务互依性作为调节变量加以探讨，也有少部分学者探讨了任务互依性的影响后果。

在将任务互依性视为调节变量的研究中，大多数学者聚焦于探讨其对领导效能的调节作用（Fong et al.，2018）。例如，研究发现任务互依性调节变革型领导（Jiang et al.，2016）、共享领导（赵佳和罗瑾琏，2020）、领导魅力（Kim & Vandenserghe，2018）、德行领导和权威领导（滕修攀和程德俊，2019）、领导谦卑性（Liu et al.，2017）、包容性领导（马跃如和段伟，2018）和自我服务型领导（Peng et al.，2019）等的影响。此外，也有研究发现任务互依性能够调节知识隐藏（Pong et al.，2018）、社会阻抑（赵红丹，2014）、LMX（Anand et al.，2018）、知识共享（Gu et al.，2018）与团队关系冲突（顾琴轩等，2018）等的影响。

少数研究将任务互依性作为前因变量，探讨了其对团队及个体产出的影响以及影响的内在机制或边界条件。在直接效应研究中，任务互依性对员工建言行为（李嘉，2019）、知识获取（王海花等，2021）有正向影响。而吴佳敏（2019）研究发现任务互依性与团队创造力之间的关系不是简单的线性影响，而是倒"U"形关系。在探究任务互依性影响的中介机制研究中，合作式的冲突管理方法（Somech et al.，2009）、团队凝聚力（Chen et al.，2009）、团队学习（王艳子等，2014）、共享心智模型及行为信任（罗瑾琏等，2015）等分别中介了任务互依性对团队绩效、组织公民行为、团队创造力和交互式记忆系统等的影响；在探究任务互依性影响的边界条件研究中，团队认同（Somech et al.，2009）、团队反思（王艳子等，2014）和民族文化（Bachrach et al.，2007）等分别调节任务互依性对合作式的冲突管理方法、团队创造力和组织公民行为等的影响。

2.3.3.4 任务互依性的研究述评

总体来看，以往研究大都将任务互依性视为团队层次的工作特征，关注其对团队或个人能够产生的影响。任务互依性作为工作环境的显著特征之一，能够对个体的认知和情感产生直接影响，是组织情景中的重要调节因素。但过往研究多从个体层次和团队层次探讨了任务互依性的影响，忽略了任务互依性在关系层次二元互动作用过程中的影响，有待未来研究进一步探索。此外，相比任务互依性的调节效应，其直接效应和中介效应研究未得到充分的关注和发展，未来研究也可以针对任务互依性的结果变量展开探索。

第3章　上下级关系图式匹配
影响员工建言行为的质性分析

　　第2章的文献综述为本书研究奠定了坚实的理论基础。通过文献回顾发现，现有研究多从上下级关系的"实然"特征角度去探讨对员工建言行为产生的影响，却忽视了上下级关系的"应然"特征这个重要的影响因素，即上下级关系图式的影响。尤其在关系本位和高权力距离的中国文化背景下，上下级关系图式决定了领导和下属双方在关系互动中的行为准则和相处模式，也可能决定了建言行为是否符合关系互动中的行为标准。因此，从上下级关系图式的角度出发，可以成为解释中国背景中员工为何不建言的关键原因。

　　然而，在理论上，鲜有研究探讨了上下级关系图式匹配与员工建言行为之间的影响。有研究发现，领导的上下级关系图式能够影响到下属的亲社会行为（蔡松纯等，2009），循此逻辑有理由推测领导的上下级关系图式也可能对同具亲社会属性的员工建言行为产生影响。但是，这仅关注了领导视角，无法观测到下属的上下级关系图式在此过程中发挥的重要作用。也就是说，对于领导—下属的上下级关系图式匹配状态是否会影响员工建言，现有研究尚未确定明晰的因果关系。

　　此外，本书尝试揭开上下级关系图式匹配影响员工建言行为的过程

"黑箱"。上下级关系图式领域的研究正处于起步阶段，有关上下级关系图式匹配（一致性）的研究更是屈指可数。仅有的几篇关于上下级关系图式匹配的文献探讨了其对领导—成员交换、员工行为绩效的影响。其中，唯有1篇文献对上下级关系图式匹配的影响过程展开了讨论，确定了下属对领导的信任在上下级关系图式匹配与员工行为绩效之间的中介作用（Tsai et al.，2017；王雁飞等，2021）。然而，员工建言行为与行为绩效不同，属于典型的角色外行为。因此，上下级关系图式匹配与员工建言行为的关系之间应该存在另外的中介机制。综合来看，现有研究并未为上下级关系图式匹配影响员工建言行为提供清晰的证据链，两者之间的作用机制更是模糊不清，使得理论推导无从下手。有必要在理论推导构建模型之前展开质性调查，试图打开上下级关系图式匹配影响员工建言行为的过程"黑箱"，为第4章的模型构建提供研究视角和实践支持。

再者，有关上下级关系图式的具体内容，应用最为普遍的就是参考我国台湾地区学者蔡松纯等（2009）开发的量表，作者将上下级关系图式划分为情感性和工具性两个维度的内涵。本书认为此种划分的前提是基于平等的社会交换理论，忽视了中国背景下领导和下属之间天然存在的结构差距，无法全面概括出中国背景下上下级关系图式的具体内容。之后，蔡松纯（2012）基于社会认知理论并结合中国文化背景，对上下级关系图式的内涵进行了更为细致科学的梳理，将其划分为情感共享性、工具交换性、照顾回报性以及权威服从性四个维度，并进一步开发了相应量表，该量表也具有良好的信效度。然而，遗憾的是，该量表并未被推广。从理论上说，蔡松纯（2012）对上下级关系图式内涵的划分更为合理，但这四种更为细致地划分是否与实际情况相符还有待验证。倘若与实际情况不符，即便是更为细致的划分也不具备任何实践意义，只需采用更为简练的两维量表展开研究即可。因此，在开展实证研究之前，有必要通过质性研究对上下级关系图式的具体内容进行验证，以确定上下级关系图式四维结构的合理性。

综上所述，本章的目的主要包括以下两个方面：一是通过质性分析验证蔡松纯（2012）四维上下级关系图式结构的合理性。即情感共享性、工具交换性、照顾回报性和权威服从性这四种内涵的上下级关系图式在实践中是否真实存在？二是通过质性分析试图打开上下级关系图式匹配影响员工建言行为的过程"黑箱"，为第 4 章的理论假设和模型构建提供理论视角及实践支持。

　　基于此，本章采用归纳分析法，对 76 份开放式问卷调查和 52 份深度访谈案例展开分析和提炼，识别影响员工建言行为的潜在因素，通过对比领导和下属的上下级关系图式匹配与不匹配的案例差异，对上下级关系图式匹配与员工建言行为之间关系展开质性分析，探索其背后的影响过程，并为第 4 章提供研究视角和基础。

3.1　样本来源及数据收集

　　由于将研究对象设为企业在职员工，为了能够全面了解员工向领导建言时的影响因素和心理过程，尽量扩大归纳性研究的样本数量与分布范围，得到稳健的研究结果，本章总共从两个数据来源展开收集：开放式问卷调查（样本 1）和深度访谈（样本 2）。一方面，开放式问卷调查法具有覆盖性广、匿名性高、可保存性以及操作便利等优势，有利于较全面系统地分析归纳出员工建言的影响因素。另一方面，采取深度访谈法获取资料，有利于研究者捕捉关键信息，对开放式问卷调查法的资料进行补充验证，并检验理论饱和度。

　　开放式问卷调查（样本 1）主要通过电子问卷形式进行收集。研究者通过网络平台创建了调查问卷，包括性别、年龄、教育程度、任职年限、职位层级、工作单位性质以及行业领域等基本信息以及相应的开放式问题。被调查者需要回答 3 个开放式问题，包括自己对上下级关系的看法、直属主管对上下级关系的看法以及举例说明自己的一个建言经历（具体问题见本书附录）。当问卷创建完成后，研究者将问卷链接通过微信发给已经工作的同学和朋友，采用滚雪球式的收集方法由他们转发给同事或朋友填写。为了尽可能地确保问卷效度，研究者进行了事前和事后的控制。事前的控制主要是对开放式问题设置了最少字数限制以及 IP 限制。IP 限制保证问卷不被同一个人重复填写，最少字数限制保证被调查者不能跳过问题，进而不得不思考问题并予以作答。事后控制主要是问卷收集完成后删除一部分为了凑字数进行的无效作答，如"……"等重复信息或与问题明显无关的回答。总共发放 80 份调查问卷，删除无效问卷最终得到 76 份在职员工的数据，基本信息如表 3.1 所示。

表 3.1 开放式问卷调查样本基本信息（N＝76）

样本属性		频数	占比（%）	样本属性		频数	占比（%）
性别	男	37	48.7	职级	一般工作人员	35	46
	女	39	51.3		基层管理人员	23	30.3
年龄（岁）	＜20	1	1.3		中层管理人员	13	17.1
	21~30	49	64.5		高层管理人员	5	6.6
	31~40	24	31.6	所处行业	IT 产业	13	17.1
	41~50	2	2.6		住宿餐饮	5	6.6
教育程度	高中及以下	2	2.6		制造业	17	22.4
	大专	12	15.8		建筑行业	5	6.6
	本科	55	72.4		教育培训	9	11.8
	硕士及以上	7	9.2		金融业	10	13.2
工作单位性质	国有企业	13	17.1		农业	3	3.9
	民营企业	36	47.4		医疗卫生	3	3.9
	政府事业单位	14	18.4		其他	11	14.5

续表

样本属性		频数	占比（%）	样本属性	频数	占比（%）
工作单位性质	外资企业	2	2.6	任职年限	平均值	5.697
	其他	11	14.5		标准差	4.436

如表 3.1 所示，被调查者男女比例较为均衡，分别为 48.7% 和 51.3%。年龄大多处于 21~30 岁（64.5%），其次就是 31~40 岁（31.6%），在所在单位的平均任职年限为 5.697 年（SD = 4.436）。超过半数的被调查者受教育程度为本科（72.4%），有超过半数的被调查者拥有管理职位（54%）。主要来自民营企业（47.4%），行业分布前三的分别是制造业（22.4%）、IT 产业（17.1%）、金融业（13.2%）。

深度访谈（样本 2）的收集方法是半结构化访谈。研究者通过网络平台（微信、微博等社交平台）招募有意愿参加访谈的受访者填写报名表，然后依据报名表填写的联系方式与受访者取得联系。招募条件注明需 20~60 岁的企业在职员工，并有向领导建言的经历。访谈形式包括线上会议、电话采访和面对面访谈，由研究者和受访者协商决定。在访谈过程中，研究者先向受访者介绍访谈目的，向其保证访谈内容保密并只用于学术。在取得受访者同意后对采访内容进行录音以方便后续研究工作。进入正式访谈环节时，主要依据表 3.2 所示的访谈提纲进行，包括 4 个问题：自己对上下级关系的认知或看法、直属主管对上下级关系的认知或看法、举例说明自己的一个建言经历以及有建议却未向领导提出的原因。

表 3.2　访谈提纲

序号	问题
1	请问您怎么看待领导与下属之间的关系？您觉得领导与下属之间应该是一种什么样的关系？或者说应该如何相处
2	您的直属上司又是怎么看待领导与下属之间的关系的？TA 觉得领导与下属之间应该如何相处

续表

序号	问题
3	请回想您向直接上司建言的经历，并详细描述该建言的经历。您可以说一个故事，或描述在此过程中的心理感受
4	请回想您曾有意向直接上司建言却没有付诸行动的经历。请简要描述该经历，说明您是出于什么原因考虑，没有向领导说出自己的建议、观点或担忧

受访者的基本信息在填写报名表时已经取得。每次访谈时间在 20~30 分钟。访谈结束后，研究者会将访谈内容转录成文本信息，并依据访谈内容质量给予每位受访者 25 元的报酬。此外，当数据分析与访谈并行处理时，一边可以收集访谈数据，一边可以进行数据分析。依据归纳分析法一般要求，当新收集的访谈不再产生新的理论类属时，即达到理论饱和，可以停止访谈收集（迈尔斯等，2008），最终获得 52 份访谈资料。受访者的基本信息如表 3.3 所示。

表 3.3　访谈样本基本信息（N = 52）

样本属性		频数	占比（%）	样本属性		频数	占比（%）
性别	男	17	32.7	工作单位性质	国有企业	10	19.2
	女	35	67.3		民营企业	28	53.9
年龄（岁）	21~30	26	50.0		事业单位	9	17.3
	31~40	24	46.2		外资企业	5	9.6
	41~50	2	3.8	所处行业	IT 产业	6	11.5
教育程度	高中及以下	2	3.8		餐饮服务业	8	15.4
	大专	4	7.7		制造业	11	21.2
	本科	39	75.0		建筑行业	3	5.7
	硕士及以上	7	13.5		教育培训	7	13.5
职级	一般工作人员	25	48.1		金融业	3	5.8

样本属性		频数	占比 （%）	样本属性		频数	占比 （%）
职级	基层管理人员	13	24.9	所处行业	其他	14	26.9
	中层管理人员	11	21.2	任职年限	平均值	6.433	
	高层管理人员	3	5.8		标准差	4.748	

如表 3.3 所示，受访者中女生占比较大，为 67.3%。年龄大多处于 21~30 岁（50%），其次就是 31~40 岁（46.2%），在所在单位的平均任职年限为 6.433 年（SD = 4.748）。超过半数的受访者受教育程度为本科（75%）。拥有管理职位和一般工作人员的占比也较为均衡，分别为 51.9% 和 48.1%。主要来自民营企业（53.8%）和制造业（21.2%）。

3.2　编码过程

依据归纳分析法，采用软件 Nvivo11 对质性数据进行编码分析。借鉴 Miles 和 Huberman（1984）、忻榕等（2004）等和张振刚等（2014）使用的方法，本书将定性数据分析分为四步：第一步，对资料进行初步识别、筛选与分类。研究者首先将与研究主题相关的内容进行了逐句分析，最终获得与研究问题相关的 1051 个句段，建立了一级条目库。第二步，根据每个条目表层的意思形成初级的编码，依据案例原始文本信息共贴出 99 个标签（AA），总共提取出 99 个类别。第三步，对相同或相近的概念进行了讨论、分析和合并，最终获得 47 个范畴（见本书附录）。第四步，将 47 个副范畴高度概括归纳到 15 个主范畴中。最终结果如表 3.4 所示。

表 3.4　质性分析编码结果

主范畴	副范畴
B1 沉默原因（140）	A1 建言议题敏感性（16）
	A2 建言内容合理性（18）
	A3 建言时机不合适（2）
	A4 预期领导拒绝（4）
	A5 畏惧领导权威（6）
	A6 顾虑领导面子（12）
	A7 风险规避（82）
B2 组织影响因素（7）	A8 扁平化结构（1）
	A9 工作环境不确定性（6）
B3 团队因素（11）	A25 正向团队氛围（9）
	A26 负向团队氛围（2）
B4 领导因素（50）	A16 辱虐型领导（2）
	A17 威权型领导（5）
	A18 领导开放性（18）
	A19 领导亲和性（7）
	A20 领导意见征询（18）
B5 上下级关系质量（36）	A35 信任（9）
	A36 尊重（11）
	A37 和谐（16）
B6 下属上下级关系图式（186）	A38 情感共享（下属）（44）
	A40 权威服从（下属）（35）
	A39 工具交换（下属）（50）
	A41 照顾回报（下属）（57）
B7 领导上下级关系图式（123）	A44 情感共享（领导）（42）

续表

主范畴	副范畴
B7 领导上下级关系图式（123）	A45 工具交换（领导）（20）
	A46 权威服从（领导）（23）
	A47 照顾回报（领导）（38）
B8 建言动机（94）	A13 亲组织动机（66）
	A14 亲社会动机（27）
	A15 利己动机（1）
B9 认知灵活性（38）	A28 建言实施灵活性（14）
	A27 建言准备灵活性（24）
B10 心理压力（16）	A29 消极情绪（16）
B11 对建言的认知（25）	A34 建言责任感（9）
	A33 建言效能感（16）
B12 工作态度和认知（26）	A32 工作投入（6）
	A30 工作疏离（9）
	A31 工作意义感（11）
B13 认同机制（11）	A43 下属的领导认同（7）
	A42 下属组织认同（4）
B14 下属建言行为（152）	A12 下属直言行为（32）
	A10 促进型建言（57）
	A11 抑制型建言（63）
B15 领导回应（139）	A23 领导拒谏（10）
	A22 领导纳谏（72）
	A24 领导积极回馈（31）
	A21 领导认同下属（26）

注：括号里为条目数。

需要说明的是，在数据编码的每个阶段都至少有 2 名博士生参与，各自独立进行编码。如果 2 名成员的编码结果不一致，则展开讨论反复商榷或征求第三方意见的方式解决争议，直至最终达成一致。在三轮编码中识别出了相互重复的条目和类别，但并未对其进行删除处理，而是统计了条目和类别出现的频率。一个条目出现的频率越高，表明该条目所代表的影响因素越普遍。本书通过条目频数识别出影响员工建言行为的最普遍的因素，从而为理解上下级关系图式匹配影响员工建言行为提供分析视角。

3.3　质性分析与探讨

3.3.1　上下级关系图式的四维结构模型分析

由于本书主要关注上下级关系图式匹配是否会对员工建言行为产生影响，因此也调查了员工对于职场中的上下级之间关系的看法的认知，以及其直属上司对上下级关系的看法的认知，以确定上下级关系图式四维结构的合理性。通过归纳发现，无论是下属的上下级关系图式还是领导的上下级关系图式都可归纳出情感共享、工具交换、权威服从和照顾回报四种不同的认知内涵。此外，通过质性分析发现，个体的上下级关系图式中隐含了对下属建言的期望以及对领导纳谏的期望。被调查者会用上下级之间能否直言进谏来表征或描述上下级关系之间应有的模式。这表明上下级关系图式与员工建言行为之间存在密切的联系，为构建上下级关系图式匹配影响员工建言行为的直接影响提供了初步的实践支持。

情感共享性上下级关系图式认为，上下级之间应该是亲近且平等，有话直说，相互理解包容对方。例如，针对下属对上下级关系的认知，有案例指出"最好是朋友关系，那种能交心，可以随心所欲地说出自己真实想法的朋友关系""应该是平等关系，言无不尽才对"。针对领导对上下级关系的认知，也有被调查者提到希望能"畅所欲言"（B001）、"员工应该积极建言多多发表意见，相互沟通相互学习"（A035）。

工具交换性上下级关系图式认为，上下级之间是平等的工作关系、合作关系，注重工作效率且相互协作，但关系应保持一定距离。在这种关系模式中，员工的建言行为是一种为了更好地完成工作目标的工具性手段，对事不对人，不带有情感色彩。例如，针对下属对上下级关系的认知，有案例认为"下属和领导应该是合作互助的关系，工作中互相辅助合作，出现问题共同协商，在合作的基础上，领导做出决策"。针对领导对上下级关系的认知，有案例认为"互相尊重，互提建议，共享工作经验与知识"。

权威服从性上下级关系图式认为，上下级之间是领导与被领导的关系，下属不应该给领导提意见。例如，针对下属对上下级关系的认知，有案例指出"下属应该对领导有一种尊重和敬仰之心，不能事事反驳领导"。针对领导对上下级关系的认知，有案例认为"领导就是领导，是权威者，下属对领导的命令必须绝对服从"（B006）。

照顾回报性关系图式认为，上下级之间应该有上下之分，但关系亲近。领导与下属均应遵循各自的角色义务和规范，处于上位者应关心照顾下属，善于纳谏，处于下位者则应尊重领导，知恩图报。在此种关系模式中，员工的建言行为是员工作为"下属"这个角色应尽的一种责任和义务。例如，针对下属对上下级关系的认知，有案例指出"在工作上领导给予下属指导与帮助，下属回馈领导的指导，帮助领导解决问题"。针对领导对上下级关系的认知，有案例指出"领导帮助下属成长，指挥下属做事情。下属对领导做错的一些事情进行提醒。两者应该互相帮助，互相进步"。

从这些例子可以分析出，员工的建言行为对于持有不同上下级关系图式的个体来说具有不同的意义。针对同一种建言行为，不同的个体会作出不同的理解和解读。从这个角度上看，上下级关系图式可以作为一种影响员工建言的因素，这对本书构建上下级关系图式匹配与员工建言之间的关系具有启示意义。

3.3.2　上下级关系图式匹配与员工建言行为的关系探讨

本章的第二个目的是试图打开上下级关系图式匹配影响员工建言行为的过程"黑箱"。为实现这个目的，先分析了在实践中员工建言时真实考虑的潜在影响因素和心理过程（前因）。接着，通过对比上下级关系图式匹配和不匹配两种情境下的案例，分析其建言过程中的心理差异，以总结出上下级关系图式匹配与员工建言行为之间可能存在的中介机制。

通过归纳分析，发现了 10 个影响员工建言的前因因素，包括 B8 建言动机、B9 认知灵活性、B10 心理压力、B11 对建言的认知、B12 工作态度和认知、B13 认同机制、B2 组织影响因素、B3 团队因素、B4 领导因素、B5 上下级关系质量（见本书附录）。在归纳影响员工建言的前因因素中，上下级关系图式相关的因素没被受访者提及，本书认为可能的原因有以下两个：一是上下级关系图式作为一种内隐认知，对个体行动产生的影响在大多数情形下是无意识的，不易被个体知觉到其作用过程。二是上下级关系图式很可能会通过其他方式间接地对员工建言产生影响。最终归纳得出员工建言的前因因素大都属于影响建言行为的近端前因。尽管如此，基于这些影响因素分析结果，依然能够帮助我们寻找出解释上下级关系图式匹配影响员工建言的视角。

从个体层次来看，领导的上下级关系图式能够直接对领导的行为产生影响，而领导因素（B4）在本章研究中是影响员工建言的第二大因素，这在一定程度上支撑了上下级关系图式能够影响员工建言行为。本书将领导因素分为辱虐型领导、威权型领导、领导亲和性、领导开放性和领导意见征询五个类别。针对领导的上下级关系图式主要通过询问下属的认知间接获得，而领导的上下级关系图式基本与领导的特质和行为一致。例如，案例 B002 在形容领导对上下级关系的认知时提道"我们领导就是没事别找他，有事快说，我和你不是一个世界的人"。他在回忆自己的建言经历时又提到"领导喜欢摆架子不专业，质疑专业员工的方案，有点小权力，想什么做什么，滥用职权，做事看心情"。案例 B019 在形容领导对上下级关系的认知时提道"我的直属上司通常与下属之间以家人的关系相处，上司觉得虽然各自权属等级不同，但应该像一个家庭一样"。在回忆自己的建言经历时，他指出领导会征求下属意见，"上司在听到我的反馈后，非常认真地和我一起分析了原因，大多数是站在同事的立场去分析，并且也征求了我的意见"。同理，下属的上下级关系图式因为隐含了对员工建言的认知，会影响到员工作为"下属"这个角色对建言的认知（B11）。本书中对建言的认知（B11）即是员工对于建言行为的认知，包括建言责任感和建言效能感两个类别，也是影响员工建言的重要前因。综合来看，下属的上下级关系图式也可能影响员工建言，这也在一定程度上支撑了上下级关系图式能够影响员工的建言行为。

从二元视角来看，当领导和下属对于上下级关系的认知看法较为一致时，下属更有可能在产生建言想法时直言进谏。例如，案例 B052 认为"领导和下属之间的关系应该扁平化一点，虽然是我的上司，但是在工作上应该做到平等相处，互帮互助"，在提及领导对上下级关系的认知时，他表示"我的直属上司和我看法一样，我们私底下也是朋友，但是工作就是工作，该工作的时候一定要认真工作才行"。在此前提下，当遇到工作难题时想到一个解决办法，虽然该办法实施起来有一定难度，但下属还是直截了当地告诉了领导。

有一次我们遇到一个项目难题，大家都一筹莫展，我告诉上司一个新的办法，但是需要大家最近一起加班，且这个项目的奖励很丰厚，大家和领导都决定一起开会商讨下，我们很愉快地进行开会并落地实施了我的这个新方案。一开始实施这个方案的时候，大家也都遇到了很多难题，但是我的领导都鼓励大家，告诉大家我们一定要拿下这个项目，因为奖励确实很丰厚，如果大家顺利地完成了这个项目领导还会招待我们吃饭，我们听了领导的鼓励之后更加有干劲了，因为我们的团队是扁平化模式，所以大家都有什么说什么不存在问题不暴露。最终我们经历了长达几个月的时间把我的新方案落地实施成功。（B052）

研究者注意到此处受访者的用词为，"愉快地进行开会并落地实施了我的这个新方案",表明下属的建言过程基本是没有迟疑且顺利的,也没有过多顾虑。另外,案例 B049 也提到自己与领导拥有十分相似的价值观,实际的上下级关系是亲密无间、合作互助、相互信任的。在回忆自己的建言经历时,其用词基本带有正向情感的色彩。

上个月月初,我对我的上司提了一个关于绩效登记和奖惩制度的建议。当时我的上司没有直接地给我一个明确的表示可行与否,但是在过了两天后,她找我谈话,她语气很温柔地对我说,她认为这项建议是可行可推进的。她对于我这项建议进行了反复的推演与思考,并且还与其他同事进行了商讨。我的上司还提出了一两点关于这个建议改进的地方,我深以为然,我的上司说得非常有道理。在这一刻,我感觉我被上司信任了,她对于我的建议没有置之不理,她认真地进行了思考,我觉得自己受到了尊重与期待。她和我的关系是亲密无间、合作互助、互相信任的,我得到了她的充分尊重。我的上司真的是一个非常优秀的人,我尊重她,我期待着自己未来有一天也能成为她这样的人物。(B049)

与之形成对比,在没有明确表明领导和下属的上下级关系图式是一致或相似的案例中,研究者则观察到下属在描述自己的建言经历时时常经历一些如焦虑、纠结、恐惧等消极情感,即本书识别出的重要前因之一:心理压力(B11)。通过对比上下级关系图式匹配与不匹配的情形,发现下属对于建言经历的用词具有明显的情感区分。在匹配情形下,更容易使用带有正向情感的词描述经历。在不匹配的情形下,则带有负向情感的用词居多。这表明在这两种情形下,下属与领导之间关系的情感基调并不相同,前者偏向积极情感基调,后者偏向消极情感基调。再者,上下级关系图式一致的情形基本和关系亲近相关联,例如,"我们私底下也是朋友"(B052),表明上下级的关系质量较高。而上下级关系质量(B5)在本书的归纳结果中是影响员工建言的第四大因素。下属与领导之间关系的情感基调能很好地反映上下级关系的质量,上下级关系质量越高,积极情感性成分也会越强(黄光国,2010)。在此情形下,员工对建言行为不会有过多的疑虑,更可能向领导直言进谏。因此,从上下级关系之间的情感基调出发,似乎可以构建出上下级关系图式匹配影响员工建言行为的一条路径，体现出下属在产生建议时直接向领导建言的直觉反应机制。此时员工向领导建言的决定是一种不需要消耗过多认知判断，无须迟疑就能做出的抉择。所以本书认为，在第4章模型构建时，可以从上下级关系的情感基调着手构建一条路径。

从不同的上下级关系图式所隐含的员工建言认知角度来看，领导和下属对员工的建言行为可能会产生不一致的理解。当领导和下属所持有的上下级关系图式不一致时，员工在产生建言内容后便不会直截了当地向领导建言，因其会开始顾虑建言行为在领导眼中的意义可能会与自己期望的不一致。这会导致员工对建言行为的价值和风险（成本）进行评估，从而消耗大量的认知资源。例如，不少案例均提到在向领导建言前充满了担忧："我当时心里觉得有点担心"（B035）"很纠结我到底要不要去说"（B027）。与一致性的情况相比，这降低了员工建言的可能性。在此种情形下，如果下属的认知灵活性较高，能够有效地利用自己的认知，通过各种方法尽可能将建言的价值最大化或控制建言的风险，则就会增加其建言的可能性。本书中认知灵活性（B9）是影响员工建言的第三大因素，主要指员工能够不受束缚地、创造性地以多种多样的方式来实现建言成功的目标，包括建言准备灵活性和建言实施灵活性两个子类别。员工可以在建言准备阶段充分地准备相关专业知识或方案，通过不同的方式将建言内容的价值直观地呈现出来，灵活地为建言阶段做好准备。也可以在向领导建言阶段，较为灵活地把握建言的时机和方式，尽可能地将风险降到最小。例如，案例B040的描述就体现了其认知灵活性。

我在准备向领导提出我的看法并提供了解决方案之前，为了提高成功率，我先好好地酝酿了一下，我把具体如何说以及比较让人乐意接受等都考虑了一遍，同时用制作PPT的方式把需要表达的观点用图片形式表达了出来，我在家也演练了几遍，然后进公司，趁领导心情不错的时候提出了我的建议。（B040）

由于认知灵活性能够整合并反映出个体对建言行为价值和风险的认知，

能够体现出下属在产生建议时选择向领导建言的认知加工机制。所以综合来看，可以从认知灵活性出发构建上下级关系图式匹配影响员工建言的第二条路径。具体原因表现在两个方面：一是认知灵活性可以反映出个体的认知加工机制范围较广。与领导和下属的上下级关系图式不匹配的情形相比，匹配的情况不太需要个体消耗认知资源，此时的认知灵活性更高，可供选择的方案更多，更有利于建言。二是认知灵活性高意味着在考虑诸多限制之后仍有可供选择的方法，这使得员工在考虑完建言的风险后仍能有所防范和控制，并为建言做好准备，这也体现出个体对建言的价值判断，从而有效增强了建言的可能性。

综上所述，上下级关系的情感基调和认知灵活性分别体现出员工建言的直觉机制和理性机制，且情感基调也能反映出上下级关系的质量，而上下级关系质量（B5）和认知灵活性（B9）均是影响员工建言行为的重要前因。因此，依据归纳分析的结果，本书基于关系的情感基调和认知灵活性构建上下级关系图式匹配影响员工建言行为的情感—认知双元路经。

3.4　本章小结

本章旨在通过质性研究实现以下两个目的，一是验证上下级关系图式的四维内涵是否符合实际情况，即是否合理；二是试图揭开上下级关系图式匹配影响员工建言行为的过程"黑箱"，对其中可能存在的中介机制展开探索性的分析。具体来说，本章利用归纳分析法，通过对来自 76 名企业员工的开放式调查问卷和 52 名企业员工的半结构化访谈的文本数据展开分析。研究发现，首先，个体对上下级关系的认知的确可以被分为情感共享性、工具交换性、照顾回报性和权威服从性四种内涵，这从实践的角度确定了蔡松纯（2012）对上下级关系图式四维划分的合理性，为后续的量表选择奠定了基础。其次，通过归纳识别出影响员工建言行为的 10 个方面的因素，包括建言动机、认知灵活性、心理压力、对建言的认知、工作态度和认知、认同机制、组织影响因素、团队因素、领导因素和上下级关系质量。其中，建言动机、领导因素、认知灵活性和上下级关系质量是影响员工建言的最普遍的因素。此外，采用开放式调查和半结构化访谈中的例子，质性地阐述了上下级关系图式匹配与员工建言行为之间的关系。经由分析发现：上下级关系的情感基调和认知灵活性分别体现出员工建言发生的直觉机制和理性机制，本书可以基于关系的情感基调和认知灵活性构建上下级关系图式匹配影响员工建言行为的双元路径。这为第 4 章的模型构建提供了研究视角和实践支持。

第4章 模型构建和假设提出

4.1 理论基础

本书采用关系图式理论和人—环境匹配理论构建上下级关系图式匹配直接影响员工建言行为的研究框架,并利用认知—情感系统理论指引推导上下级关系图式匹配与员工建言行为的认知—情感双路径机制,以此作为基础揭示两者间的关系和影响机制。其中,关系图式理论是开展研究的重要起点和基石,详细地说明了研究的核心自变量——上下级关系图式是什么(What)在个体层次又是如何运作的(How)以及为什么能够驱动和指引个人展现相应行为(Why)等与底层逻辑相关的问题。因此,上下级关系图式理论有助于本书从个人层次厘清上下级关系图式对员工建言行为产生的影响。然而,本书的着眼点是从匹配的视角出发,探讨领导与下属的上下级关系图式在不同的匹配状态下对员工建言行为的差异化影响。本章仅依据关系图式理论无法完成从二元层次的影响因素到个体层次结果的推导,因此,引入人—环境匹配理论辅助构建上下级关系图式匹配直接影响员工建言行为的研究框架。此外,在构建研究的中介路径时,以行为决策中最经典的认知—情感系统理论为基础,有助于厘清当领导和下属的上下级关系图式处于不同匹配状态时，员工做出建言行为决策背后的心理过程。

4.1.1　关系图式理论

上下级关系图式是基于关系图式理论（Relational Schemas Model）提出的（蔡松纯等，2015）。该理论指出，人们通过人际关系脚本或刻板的关系模式来表征记忆中的人际关系规律，以一个自我图式、一个他人图式来表征关系互动中的自我和他人（Baldwin，1992，1997）。

整体上来看，关系图式主要包括陈述性和程序性两种知识结构，陈述性知识帮助人们理解和解释社会情境的信息，并不具体指导人际交往过程，不构成交往的规则和预测（Baldwin & Dandeneau，2005）。而程序性知识包含了行为脚本，以"如果—那么"（If-Then）的形式表征，可以被认为是一系列对行动—结果的预期，如被接受或被拒绝的人际期望，从而引导个体在特定的社会情境中做出适当的行为（Baldwin，1997；Baldwin & Baccus，2003）。关系图式会帮助个体过滤解释人际互动中的信息，并引导出与个人价值或期望相对应的行为（Fislce & Taylor，1991），基于此，研究者发现，当领导或下属持有不同的关系图式时，会影响其展现不同的态度和行为，进而产生不同的结果（蔡松纯等，2009；蔡松纯等，2012）。

此外，关系图式还界定了人际互动中的自我与他人之间的角色互动期望，形成了个体对互动关系的评价标准（Baldwin et al.，1990）。基于此，本书认为个体的上下级关系图式指引了领导与下属在上下级互动过程中所展现的行为，并决定了个体评价双方行为的内在标准，或者说决定了个体心中的上下级互动规范。因此，在一定程度上，上下级关系图式不仅能够引导个体做出建言行为，也决定了建言行为在上下级互动过程中在双方心中的意义。基于以上原因，本书认为从个体层面来看，领导与下属的上下级关系图式均能够对建言行为产生影响。

4.1.2　人—环境匹配理论

人—环境匹配理论（以下简称匹配理论）建立在三个基本原则之上

（Van Vianen，2018）。第一，匹配理论植根于 Lewin（1951）的场理论，即行为（B）是人（P）和环境（E）的函数，表示为 $B = f(P, E)$。匹配理论认为，与单一来源因素（个人或环境）相比，匹配是预测个人结果（如工作满意度）更重要的因子。第二，匹配理论的核心假设是，每个人的个人属性不同，并且会寻找最适合他们个人属性的环境。换句话说，当个人属性（如需求、能力、价值）和环境属性（如供给、需求、价值）兼容时，无论这些属性的水平如何，结果都是最优的。即具有低、中、高属性的个体被期望对这种情况做出相似的反应。第三，匹配理论提出，如果人和环境是一致的，那么个人的结果是最优的，而结果会随着人和环境之间差异的增加而减少（Harrison，2007）。此外，较大的差异比较小的差异对个体结果更有害，而且差异的方向，无论是积极的还是消极的，都无关紧要。

匹配理论认为，人们天生就需要适应环境，寻找适合自己的环境。个体努力适应是因为他们通常喜欢一致性，希望对自己的生活施加控制，减少不确定性，满足归属需求以及幸福感和生活满意度（Yu，2013）。自我一致性理论、社会比较理论、平衡状态理论、自我肯定理论和相似性吸引假说认为，人们寻求他们的意见，目的是最大化地验证不同层面自我之间的一致性，如信仰、态度和行为（Van Vianen，2018）。此外，个体通过努力追求自身的态度、信念和行为与他人一致，目的就是为了实现确定性和可预见性（Hogg，2000）。匹配帮助个体更好地理解和预测他人的行为，有效促进人际互动（Edwards & Cable，2009）。匹配能够满足个体的基本归属需求，当个体意识到他人与自己有相似属性时，就会产生归属感。

人—环境匹配（Person-Environment Fit）通常被定义为：人与环境之间的相似性、兼容性、匹配度或一致性（Guan et al.，2021）。Muchinsky和 Monahan（1987）将人—环境匹配领域的研究分为一致性匹配（个体在环境中拥有与其他个体或环境相似的特征）和互补性匹配（个人的力量抵消了环境的弱点或需要）两种类型。互补性匹配进一步细分为需求—供给匹配（Needs-Supplies Fit，个体的需求是否被环境满足）或需求—能力匹配（Demands-Abilities Fit，环境的需求是否被现有能力满足）。此外，在工作情境中，匹配也在不同的层次被概念化，包括人—职业匹配（Person-Vocation Fit）、人—组织匹配（Person-Organization Fit）、人—团队匹配（Person-Group Fit）、人—主管匹配（Person-Supervisor Fit）、人—工作匹配（Person-Job Fit）（Su et al., 2015）。人—职业和人—工作匹配通常被视为互补性匹配，而人—组织匹配、人—团队匹配和人—主管匹配通常被认为是关于个性、价值观和目标等属性的一致性匹配。

由于本书主要涉及人—主管匹配，所以仅聚焦于一致性匹配下的人—主管匹配相关领域的研究。基于一致性匹配展开研究假设，人类有一种强烈的倾向，评估自己与他人的相似性。而且当互动伙伴彼此相似时，更有可能出现互惠关系，此时人们也更喜欢和他人合作。相似感促进了互动伙伴的视角获取（想象他人的感受），并期望获得他人的合作以及奖励的分配（De Waal & Davis, 2003）。总而言之，人类重视相似性的倾向具有功能性，因为它维持合作、社会关系、确定性、一致性和控制（Yu, 2003）。人—主管匹配指员工特征与主管特征的匹配程度。根据相似性吸引假说来看，与主管的相似性促进了包容和确定性的感觉、高层领导成员之间的交流以及对主管的信任（Van Vianen et al., 2011）。由于主管倾向于符合组织的价值观（Giberson et al., 2005），与主管相似可能会促进与组织的价值观和目标一致的工作行为（Sluss et al., 2012），从而产生积极的绩效和奖励。总体而言，大多数匹配研究均支持个人努力追求匹配的观点，并且匹配与积极的个人结果相关。

4.1.3 认知—情感系统理论

认知—情感系统理论最早由 Mischel 和 Shoda 提出，该理论指出个体的行为是由其遇到的事件和个体内部复杂的认知—情感单元（Cognitive-Affective Units, CAUs）相互影响共同决定的。从初始刺激信息到产生行为反应之间大致需经历两个过程，即编码过程和行为生成过程。其中，编码过程是指输入初始信息到个体内部的认知—情感单元进行解读和编码，行为生成过程是指通过认知—情感单元的互动产生不同的认知、情感和行为结果。而认知—情感单元指个体内部的各种心理表征，包括编码、预期和信念、情感、目标和价值、能力和自我调节计划。

（1）编码。对自我、他人、事件和情境进行分类或建构的单元。它的运作使得不同个体在表征自己、他人、事件及经验等方面存在很大的差异，而不同的编码策略又会影响个体后续的行为反应。

（2）预期和信念。有关社会、特定情境中的行为结果、自我效能的期望和信念。认知—情感系统理论不仅描述了个体如何解释事件，还强调了对特定情境中的行为表现进行预测和理解。个体在特定情境中的预期和信念决定了自身的注意力分配，从而增强了对行为的预测性和理解。预期和信念可以大致分为两类，包括有关自我效能的预期和有关行为—结果关系的预期。前者指个体确信自己能完成某个特定行为的程度。倘若个体做出了积极的预期，则倾向以积极的心态采取行动，从而实现自我预言实现（Self-Filling Prophecies）。后者则表达了在某种特定的情境中，各种可供选择的行为和预期结果之间的"如果—那么"（If-Then）关系。

（3）情感。涉及情绪、感受和情感反应（包括生理反应）的单元。个体经历的情感体验能够对社会信息的加工和处理产生重大影响。个人对重要的社会信息的加工往往具有情绪唤醒和情绪性的功能。因此，任何影响因素无法避免地会与个体的情感体验产生关联。任何与重要结果相关的事情，无论是正向积极的，还是负面消极的，均能触发个体的情绪反应。个体的情感反应可能是自发的、直觉式的，进一步又会对个体的认知与行为产生影响。

（4）目标和价值。涉及满足期望的结果和情感状态，厌恶的结果和情感状态，目标、价值和人生计划等元素。目标是行为动机和组织的核心概念，引导着个体追求长期的计划。此外，目标决定了价值，而价值也会影响个体的行为表现。两个个体可能会有比较相似的预期，但倘若他们的目标不同，预期的结果对他们的价值也不尽相同，则可能会展现出不同的行为。

（5）能力和自我调节计划。涉及个体潜在的行为和能力以及用于组织行为、影响个人行为和内部状态的计划和策略。这是影响行为的内部机制单元，如认知转变、认知分心、元认知策略、自我指导策略和计划等技能。通过自我调节系统，个体可以战胜刺激实现主动控制，实质性地对环境产生影响。

以往研究大都将员工的建言行为视为员工理性衡量之后的结果，即在衡量建言的效用和成本之后做出的理性选择（Mirrison，2011）。也有研究指出员工的建言行为是以情感为载体的，员工可以依靠直觉进行决策并付诸行动。例如，Zhang 等（2019）、徐振亭等（2019）、隋杨等（2019）、Zhang 等（2020）研究发现，员工的积极情绪和消极情绪体验能够直接对建言行为产生影响。可以看出，认知要素和情感要素对员工的建言均有十分重要的影响。认知—情感系统理论强调个体对情境的反应是主动的、积极的、有目标且会自建计划适应变化的。而员工建言行为作为个体主动行为之一，是个体主动适应情境的典型代表（Parker et al.，2010），这与认知—情感系统理论假设基本相符。基于此，本书将员工个体视为感性与理性结合的有机体，通过建立认知路径和情感路径双元路径来观察员工建言行为的形成机制。

4.2　上下级关系图式匹配与员工建言行为

面对 VUCA 环境，员工主动建言献策对组织的健康发展意义重大。从关系视角出发，过往研究多从领导与下属关系的外显特征角度对建言行为展开研究，如 LMX、上下级关系、领导下属匹配和差序式领导等，聚焦于上下级交流互动后所形成的实然关系特征。鲜有研究关注个体对上下级关系的内隐认知对员工建言的推动或阻碍作用，尤其缺乏关注关系双方对上下级关系应有特征的认知与理解对员工建言的影响。一方面，蔡松纯等

（2009）的研究表明领导的上下级关系图式能够影响到下属的亲社会行为，而建言行为作为一种典型的亲社会行为，很可能同样也受到上下级关系图式的影响。另一方面，在上下级关系互动过程中，双方能否依据彼此期望的互动规范行动，对维持关系的长久和稳定非常重要。也就是说，员工的建言行为是否符合彼此心中所想的互动规范，可能是员工最终决定是否建言的重要影响因素，尤其在关系取向的中国情境中（黄光国，2010）。基于此，本书从上下级关系图式出发，探讨个体对上下级关系的内隐认知与员工建言行为的关系。此外，过往的上下级关系图式研究聚焦于从领导角度探讨领导的上下级关系图式对下属态度和行为的影响，缺乏对员工视角的关注。上下级关系图式作为对二元关系的认知，隐含了对关系双方的互动期望。因此，仅从单边视角探讨上下级关系图式的影响效应不足以揭示内隐认知对个体态度或行为的作用机制，易于掩盖许多有意义的研究结论。在内隐领导（追随）领域，越来越多的学者从双边视角出发，探索了领导原型或追随原型的一致性对个体态度或行为的影响（彭坚和王霄，2016；彭坚等，2016）。为此，从领导和下属的双边视角出发，探讨上下级关系图式匹配对员工建言的影响机制，有利于厘清当上下级关系图式匹配、不同的关系图式匹配时对员工行为的影响是否存在差异，或不匹配时其影响效应是否存在差异。

上下级关系图式是个体对上下级关系应有模式或特征的认知。该认知结构被个体用来处理社会人际信息并指引其展现恰当的人际行为（Baldwin，1992，1997），其主要依据个体以往人际交往的经验发展而来。关系图式包含了陈述性知识和程序性知识。陈述性知识指一系列有关人际互动经验的描述性和总结性信息，它帮助个体理解和解释社会情境、组织信息及他人的社会行为。程序性知识指指引个体进行社会交际的行为脚本，是指引个体展现恰当行为的关键知识结构（Baldwin，1997）。以上观点表明，个体在上下级互动的过程中会依据关系图式形成对彼此交往的期望，并引导自己在互动中的行为（Baldwin，1992）。因此，个体持有的关系图式在很大程度上会影响个体的后续行为结果（彭坚和王霄，2019；王雁飞等，2021）。研究表明，个体的上下级关系图式可分为情感共享性关系图式、工具交换关系图式、照顾回报关系图式和权威服从关系图式（蔡松纯，2012）。不同的关系图式表征了个体心目中对领导与下属互动时的关系期望和行为规范。在下属与领导的互动过程中，领导与下属由于此前的社会经验不同，可能会持有不同的关系图式，也有可能持有相同的关系图式。总体来看，上下级关系图式的匹配情况可大致分为四种：高—高组合、高—低组合、低—低组合、低—高组合。如图 4.1 所示。

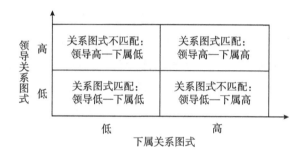

图 4.1　领导和下属的上下级关系图式匹配情况

员工建言行为是指员工主动地向领导表达自己的看法与建议，或反映工作中存在的问题以提升促进组织变革或提升组织运行效率的行为。虽然员工的建言具有亲社会性，但员工建言的真正效用或意义在一定程度上是在领导的头脑中建构起来的，这与领导力的效用在一定程度上是在下属的脑中建构同理（Lord & Maher，1991；Hernandez & Sitlcin，2012）。换句话说，下属建言行为的意义并不一定与领导心目中的建言行为意义相同。例如，下属为了组织发展向领导直言进谏，而领导却将下属的建言行为视为挑战自己的权威，不给自己面子，不但不会接受下属建言，甚至还会对下属的绩效评价产生负面影响（Barris，2012）。因此，员工建言行为也被视为一种挑战性行为。正是因为领导和下属均站在自己的视角权衡得失，缺少共同的价值判断标准，使得员工在建言时会产生诸多顾虑，阻碍了员工建言行为的发生。从这个角度来看，员工是否会选择将建言意愿转化为行为的关键似乎在于上下级之间有没有对建言行为的意义建构达成一致，或者说员工建言行为是否符合彼此的互动规范。基于关系图式理论，上下级关系图式表征了个体对上下级之间应该如何互动的期望，而这种期望又会作为个体评价双方行为的内在标准，本书认为领导与下属的上下级关系图式匹配能够影响员工的建言行为。

4.2.1 情感共享性关系图式匹配与员工建言行为

持有情感共享性关系图式（Communal-Affection Relational Schema，CARS）并不强调上下级之间的等级之分，认为上下级关系应该是平等而亲密的，应以朋友的方式互动，互相关怀分享，重视双方需求。上下级互动的出发点是考虑到对方需求，忽视或弱化自我利益，重视情感互惠。首先，当领导和下属的情感共享性关系图式一致时，双方的二元价值匹配使得彼此更容易沟通和理解彼此（Bandura & Walters，1977）。这降低了员工对建言行为的心理不确定性判断和风险感知，提高了员工建言的可能性。其次，通过第 3 章的质性分析也观察到：持有情感共享性关系图式的领导希望下属能够有话直说，无话不谈，而持有情感共享性关系图式的员工也更有可能出于亲社会的目的向领导直言进谏，真诚交换彼此想法，而不是选择沉默。反之，若双方关系图式不一致，这会导致双方对社会信息的知觉产生分歧，在互动中摩擦增多，双方难以按照彼此期望的方式共事。此时，无论是在工作中还是在私下，双方都可能会花更多的时间和精力在无效的沟通上。这会使得双方对建言行为背后的含义产生不同的解读，误解对方的意图甚至引发冲突，领导会以更加负面的方式对待或评价下属（Tepper et al.，2011）。这些因素都会降低员工的心理安全感，进而抑制了员工建言行为（Walumbwa & Schaubroeck，2019）。为此，提出如下假设：

H1a：情感共享性上下级关系图式越一致，越有利于员工建言。

在情感共享性关系图式一致的情况下，领导和下属会出现"高—高"和"低—低"两种组合。如果领导和下属在情感共享性关系图式上的得分都较高时，意味着双方可能都会通过情感互动来感知和解释彼此间的社会行为。在此情况下，下属更愿意投入时间和精力参与彼此的情感和角色外的社会互动，当产生建言时，会主动地与领导分享，而领导也愿意花时间倾听并做出回应。与之相反，如果领导和下属在情感共享性关系图式上的得分都较低时，他们则倾向于在互动中无须投入更多的个人情感。领导和下属对彼此都缺乏耐心，仅专注于工作领域，下属不愿将时间投入到向建言行为这样的角色外行为中，而且也降低了下属对领导反应的预测性及增加了下属的认知模糊性（刘海洋等，2016），抑制了建言行为的发生。为此，提出如下假设：

H1b：在情感共享性关系图式一致的情况下，"领导高—下属高"组合比"领导低—下属低"组合更有利于员工建言。

在情感共享性关系图式不一致的情况下，领导和下属会出现"高—低"和"低—高"两种组合。"高—低"组合下，领导非常期望下属能够与自己像朋友一样相处，有话直说。而在下属的认知中，上下级之间的关系应该是平等且亲近的，但到达与领导所期望的程度仍有一定距离。个体的认知图式是个体意义构建的基础（时勘等，2014）。意义构建理论认为意义给赋或意义建构为个体决策和行为提供社会认知基础，推动了复杂环境下组织成员间的相互理解和目标统一（Weick，1993）。下属最终决定是否向领导建言，取决于其对建言行为在组织环境中所具意义的理解。持有高情感共享性关系图式的领导与低情感共享性关系图式的下属针对员工建言行为所建构的意义是不同的。换句话说，在此情景下，建言行为对于领导而言是期望和需要的，但对于下属而言则是不必要的。领导会通过意义给赋影响下属的"建言行为"意义建构过程，下属则进一步参与自身的意义建构，并且适应、改变、抵制或拒绝领导的意义给赋（Sonenshein，2010）。但在组织情境中，有关意义建构的形成往往在本质上受到领导驱动和控制过程的限制（Maitlis & Christianson，2014）。因此，领导对员工建言行为所建构的意义起到主要的引导作用。在"高—低"组合下，尽管下属认为建言行为是不必要的，但通过领导的意义给赋，下属倾向与领导达成共识，做出更多的建言行为。而在"低—高"组合下，领导对上下级之间相互关怀、相互分享的意愿和期望较低。尽管下属很愿意将自己的建议与想法直接分享给领导，但该行为常常超出领导的预期，很有可能被领导视为挑战权威的行为，对下属自身的工作带来负面影响（Burnis，2012）。基于此种考虑，下属倾向与领导达成共识，对自身的建言行为有所收敛。因而，相比"低—高"组合，"高—低"组合下员工更愿意建言。为此，提出如下假设：

H1c：在情感共享性关系图式不一致的情况下，"领导高—下属低"组合比"领导低—下属高"组合更利于员工建言。

4.2.2 工具交换性关系图式匹配与员工建言行为

持有工具交换性关系图式（Instrumental-Exchange Relational Schema，IERS）的个体则认为在上下级相处时，应注重自我利益，以经济互利交换的方式计算各自的利益得失，因此在领导与下属互动的过程中多是基于自身利益与下属进行契约式的经济交换。与情感共享性关系图式形成对比，工具交换性关系图式强调上下级之间基于有形回报的短期经济交换，因为有形的奖励或回报更容易被双方识别、计算并权衡。员工建言行为具有亲社会性和挑战性，此种行为所具有的收益和风险不易计算与识别，而且短期内无法为下属带来经济回报。当领导与下属具有一致的工具性关系图式时，双方均以经济的、短期的、交换意识的行为准则制定期望和接受利益交换（Tsai et al.，2017）。在此情况下，对下属而言，不会选择向领导建言，因其违背了自身的行为准则。即向领导建言无法给自己带来经济利益，就算可以给自己带来好处，也无法用经济衡量或在短期内兑现。而在持有相同工具交换关系图式的领导眼中，并不期望下属建言行为的发生，也因为下属建言行为无法给自己带来有形的经济效益，反而可能成为下属与领导互动过程中所交换的筹码，或增加日常工作中的负担。双方均不愿在关系互动中投入情感因素，彼此之间缺乏信任，不利于建立良好的上下级关系（郭晓薇和李成彦，2015），且对建言行为所建构的意义也较为负面，因此，不利于下属向上级建言。另外，当领导与下属的工具交换性上下级关系图式不一致时，持有较低工具交换性关系图式的一方倾向于减少在上下级互动过程中算计和利益权衡，增加在互动过程中的情感投入。这会促进双方信任的建立，使得下属基于信任或亲社会动机做出更多的建言行为（纪乃文和李学佳，2018；胥彦和李超平，2018）。倘若持有较低工具交换性关系图式的是下属，意味着下属不太关注在上下级互动中的经济交换和算计，也并不在乎建言行为能否为自己带来多少经济回报，因而更可能基于亲社会动机向领导建言。倘若持有较低工具交换性关系图式的是领导，其在与下属的互动过程中会展现出更多的情感社会支持，且不需要下属进行回报。这对双方的关系起到了很好的引导和润色作用，有利于下属建立对领导的信任，并展现出更多的建言行为。为此，提出如下假设：

H2：工具交换性上下级关系图式越一致，越不利于员工建言。

依据关系图式理论，工具交换性关系图式引导双方建构了以经济交换为准的互动规范，在该互动规范下，并不利于员工建言行为的发生。因此，本书不再对具体匹配状态下（"高—高""低—低""高—低""低—高"）的领导—下属工具交换性关系图式对员工建言行为的影响展开研究。

4.2.3　照顾回报性关系图式匹配与员工建言行为

照顾回报性关系图式（Care-Repay Relational Schema, CRRS）是在礼治秩序和伦理本位的中国文化情境下演化出的上下级关系原型，借助于言传身教、规矩习俗、规章制度或规范仪式，依托于家庭、社会、国家等伦理性实体，使个体在潜移默化中逐渐对自身的角色定位形成一定程度的认知并自觉承担起必要的伦理责任，即"君君、臣臣、父父、子子"（蔡松纯等，2015）。当领导与下属的照顾回报性关系图式一致时，双方对彼此之间的角色定位十分清晰，对于彼此的关系互动强调一种基于共同目标的"责任共情"，两者各司其职，互为一体。为达成共同的目标，双方都有责任和义务进行互惠（胡国栋和陈宇曦，2020）。第 3 章的质性研究观察到，在照顾回报性的关系图式指引下，领导者"高居庙堂"而广开言路、主动纳谏是其所居高位的本职，而员工"处江湖之远则忧其君"，勇于进谏甚至犯颜直谏也是其尽忠职守的行为表现。此时员工建言—领导纳谏是下属和领导对自身角色定位的认知，下属出于自身的建言角色认同，倾向于向领导建言（段锦云等，2015）。领导会鼓励下属发表自己意见，营造了良好的建言氛围，促进下属建言（段锦云等，2017）。与之相反，当领导与下属的照顾回报性关系图式不一致时，双方的行为均不能满足彼此的期望，不利于人际信任的建立（Ragins & Verbos，2007），抑制了员工的建言行为。为此，提出如下假设：

H3a：照顾回报性上下级关系图式越一致，越有利于员工建言。

在照顾回报性关系图式一致的情况下，领导和下属会出现"高—高"和"低—低"两种组合。当领导和下属的照顾回报性关系图式都较高时，领导认为自己身处上位，应对下位者展现出仁慈与照顾，下属则认为下位者应对上位者展现出忠诚和回报，双方都应基于各自角色的要求或义务形式进行互动。在此情况下，领导会关心下属工作与生活中的问题，对下属展现出更多的仁慈领导行为，有利于提升员工建言的心理安全感。下属则对于领导的照顾行为感恩在心，当产生建言时，出于亲社会目的，会将建言行为视为一种回报领导的形式，进而向上建言。此外，下属也会将向领导建言视为自己作为下属的角色义务，出于责任感向领导建言。与之相反，当领导和下属的照顾回报性关系图式都较低时，领导与下属对于上下级关系之间的情感投入都较低，使得员工也不愿在建言行为这种角色外行为上投入精力。此种状态也会降低双方行为的预测性并增加下属的认知模糊性，进而不利于员工建言。为此，提出如下假设：

H3b：在照顾回报性关系图式一致的情况下，"领导高—下属高"组合比"领导低—下属低"组合更利于员工建言。

在照顾回报性关系图式不一致的情况下，领导和下属会出现"高—低"和"低—高"两种组合。依据意义建构理论（Weick，1993），双方对于建言行为所具意义的理解并不相同。当领导的照顾回报性关系图式高而下属的照顾回报性关系图式低时，领导认为作为下属有责任向领导建言，自己作为领导也应积极听取下属意见，双方应基于角色规范相互协助。而照顾回报性关系图式低的下属则倾向于认为建言行为不是自己的责任和义务。换句话说，在此情景下，建言行为对于领导而言是期望和需要的，但对于下属而言则是不必要的。考虑到组织环境中领导相对下属的重要作用，领导会通过意义给赋引出其他组织成员对某些问题的意见，并影响下属的"建言行为"意义建构过程（Sonenshein，2010；Maitlis & Christianson，2014）。因此，领导对员工建言行为所建构的意义起到主要的引导作用。即在"高—低"组合下，尽管下属认为建言行为是不必要的，但通过领导的意义给赋，下属倾向于就建言行为的意义与领导达成共识，做出更多的建言行为。而在"低—高"组合下，领导对下属建言行为的期望较低。尽管下属将向领导建言视为自身角色的责任和义务，但该行为并不符合领导的预期，很有可能被领导视为挑战权威的行为，对下属自身的工作带来负面影响（Burris，2012）。基于此种考虑，下属倾向与领导达成共识，对自身的建言行为有所收敛。为此，提出如下假设：

H3c：在照顾回报性关系图式不一致的情况下，"领导高—下属低"组合比"领导低—下属高"组合更利于员工建言。

4.2.4 权威服从性关系图式匹配与员工建言行为

权威服从性关系图式（Authority–Obedience Relational Schema，AORS）认为上下级的关系是不平等且疏远的，领导与下属的关系是基于工作权力而形成的，因此领导和下属的互动应该具有上下界限，领导对下属下达命令，而下属只需服从命令即可。结合第 3 章的质性分析，持有权威服从性关系图式的领导在与下属互动过程中，倾向于忽视下属的需求和反应，也不会花费时间给予员工相应支持，展现出大量工具性的交换行为，不会展现出情感交流的部分，双方仅就职权的不平等关系进行互动。当领导与下属的权威服从性关系图式一致时，双方均以上尊下卑、命令服从的行为准则进行互动（蔡松纯等，2015）。在此情况下，对下属而言，不会选择向领导建言，因其违背了自身的行为准则。即自己只需服从领导的指令即可，即使向领导建言也无法得到领导的认可。而在持有相同权威服从关系图式的领导眼中，并不期望下属建言行为的发生，因其不需要员工的建言，只需要下属听命行事。在这种互动规范下，双方对员工建言行为的意义达成共识，即员工建言行为是不必要的、多余的、不受欢迎的。领导展现出威权领导的行为特征，抑制了员工的建言表达（陈文平等，2013）。因此，不利于下属向上建言。另外，当领导与下属的权威服从性上下级关系图式不一致时，持有较低权威服从性关系图式的一方权力距离相对较低，容易忽视组织内的等级差异和权威属性，不拘泥于由领导到下属的单项沟通，将意见分歧视为组织发展中重要的组成部分（Cole et al.，2013）。这有助于促进双方的有效沟通及合作与信任，提升员工建言行为（曹科岩和李宗波，2016）。当下属持有较低的权威服从性关系图式时，愿意积极表达意见，并将自身作为组织的一部分（李燕萍等，2017），因而做出更多建言行为。当领导持有较低的权威服从性关系图式时，其尊重下属的意见表达，有利于下属建立起对领导的信任，并展现出更多的建言行为。为此，提出如下假设：

H4：权威服从性上下级关系图式越一致，越不利于员工建言。

依据关系图式理论，权威服从性关系图式引导双方建构了以命令服从为准的互动规范，在该互动规范下，并不利于员工建言行为的发生。因此，本书不再对具体匹配状态下（"高—高""低—低""高—低""低—高"）的领导—下属权威服从性关系图式对员工建言行为的影响展开研究。

4.3 情感路径下积极关系情感基调的中介作用及边界条件

4.3.1 积极关系情感基调的中介作用

关系情感基调是指随着人际关系中离散情绪经历的积累，在个人层面上所形成的与关系和伴侣的认知有关的总体情感基调，包括积极情感基调和消极情感基调（Gooty et al.，2019）。一方面，领导和下属的上下级关系图式一致性能够对个体的关系情调感知产生影响。有关工作场所情绪的研究指出，工作环境包括上下级关系本身，会产生情感事件，进而会引发个体的情感反应（Weiss，1996；Cropanzano et al.，2017）。关系科学研究结果表明，关系中的消极情绪表明个体的关系需求没有得到满足，而当关系期望得到满足和关系目标实现时又能诱发积极情绪，随着情绪体验的积累就形成了总体的关系情感基调（Berscheid et al.，1989）。上下级关系图式表征了个体对上下级互动的关系期望，当领导与下属的上下级关系图式一致时，意味着双方的关系期望达成了一致，此时依据上下级关系图式所产生的行为也能够满足彼此的关系期望，有利于个体在上下级关系中积极情绪体验的积累。第 3 章的质性分析结果初步观察到，当领导和下属的上下级关系图式匹配时，下属在描述向领导建言的过程时倾向使用带有正向情感的词。这表明此时双方的关系情感基调较为积极。而在上下级关系图式明显不匹配的案例中所观察到的现象则正好相反。下属的描述则时常出现压力、焦虑、纠结等情绪。

　　具体来讲，针对情感共享性关系图式，当领导与下属的情感共享性关系图式达成一致时，依据关系图式，彼此都认定上下级之间应该是相互分享、相互帮助关怀，像朋友一样相处的关系，在日常的工作和生活中也能够形成高质量的交换关系（Tsai et al.，2017）。高质量的上下级关系通常与积极情感体验有关（Tse et al.，2018），此时双方在互动过程中的行为也满足了彼此的关系期望，有利于促进个体积极情绪体验的积累，形成积极的情感基调。

　　针对工具交换性关系图式，当领导与下属的工具交换性关系图式达成一致时，依据关系图式，双方认定上下级关系是基于利益交换而形成的关系。在此情景下，彼此之间的信任较低（Tsai et al.，2017；王雁飞等，2021）。无论是领导还是下属，都会更加关注自身的经济利益，对于自己对关系的投入会担心是否能够获得相当的回报，从而产生诸多的顾虑，因而不愿意在关系中投入多余的时间和感情。在工作中由于双方均较注重自己的利益，可能会对另一方的利益产生影响，进而不利于积极情绪体验的积累。因此，总体来看，工具交换性关系图式一致性不利于个体积极关系情感基调的形成。

针对照顾回报性关系图式，当领导与下属的照顾回报性关系图式达成一致时，双方认定上下级间的互动应基于角色规范进行互动，领导认为应对下属展现仁慈与照顾，下属认为应向领导展现忠诚和回报。依据关系图式，领导在上下级关系中会表现出与下属比较亲近的行为，关心照顾下属，下属则会感恩领导，以更好的工作状态投入工作，回报领导。此时，双方都愿意在关系中投入大量感情（蔡松纯等，2015），并与领导达成"组织共同目标"，各司其职，形成和谐互利的一体。这有利于个体经历积极的情绪体验，而双方价值取向的匹配性也容易诱发个体的积极情绪，因为彼此的行为能够满足彼此的关系期望。因此，照顾回报性关系图式一致性正向促进了个体积极关系情感基调的形成。

针对权威服从性关系图式，当领导与下属的权威服从性关系图式达成一致时，双方皆认定上下级之间就是领导与被领导的关系，领导发布指令，下属遵从。依据关系图式，领导会展现出威权领导行为，对下属有较强的控制，而且经常干涉下属的工作（王磊和邢志杰，2019）。还可能以教诲、斥责甚至羞辱的方式对待下属，使下属产生耻感，并对领导产生畏惧（Guo et al.，2018）。对下属而言，这种领导行为构成了压力源，容易造成下属的心理压力，引发焦虑、抑郁和倦怠等消极情绪。因此，权威服从性关系图式一致性不利于个体积极情感基调的形成。

另一方面，积极关系情感基调能够对员工的建言行为产生影响。首先，在不确定的环境中，积极情绪主导的决策者倾向于选择风险方案，而消极情绪主导的决策者则偏好保守措施（De Dreu et al.，2008）。因此，积极的关系情感基调使得下属在评估建言风险时更加乐观，也更自信，更愿意建言。以往研究表明，积极关系情感基调中的激动、兴高采烈等积极情绪与员工的心理安全感有显著的正相关关系，同时也正向影响员工的建言意愿

（Liu et al.，2017）。其次，积极的情感基调有助于提升个体的发散思维，并提升创造力（George & Zhou，2007）。在此情景下，有利于员工产生更多新的想法，即对组织环境产生更多的建言内容，从而增加了建言的可能性。最后，研究发现，长期保持积极心情的员工对他人更加友善，进而会产生更多的亲社会行为和角色外行为（George & Brief，1992）。员工建言行为属于典型的角色外行为，并具有亲社会性，因而积极的关系情感基调会提升下属的建言行为。总而言之，以往研究表明，员工的积极情绪体验是促进建言行为的重要因素（Wang et al.，2018；Zhang et al.，2019；徐振亨等，2019；隋杨等，2019；Madrid，2020）。

综上所述，情感共享性、工具交换性、照顾回报性和权威服从性上下级关系图式一致性均可能通过积极关系情感基调对员工建言行为产生影响。为此，提出如下假设：

H5a：积极关系情感基调中介了情感共享性关系图式匹配与员工建言行为之间的关系。

H5b：积极关系情感基调中介了工具交换性关系图式匹配与员工建言行为之间的关系。

H5c：积极关系情感基调中介了照顾回报性关系图式匹配与员工建言行为之间的关系。

H5d：积极关系情感基调中介了情感共享性关系图式匹配与员工建言行为之间的关系。

4.3.2　任务互依的调节作用

任务互依性是指团队成员需要互相依靠以有效执行工作任务。当领导与下属的任务互依性较高时，双方需要彼此依靠，完成工作任务。任务互依性刺激了上下级之间频繁的人际互动与沟通（Wageman & Gordon，2005）。Totterdell（2000）研究发现，当成员从事需要整个团队合作的活动时，成员间的情感联系会更趋于同质化且更加积极，而当他们从事取决于个人努力的活动时，这种情感联系则比较消极。任务互依性作为一项工作特征，决定了领导与下属关系的客观联结程度。依据情感事件理论的观点，工作环境特征或多或少能够通过工作事件来影响个体的情感体验（Weiss, 1996）。在任务互依性高的情境下，领导与下属的互动频率较高，意味着经由互动之后对彼此行为和关系的评价事件发生频率也较高，从而引发了员工更多的相关情绪体验。相反，在任务互依性低的情境下，领导与下属之间不怎么需要相互交流沟通即可较好地完成工作任务，此时上下级互动频率较低，依据关系图式而对双方行为和关系的评价事件较低，下属不易受到来自上下级关系图式是否匹配的影响，也较少因此而产生相应的情绪体验，削弱了上下级关系图式一致性对积极关系情感基调的影响。

具体来说，情感共享性关系图式匹配时意味着，领导与下属双方均按照朋友的相处方式互动，互相关怀，重视双方需求。双方在工作中也更容易沟通交流，降低了日常工作的摩擦。当下属与领导的任务互依性较高时，增加了彼此沟通交流频率，为对方考虑，想其所想，所展现的行为和态度也能很好地满足彼此的需求和预期，有利于增进彼此的情感联结和积极情感情绪的积累，促进积极关系情感基调的形成。另外，当下属与领导的任务互依性较低时，即使双方均秉持对方需求优先的交往原则，但却因无须进行太多的互动而缺乏将交往原则付诸实践的检验机会，下属也较少体验到积极情绪。因此，高任务互依性能够增强情感共享性关系图式匹配对积极关系情感基调的正向影响。为此，提出如下假设：

H6a：下属与领导的任务互依性调节了情感共享性上下级关系图式匹配与积极关系情感基调之间的关系。与低任务互依性相比，在高任务互依性情景下上述关系更强。

工具交换性关系图式匹配时意味着，领导与下属双方在交往中更注重自我利益。双方在互动过程中只在乎自身利益而表现得斤斤计较、精于计算的工具交换行为。当下属与领导的任务互依性较高时，双方可能会就工作中的相关问题产生更多的利益纠纷。这会导致下属产生更多的消极情绪，不利于积极关系情感基调的积累。此外，双方均会按照工具交换的行为准则去评价对方在互动过程中所展现的行为，由于更加关注自身的经济利益，也会因为自我服务偏差将不利因素归结给对方从而给对方做出负面评价。这又进一步增加了关系中负面情绪体验的积累。与之相反，当领导与下属的任务互依性较低时，意味着下属无须与领导有太多利益联系，在日常生活中所经历负面情绪的频率和强度都大大降低。因此，高任务互依性增强了工具交换性关系图式匹配对积极关系情感基调的负向影响。为此，提出如下假设：

H6b：下属与领导的任务互依性调节了工具交换性上下级关系图式匹配与积极关系情感基调之间的关系。与低任务互依性相比，在高任务互依性情景下上述关系更强。

照顾回报性关系图式匹配时意味着，双方对彼此之间的角色定位十分清晰，领导虽然身居高位，但仍然与下属保持亲近的关系。下属对于领导的关心和照顾心存感恩并对领导展示忠诚或其他行为以回报领导的"恩情"。当下属与领导的任务互依性较高时，领导和下属均有更多的机会了解彼此，领导对下属的指导帮助将可能从工作中蔓延到生活中，向下属展现大量的仁慈领导行为（蔡松纯，2012）。而下属对领导的行为也心怀感恩，对领导的评价也正面。这大大增加了下属的积极情绪体验。另外，当下属与领导的任务互依性较低时，经历这种积极情绪的体验频率和强度都将大打折扣。因此，高任务互依性增强了照顾回报性关系图式匹配对积极关系情感基调的正向影响。为此，提出如下假设：

H6c：下属与领导的任务互依性调节了照顾回报性上下级关系图式匹配与积极关系情感基调之间的关系。与低任务互依性相比，在高任务互依性情景下上述关系更强。

权威服从性关系图式匹配时意味着，双方的关系互动具有明确的上下界限，领导对下属下达命令，而下属只需服从命令即可。当下属与领导的任务互依性较高时，双方就工作上的交流事项和讨论明显增加。然而，即便下属能够针对工作中的专业问题提出有价值的意见，下属也不会大方提出，因为下属预期领导会拒绝。在这种关系模式的相处下，下属丧失了工作自主权，在与领导想法不一致时常常忍气吞声，给自己造成了较大的心理负担。此时，领导成为工作中引发下属消极情绪的主要刺激来源。再加上高频率的互动，使得下属经历消极情绪的伤害成倍增加。另外，当下属与领导的任务互依性较低时，下属可以通过与消极刺激的来源形成隔离以阻断消极情绪的产生。因此，高任务互依性加强了权威服从性关系图式匹配对积极关系情感基调的负面影响。为此，提出如下假设：

H6d：下属与领导的任务互依性调节了权威服从性上下级关系图式匹配与积极关系情感基调之间的关系。与低任务互依性相比，在高任务互依性情景下上述关系更强。

4.4　认知路径下认知灵活性的中介作用及边界条件

4.4.1　认知灵活性的中介作用

认知灵活性指快速调整思维的能力（Braem & Egner，2018），是个体为了适应环境变化的刺激，转变和切换认知集合的能力（Dennis et al.，2009）。Fulford 等（2013）认为认知灵活性包括意识、意愿和效能三个层面（Martin & Rusin，1995）。其中，意识是指个体能够清楚地理解个人所处的环境以及个人的感觉、想法、行为等，无论在任何情况下均有选择余地或备选方案（Chung et al.，2012）；意愿是指个体愿意弹性适应环境的倾向，当产生意愿时，个体将拥有积极的心态去参与活动（Chung et al.，2012），对环境变化或紧急事件也会保持积极正面的思考；效能是指个体对于自己适应环境这种能力的信念感（Martin & Rusin，1995），效能感强的人对于环境变化和时间压力较少有负面情绪，也愿意接受组织的目标并对组织产生情感依附。总而言之，认知灵活性可以通过意识、意愿和效能三个方面来积极地了解环境，调整自身的心理压力与不安，从而提升自身的环境适应力。

依据意义构建理论，个体是否参与建言行为过程取决于个体对建言的必要性或需求、机会的识别、风险收益的评估以及对组织情景的理解，在做出决定之前通常会经历复杂的认知和意义建构过程。员工的建言行为具有挑战性，其结果也具有高不确定性的特征，下属在识别和处理矛盾情景时尤其需要应对复杂的情境因素并做出不同的选择，这会消耗大量的认知资源，若处理不当可能触发下属的焦虑等的消极情绪，甚至引发情绪耗竭，阻碍了下属向上建言（何瑞枝和蔡启通，2017；隋杨等，2019）。因此，这对下属的灵活应变与资源整合认知能力提出更高的要求，更加强化了对于认知灵活性的需要。Basu 和 Palazzo（2008）提出了意义建构过程的三个步骤或层次，包括认知、释义和意动。循此逻辑，个体依据自己的关系图式选择性地注意或知觉组织情景中的相关事件和线索（认知），并采取认知加工策略对其进行归类和释义，有意或无意地判断这些问题和事件对自我的意义（释义）后做出适当的行为反应以更好地适应环境（意动）。Parker（2010）指出建言行为作为个体主动行为之一，是个体主动适应情境的典型代表。因而，本书认为认知灵活性在上下级关系图式匹配于员工建言行为间起中介作用。

一方面，上下级关系图式的匹配提升了员工对于建言行为相关的信息加工方式，即认知灵活性。匹配的发生可以提高员工信息加工的有效性，进而形成有效的建言想法。当上下级关系图式一致时，双方就彼此的关系期望达成一致，个体依据自身关系图式所展现出来的行为基本能够满足彼此的关系期望。这有利于双方体验更多的积极情感，此时，上下级关系互动较有默契，能够灵活地与创造性地解决问题（Dreisbach & Goschke，2004），且无须浪费更多的认知资源去处理双方针对建言行为意义的认知分歧。因为当不匹配发生时，表明下属与领导对关系期望没有达成一致。两者针对员工建言行为的意义持有不同观点。两种观点相互竞争，使得员工需要不断地在领导期望与自我期望之间平衡，整合领导需求与自我需求，这就需要付出大量的认知努力。此外，第3章质性分析结果也观察到，当领导和下属的上下级关系图式不匹配时，员工在有意向领导建言时会经历较大的心理压力，并引发焦虑、抑郁和倦怠等消极情绪。此时员工在不知该如何解决的情况下往往会放弃建言。因此，上下级关系图式匹配时下属通常拥有较高的认知灵活性。

具体来讲，针对情感共享性关系图式，当领导与下属的情感共享性关系图式达成一致，依据关系图式，彼此都认定上下级之间应该是相互分享、相互帮助，像朋友一样相处的关系，在日常的工作和生活中也能够形成高质量的交换关系（Tsai et al.，2017）。高质量的上下级关系通常与积极情感体验有关（Tse et al.，2018），此时双方在互动过程中的行为也满足了彼此的关系期望，有利于下属认知灵活性的提升。

针对工具交换性关系图式，当领导与下属的工具交换性关系图式达成一致时，依据关系图式，双方认定上下级关系是基于利益交换而形成的关系。在此情景下，彼此之间的信任较低（Tsai et al.，2017；王雁飞等，2021）。无论是领导还是下属，都会更加关注自身的经济利益，对于自己对关系的投入会担心是否能够获得相当的回报，从而产生诸多的顾虑，因而不愿意在关系中投入多余的时间和感情。在工作中由于双方均较注重自己的利益，可能会对另一方的利益产生影响。这种担忧和顾虑增加了个体的认知负荷和消极情感体验，不利于认知灵活性的提升。

针对照顾回报性关系图式，当领导与下属的照顾回报性关系图式达成一致时，双方认定上下级之间的互动应基于角色规范进行互动，领导认为应对下属展现仁慈与照顾，下属认为应向领导展现忠诚和回报。依据关系图式，领导在上下级关系中会表现出与下属比较亲近的行为，关心照顾下属，给予下属足够的支持。下属则会感恩领导，以更好的工作状态投入工作，回报领导。此时，双方都愿意在关系中投入大量感情（蔡松纯等，2015），并与领导达成"组织共同目标"，各司其职，形成和谐互利的一体。这有利于个体经历积极情绪体验。而双方价值取向的匹配性也容易诱发个体的积极情绪，因为彼此的行为能够满足彼此的关系期望。因此，照顾回报性关系图式匹配有利于下属认知灵活性的提升。

针对权威服从性关系图式，当领导与下属的权威服从性关系图式达成一致时，双方皆认定上下级之间就是领导与被领导的关系，领导发布指令，下属遵从。依据关系图式，领导会展现出威权领导行为，对下属有较强的控制，经常干涉下属的工作（王磊和刑志杰，2019）。还可能以教诲、斥责甚至羞辱的方式对待下属，使下属产生耻感，并对领导产生畏惧（Guo et al.，2018）。对下属而言，这种领导行为构成了压力源，容易造成下属的心理压力，引发焦虑、抑郁和倦怠等消极情绪，使得下属的认知加工受到了诸多限制，因此，权威服从性关系图式匹配不利于认知灵活性的提升。

另一方面，认知灵活性又进一步促进了个体建言想法的产生以及建言行为的表达。首先，具有高认知灵活性允许个体对当前目标进行优先级排序，而不是平等地处理手头的所有信息。这有利于下属注意到那些对组织重要的机会或问题，选择优先目标，将有限的认知资源用于寻找组织的核心问题和主要矛盾上，通过灵活的思维形成有效的规划和建议（李方君和陈晨，2020）。其次，高认知灵活性使得个体反应敏捷、自信且富有洞察力，能够随着环境变化积极寻找并适时地转变视角（吴道友等，2014），瞄准建言表达的时机，并制定适宜的向上建言方案。而低认知灵活性则使人更为保守和死板，习惯以既定的认知模式和思维解读外界传递的信息，并将认知资源聚焦在风险最小化上，从而可能抑制了建言的表达（段锦云和黄彩云，2013；罗瑾琏等，2016）。

综上所述，情感共享性、工具交换性、照顾回报性和权威服从性上下级关系图式一致性均可能通过认知灵活性对员工建言行为产生影响。为此，提出如下假设：

H7a：认知灵活性中介了情感共享性上下级关系图式匹配与员工建言行为之间的关系。

H7b：认知灵活性中介了工具交换性上下级关系图式匹配与员工建言行为之间的关系。

H7c：认知灵活性中介了照顾回报性上下级关系图式匹配与员工建言行为之间的关系。

H7d：认知灵活性中介了权威服从性上下级关系图式匹配与员工建言行为之间的关系。

4.4.2　任务互依的调节作用

任务互依性指成员之间必须交换信息、资源、技术以完成工作的依赖程度（Courtright et al.，2015）。依据意义建构理论，个体进行意义建构，目的是更好地适应环境，以降低情境的模糊性和不确定性（熊文明等，2021）。尤其是当个体找到足够的意义，便为行为提供了解释，促进了个体行为的合理化（Park & George，2013）。在领导与下属的工作任务具有高度互依性的情境中，上下级不得不通过频繁的互动和接触来交换信息、资源或技术，因为只有这样才能保证工作任务顺利完成。此时，领导与下属对于彼此的反馈寻求频率大大增加（王海花等，2021），进一步促进了双方需求和观点的表达，使得下属能够更好更快地识别领导的期望并予以回应。这降低了关系图式匹配时的个体对情景不确定性的知觉，使得个体无须消耗额外的认知资源投入到新的意义建构过程中，因而有助于个体认知灵活性的提升。此外，Ramamoorthy 和 Flood（2004）的研究表明，任务互依性能够促进成员的积极情感态度。这也有利于下属认知灵活性的提升。相反，在任务互依性低的情境下，领导与下属之间不怎么需要相互交流沟通。此时上下级互动频率较低，双方依据关系图式针对同一事物或行为所建构起来的意义或观点很少在个体间展开表达，增加了关系图式匹配时的个体对情景不确定性的知觉。这使得双方针对同一事物或行为的组织意义建构花费更多的认知资源和时间（Maitlis & Christianson，2014），因而削弱了关系图式一致性对认知灵活性的影响。

具体来说，情感共享性关系图式匹配时意味着，领导与下属双方均按照朋友的相处方式互动，互相关怀，重视双方需求。双方在工作中也更容易沟通交流，降低了日常工作的摩擦。当下属与领导的任务互依性较高时，增加了彼此沟通交流频率，给予了双方更多了解彼此的机会。本着为对方考虑的交往原则，双方均会在此过程中更为精准地识别出对方的需求并予以满足。使得下属在关系中体验到更多积极的情绪，有利于扩展下属的认知范围，发散思维，提高认知灵活性。另外，当下属与领导的任务互依性较低时，即使双方均秉持着对方需求优先的交往原则，但却因无须进行太多的互动而缺乏将交往原则付诸实践的检验机会，导致员工需要花费更多的时间与精力去了解领导的需求和喜好，消耗了大量的认知资源，使得认知灵活性降低。因此，高任务互依性能够增强情感共享性关系图式匹配对认知灵活性的正向影响。为此，提出如下假设：

H8a：下属与领导的任务互依性调节了情感共享性上下级关系图式匹配与认知灵活性之间的关系。与低任务互依性相比，在高任务互依性情境下上述关系更强。

工具交换性关系图式匹配时意味着，领导与下属双方在交往中更注重自我利益。双方在互动过程中只在乎自身利益而表现得斤斤计较、精于计算的工具交换行为。当下属与领导的任务互依性较高时，双方的工作可能会牵扯到彼此的诸多利益。秉持自我利益至上的交往法则，下属会在交往过程中花费更多的时间与精力去计算每个行为背后的经济意义，并做出权衡取舍。这消耗了大量的认知资源，降低了认知灵活性。此外，更高频率的工具交换行为也刺激了下属经历更频繁的消极情绪，进一步消耗了下属的认知资源，导致更低的认知灵活性。与之相反，当领导与下属的任务互依性较低时，意味着下属无须与领导有太多利益联系，在日常生活中所经历负面情绪的频率和强度都大大降低。无须花费认知资源在情绪管理与经济计算之上。因此，高任务互依性增强了工具交换性关系图式匹配对认知灵活性的负向影响。为此，提出如下假设：

H8b：下属与领导的任务互依性调节了工具交换性上下级关系图式匹配与认知灵活性之间的关系。与低任务互依性相比，在高任务互依性情景下上述关系更强。

照顾回报性关系图式匹配时意味着,双方对彼此之间的角色定位十分清晰,领导虽然身居高位,但仍然与下属保持亲近的关系,向下属展现大量的仁慈领导行为(蔡松纯,2012)。下属则尽忠职守以回报领导的"恩情"。双方均尽力履行各自角色范围内的责任和义务,各司其职,互为一体。当下属与领导的任务互依性较高时,增进了与领导沟通交流的机会,使得下属更加了解领导身居高位的想法与顾虑,并尽力满足领导的期望。反过来,领导也更有机会了解下属的真实想法以及在工作生活中遇到的困难,并予以帮助。使得下属在关系中体验到更多积极的情绪,有利于扩展下属的认知范围,发散思维,提高认知灵活性。另外,当下属与领导的任务互依性较低时,即使双方均认为应该尽力履行自身角色范围内的责任和义务,却因缺乏识别具体角色任务的契机而难以践行,进而花费了更多的认知资源在识别具体的角色任务上,降低了认知灵活性。因此,高任务互依性增强了照顾回报性关系图式匹配对认知灵活性的正向影响。为此,提出如下假设:

H8c:下属与领导的任务互依性调节了照顾回报性上下级关系图式匹配与认知灵活性之间的关系。与低任务互依性相比,在高任务互依性情景下上述关系更强。

权威服从性关系图式匹配时意味着,双方的关系互动具有明确的上下界限,领导对下属下达命令,而下属只需服从命令即可。当下属与领导的任务互依性较高时,双方就工作上的交流事项和讨论明显增加,决定工作成果的相互依赖性也大大增强。然而,在此种关系模式中,领导不需要下属有过多想法,只需执行即可。当下属与领导持不同意见时,考虑到领导对下属的预期,只能选择保留意见。即使下属拥有为提升工作结果更好的想法,也无法向领导直言,认知过程受到强烈限制,降低了认知灵活性。此外,下属的忍气吞声也给自己造成了较大的心理负担,进一步降低了任职的灵活性。另外,当下属与领导的任务互依性较低时,下属的工作自主性有一定程度的回升,不怎么需要与领导打交道也可完成好日常的工作,受领导影响较小。此时，来源于领导受到的认知限制也得到了缓解。因此，高任务互依性加强了权威服从性关系图式匹配对认知灵活性的负面影响。为此，提出如下假设：

H8d：下属与领导的任务互依性调节了权威服从性上下级关系图式匹配与认知灵活性之间的关系。与低任务互依性相比，在高任务互依性情景下上述关系更强。

4.5　研究模型

基于关系图式理论和认知—情感系统理论，本章构建了上下级关系图式一致性影响员工建言的理论模型，如图 4.2 所示。分别从情感共享性、工具交换性、照顾回报性和权威服从性四个维度探讨领导与下属的上下级关系图式匹配对员工建言行为的影响机制。

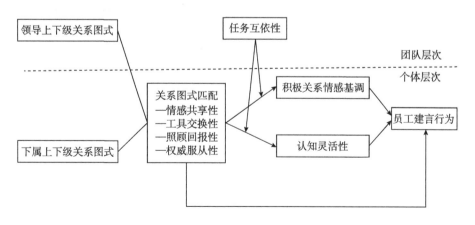

图 4.2　理论模型

4.6 假设汇总

综上所述，本书拟探讨在中国情境下领导和下属不同维度的上下级关系图式匹配对员工建言的影响，并基于认知—情感系统理论分别探讨情感路径下积极关系情感基调和认知路径下认知灵活性的中介作用，以及任务互依性在此过程中的跨层次调节作用。本书的假设汇总如表 4.1 所示。

表 4.1　假设汇总

假设	内容
主效应	
H1a	情感共享性上下级关系图式越一致，越有利于员工建言
H1b	在情感共享性关系图式一致的情况下，"领导高—下属高"组合比"领导低—下属低"组合更利于员工建言
H1c	在情感共享性关系图式不一致的情况下，"领导高—下属低"组合比"领导低—下属高"组合更利于员工建言
H2	工具交换性上下级关系图式越一致，越不利于员工建言
H3a	照顾回报性上下级关系图式越一致，越有利于员工建言
H3b	在照顾回报性关系图式一致的情况下，"领导高—下属高"组合比"领导低—下属低"组合更利于员工建言
H3c	在照顾回报性关系图式不一致的情况下，"领导高—下属低"组合比"领导低—下属高"组合更利于员工建言
H4	权威服从性上下级关系图式越一致，越不利于员工建言
情感路径下积极关系情感基调的中介效应	
H5a	积极关系情感基调中介了情感共享性关系图式匹配与员工建言行为之间的关系
H5b	积极关系情感基调中介了工具交换性关系图式匹配与员工建言行为之间的关系

假设	内容
H5c	积极关系情感基调中介了照顾回报性关系图式匹配与员工建言行为之间的关系
H5d	积极关系情感基调中介了权威服从性关系图式匹配与员工建言行为之间的关系
	情感路径下任务互依性的调节作用
H6a	下属与领导的任务互依性调节了情感共享性上下级关系图式匹配与积极关系情感基调之间的关系。与低任务互依性相比，在高任务互依性情境下上述关系更强
H6b	下属与领导的任务互依性调节了工具交换性上下级关系图式匹配与积极关系情感基调之间的关系。与低任务互依性相比，在高任务互依性情境下上述关系更强
H6c	下属与领导的任务互依性调节了照顾回报性上下级关系图式匹配与积极关系情感基调之间的关系。与低任务互依性相比，在高任务互依性情境下上述关系更强
H6d	下属与领导的任务互依性调节了权威服从性上下级关系图式匹配与积极关系情感基调之间的关系。与低任务互依性相比，在高任务互依性情境下上述关系更强
	认知路径下认知灵活性的中介效应
H7a	认知灵活性中介了情感共享性上下级关系图式匹配与员工建言行为之间的关系
H7b	认知灵活性中介了工具交换性上下级关系图式匹配与员工建言行为之间的关系
H7c	认知灵活性中介了照顾回报性上下级关系图式匹配与员工建言行为之间的关系
H7d	认知灵活性中介了权威服从性上下级关系图式匹配与员工建言行为之间的关系
	认知路径下任务互依性的调节作用
H8a	下属与领导的任务互依性调节了情感共享性上下级关系图式匹配与认知灵活性之间的关系。与低任务互依性相比，在高任务互依性情境下上述关系更强
H8b	下属与领导的任务互依性调节了工具交换性上下级关系图式匹配与认知灵活性之间的关系。与低任务互依性相比，在高任务互依性情境下上述关系更强
H8c	下属与领导的任务互依性调节了照顾回报性上下级关系图式匹配与认知灵活性之间的关系。与低任务互依性相比，在高任务互依性情境下上述关系更强
H8d	下属与领导的任务互依性调节了权威服从性上下级关系图式匹配与认知灵活性之间的关系。与低任务互依性相比，在高任务互依性情境下上述关系更强

4.7　本章小结

　　本章的主要目的是利用第 3 章的质性调查分析的结果和理论基础构建研究的理论模型。首先，介绍了研究所采用的基础理论，即关系图式理论、认知—情感系统理论和人—环境匹配，这些理论为接下来的理论构建提供了基础。其次，根据研究欲解决的问题，以理论演绎的方式构建了三个研究假设群：一是依托关系图式理论，构建了上下级关系图式匹配对员工建言的直接效应；二是基于情感事件理论，从情感视角构建了以积极关系情感基调作为中介，以任务互依性作为调节的假设群；三是基于意义建构理论，从认知视角构建了以认知灵活性作为中介，以任务互依性作为调节的假设群。最后，构建了上下级关系图式匹配影响员工建言行为的整体模型。

第5章 研究设计与小样本测试

5.1 研究设计与方法

5.1.1 研究设计

本章的研究设计主要包括"问卷设计→小样本预测试→正式调研数据的收集和处理→数据分析"。为了检验本书所提出的理论模型和假设，严格遵循该流程。

5.1.1.1 在问卷设计阶段

基于文献综述归纳出已有成熟量表，并根据本书提出的理论模型选择合适的量表。针对英文量表，采用回译的方式提高所选用量表的准确性（Brislin，2004）。在所有变量量表均整理清晰的基础上，编制调研所需问卷，包括问卷的介绍与填写说明、量表排布、计量方式、问卷排版等。

为了避免同源方差，将变量之间的测量在问卷上进行了区隔，并针对每个变量设计专有的引导语，以便受访者清晰地了解每个题项。此外，在预调研和正式调研阶段，拟采用配对问卷展开调查，并在两个时间点进行数据收集。第一个时间点，由员工填写上下级关系图式、任务互依性以及员工的人口统计学特征和领导成员交换作为控制变量。同时，由领导填写上下级关系图式和领导的人口统计学特征。第二个时间点，由领导对员工的建言行为进行评价，同时，由员工填写关系情感基调、认知灵活性。通过问卷设计对变量的区隔、不同来源，以及不同时间点的调查，能够增强回收问卷的质量和研究准确性。

需要说明的是，考虑到每阶段收集的题量过大可能导致被试所填问卷信效度降低，自变量仅在第一个时间点收集。这导致无法观测到在1个月内自变量是否会发生变化而影响研究的准确性。但依据上下级关系图式短期内不易改变的性质，在1个月这么短暂的时间内，除非参与对象大多数都经历了人生的重大变化而导致关系图式发生变化，否则上下级关系图式的匹配状态应不会发生改变。因此，仅在第一阶段收集自变量仍能实现研究的目标。

5.1.1.2　在小样本预调研阶段

为了考察和确认测量量表的信效度、问卷内容是否表达有误或有歧义等问题，依据调研结果对问卷进行修改和完善，确定最终调研的正式问卷，以用于后续的大样本调查。

5.1.1.3　在正式调研阶段

主要目标在于收集大样本的调研数据并进行初步处理。为确保数据收集工作能够顺利展开，需要提前与适合调研的企业取得联系，说明调研目的、数据收集的对象、时间以及问卷填写与回收方式，在获得企业授权和相关人员的协助下展开数据收集工作。在数据收集结束之后，需要对数据进行初步处理，如完成问卷数据配对、制作数据模板、删除无效问卷等。

在完成对数据的初步清洗处理之后，依据数据特征，选择合适的分析软件展开数据分析，以检验研究假设。最后整理数据分析结果，得出研究结论并展开后续讨论。

5.1.2　数据分析方法

本书主要采用SPSS23.0，Mplus6.12，HLM6.08和R4.1.2对数据进行

分析，涉及的统计方法包括描述性统计分析、信效度检验、相关分析、回归、中介和调节效应分析。

5.1.2.1　跨层次多项式回归（Polynomial Regressions）

在回归分析中，采用 Edwards 和 Parry（1993）、Edward（1995）、Edwards 和 Casle（2009）开发的多项式回归和三维响应面分析相结合的方法来分析领导与下属的上下级关系图式一致性对关系情感基调、认知灵活性以及员工建言的影响。首先，构建领导关系图式 L 和下属关系图式 F、领导关系图式的平方项 L^2、下属关系图式的平方项 F^2、领导关系图式与下属关系图式的交互项 LF 以及因变量（关系情感基调、认知灵活性以及员工建言）Z 在内的多项式回归方程：

$$Z = b_0 + b_1 L + b_2 F + b_3 L^2 + b_4 LF + b_5 F^2 + e \tag{5.1}$$

对变量进行中心化处理后代入公式（5.1）进行多层回归分析，得出回归系数，然后借助三维响应图，直观呈现出自变量与因变量之间的三维关系。通过分析 L = –F 时的斜率和曲率来判断两个自变量不匹配时因变量的变化趋势，当 L = –F 时，公式（5.1）被转化为：

$$Z = b_0 + (b_1 - b_2) L + (b_3 - b_4 + b_5) L^2 + e \tag{5.2}$$

对于因变量在匹配和不匹配的情形下是否存在显著差异，可以通过不匹配曲线的斜率和曲率来判断（柏帅蛟等，2018）。根据公式（5.2）计算并检验不匹配状态下的斜率 $a_3 = (b_1 - b_2)$ 和曲率 $a_4 = (b_3 - b_4 + b_5)$。如果斜率不显著，说明 L 和 F 不匹配曲线的顶点非常接近不匹配曲线和匹配曲线的交点。斜率 a_3 显著，说明 L 和 F 不匹配与因变量之间是一种线性关系。斜率 a_3 大于 0，说明 "高 L—低 F" 组合的不匹配对因变量的影响大于 "低 L—高 F" 组合的不匹配对因变量的影响。如果曲率显著，说明曲面沿着不匹配曲线弯曲而不是线性关系。曲率显著为负，曲面将由匹配曲线向左右两侧慢慢下降。曲率显著为正，曲面将由匹配曲线向左右两侧慢慢上升。因此，如果斜率不显著而曲率显著为负，就能证明匹配情形下的因变量比不匹配情形下取值高；如果斜率不显著而曲率显著为正，就能证明匹配情形下的因变量比不匹配情形下取值低。

5.1.2.2　块变量分析（Block Variable Analysis）验中介效应

Edwards 和 Cable（2009）认为，使用块变量可以极大地促进对中介模型一致性的直接和间接影响的评估。块变量法的两个主要优点：一是方程中其他预测因子的系数不受影响；二是用块变量方程解释的方差与用原二次方程解释的方差相同。为了验证关系情感基调和认知灵活性的中介作用，本书采用块变量法。Edward（2002）指出，如果一致性 / 不一致性被中介变量 M 所中介，则需要构建两个多项式回归方程：

$$M = b_0 + b_1L + b_2F + b_3L^2 + b_4LF + b_5F^2 + e \tag{5.3}$$

$$Z = c_0 + c_1M + c_2L + c_3F + c_4L^2 + c_5LF + c_6F^2 + e \tag{5.4}$$

将公式（5.3）带入公式（5.4），可得：

$$\begin{aligned} Z = (c_0 + b_0 \times c_1) + (c_2 + b_1 \times c_1)L + (c_3 + b_2 \times c_1)F + (c_4 + b_3 \times c_1)L^2 + \\ (c_5 + b_4 \times c_1)LF + (c_6 + b_5 \times c_1)F^2 + e \end{aligned} \tag{5.5}$$

通过将 L、F、L^2、$F \times L$ 和 F^2 加权构建成块变量，其中权重分别为 b_1、b_2、b_3、b_4、b_5，用来表示关系图式一致 / 不一致效果的单一变量（唐杰，2011）。当关系图式一致性 / 不一致性的直接影响被纳入回归时，关系图式一致性 / 不一致性通过中介变量对员工建言的间接影响可以通过块变量对中介变量的系数与中介变量对员工建言的预测系数的乘积来计算。结合 Bootstrap 法来估计偏差校正的置信区间（Mackinnon et al.，2004），通过路径系数的乘积即可检验间接效应（Tibshirani & Eforn，1993）。本书将通过 Mplus6.12 对中介作用进行检验。

5.1.2.3　乘积法的调节效应分析及选点法

本书的假设模型涉及了两个变量（领导的上下级关系图式和下属的上下级关系图式）的匹配效应被第三个变量（任务互依性）调节的影响，因此采用 Vogel 等（2016）的方法，依据推导出的一致性调节效应方程，评估被调节的影响作用的斜率和曲率。

对于评估任务互依性对关系图式匹配对中介变量的调节作用，先构建公式（5.3）。在评估调节效应之前，必须控制调节变量的直接效果：

$$M = b_0 + b_1L + b_2F + b_3L^2 + b_4LF + b_5F^2 + b_6W + e \tag{5.6}$$

其中，W 代表调节变量：任务互依性。

将代表关系图式匹配和调节变量的调节效应的五个交互项加入方程中：

$$\begin{aligned} M = {} & b_0 + b_1L + b_2F + b_3L^2 + b_4LF + b_5F^2 + b_6W + b_7LW + b_8FW + \\ & b_9L^2W + b_{10}LFW + b_{11}F^2W + e \end{aligned} \tag{5.7}$$

在分析之前，将标准化后的调节变量代入公式（5.7）与公式（5.6），调节变量的交互效应通过检验公式（5.7）与公式（5.6）所增加解释方差来检验，如 F 值。如果增量解释方差是显著的，系数可以进一步用于假设检验（Edwards，1996）。曲面的斜率和曲率可以在调节变量的高低水平上进行评估，方法是在调节变量 W 的平均值之上和之下分别代入一个标准差（Cohen et al.，2014；Nestler et al.，2019）。结合响应面方法，依据响应面参数可以直观地绘制出调节变量高与低时关系图式匹配对中介变量的影响作用（Edward & Parry，1993）。

5.2　研究变量的测量

本书涉及的研究变量主要有以下 6 个：领导的上下级关系图式、下属的上下级关系图式、积极关系情感基调、认知灵活性、员工建言行为和任务互依性。此外，还涉及领导成员交换作为控制变量。本书所涉及的变量均采用权威期刊已经发表验证的成熟量表，并结合中国情景进行题项表述的修改。为避免中国情境下受访者的居中倾向，使用的调查问卷均采用 Likert 量表 6 分法，从"非常不同意"到"非常同意"或"非常不符合"到"非常符合"。用于最终测试的调查问卷详见本书附录。

5.2.1　上下级关系图式的测量

借鉴蔡松纯（2012）的研究，将上下级关系图式定义为个体对上下级关系应有模式或特征的认知。具体测量题项如表 5.1 所示。

表 5.1　上下级关系图式量表

维度	编号	测量内容
情感共享性	1	领导与下属应该分享彼此的想法与感受
	2	领导与下属的关系应该是情感紧密相连的
	3	领导和下属应该相互展现真诚的情绪，不论是高兴或悲伤
	4	领导和下属之间应该互相关怀和体恤
	5	领导与下属就像朋友一样，应该互相帮助与关怀
	6	领导与下属应该是同甘共苦的关系
工具交换性	7	领导经估算后提供下属缺少的资源，下属则根据领导提供的资源来决定工作表现
	8	领导与下属之间要相互计算双方能为彼此带来的实际利益
	9	领导与下属之间应该平等，只是在不同职位上进行各种任务的利益交换
	10	领导与下属的关系应该是相互利用对方的能力或资源，以完成工作任务
	11	领导与下属的关系，无非就是一种工作上的利益交换关系
	12	领导与下属的关系是经计算后，有条件地满足双方的工作要求
	13	领导和下属之间应该是工作表现与奖励惩处的交易关系
照顾回报性	14	领导和下属的关系应是领导无条件地照顾下属，给予表现的机会，下属则感恩并以忠诚回报领导
	15	领导应该无条件地帮助解决下属的各种困难，下属则表现出让领导肯定的行为以回报领导
	16	领导与下属的关系应该是领导要不藏私地指导下属，下属则努力学习以回报领导
	17	领导与下属的关系应该超越工作范围，领导无私地给予下属所需的任何资源，下属找机会回报领导工作以外的帮助

维度	编号	测量内容
照顾回报性	18	领导与下属之间应该是上对下照顾、下对上回报的义务关系
权威服从性	19	领导拥有比较多的权力，下属应该服从领导的安排，以避免领导的惩罚
	20	领导与下属的关系是职位权力高低的关系，领导发号施令，下属听命行事
	21	领导与下属的关系应该有明确的上下界线，不论领导的命令是否合理，下属应该都要服从
	22	领导与下属的关系是上下阶级的权力关系
	23	领导对下属应该保持权威，下属则应服从领导
	24	领导与下属的关系应该就是管理监督与顺从的关系

资料来源：蔡松纯（2012）。

5.2.2 积极关系情感基调的测量

采用 Alternate Emotional Tone Index（ETI）来评估上下级关系间的积极关系情感基调。ETI 的原始量表是 Berscheid 等（1989）为亲密关系开发的量表，用来评估情侣在恋爱关系中经历的 28 种不同情绪的频率，包括 14 种积极情绪和 14 种消极情绪。后 Beckes（2009）改编了 ETI 的原始量表，经由改编后的量表被 Gooty 等（2019）用于测量上下级关系之间的情感基调，总体而言具有良好的信效度。因此本书使用改编版的 ETI 中积极情绪部分来测量上下级关系之间的积极关系情感基调（见表 5.2）。

表 5.2 积极关系情感基调量表

编号	测量内容
1	兴奋的
2	兴高采烈的
3	喜悦的
4	幸福的

编号	测量内容
5	充满热情的
6	愉快的
7	宁静的
8	满意的
9	渴望的
10	满足的
11	乐观的
12	平静的
13	被需要的
14	惊喜的

资料来源：Gooty 等（2019）。

5.2.3　认知灵活性的测量

对于认知灵活性（Cognitive Flexibility），借鉴 Martin 和 Rubin（1995）的主张，将其定义为个体在任何给定的情境中进行灵活的、有意义的知觉选择以适应环境的能力。具体测量题项如表 5.3 所示。

表 5.3　认知灵活性量表

编号	测量内容
1	我能以多种不同方式交流一个想法
2	我尽量避免处在不熟悉的环境中（R）
3	我感觉自己从未做出过决定（R）
4	在任何特定情境中，我都能做出适当的行为反应
5	对看似无法解决的问题，我都能找到可行的解决方案
6	要决定如何去做时，我很少有可供选择的方案（R）

编号	测量内容
7	我乐于以创造性的方式解决问题
8	我的行为是我有意识做出决定的结果
9	在任何特定情境下，我都有多种可能的行为方式
10	我很难将知识应用在真实生活的特定话题中（R）
11	在处理问题时我愿意倾听并考虑多种替代方案
12	我拥有尝试不同行为方式所必需的自信心

资料来源：Martin 和 Rubin（1995）。

5.2.4 任务互依性的测量

针对任务互依性（Task Interdependence），借鉴 Bachrach 等（2007）的主张，将任务互依性定义为下属为有效地开展工作，在多大程度上依赖领导。具体测量题项如表 5.4 所示。

表 5.4 任务互依性量表

编号	测量内容
1	我需要从领导那里得到信息和意见才能做好工作
2	我从事的是个人工作，不太需要与领导协调或合作（R）
3	我需要与领导合作才能做好工作
4	我需要与领导互相提供信息和意见才能做好工作
5	我需要定期就工作相关问题与领导沟通

资料来源：Bachrach 等（2007）。

5.2.5 员工建言行为的测量

借鉴 Liang 等（2012）的研究，将建言行为定义为对建议和顾虑的直言行为，可分为促进型建言和抑制型建言。具体题项如表 5.5 所示。

表 5.5 建言行为量表

维度	编号	测量内容
促进型建言	1	该员工对可能影响本部门的事,积极谋发展、提建议
	2	该员工积极建议对本部门有利的新项目
	3	该员工为改进本部门工作流程提出建议
	4	该员工为帮助本部门达成目标积极建言献策
	5	该员工为改进本部门运营提出建设性建议
抑制型建言	6	该员工劝阻其他同事不要做对绩效不利的事
	7	即使存在反对意见,该员工还是坦诚地指出可能严重影响本部门的问题
	8	对于可能影响本部门效率的事情该员工勇敢建言,即使这样做会使其他人难堪
	9	当本部门出现问题时,该员工勇于指出问题所在,即使这样做会影响自己和其他同事的关系
	10	在工作中出现需要协调的问题时,该员工主动向上级反映

资料来源:Liang 等(2012)。

5.2.6 控制变量的测量

过往研究表明,员工建言还可能会因个体特征差异而不同,因此,为保证数据结论的科学性和严谨性,根据已有文献,将人口统计学信息作为控制变量,包括领导和下属的性别、年龄、学历、下属职级和上下级共事时长(Susskind et al.,2003)。

此外,领导成员交换也被证明是影响员工建言行为较重要的关系影响因素,因此,本书也对领导成员交换进行了控制。针对领导成员交换,借鉴 Wang 等(2005)的主张,将其定义为员工感知到的领导所给予的支持、理解和信任,以及两者间的关系。领导成员交换关系深,则员工感觉是领导的“圈内人”。该量表被赵可汗等(2014)翻译并用作测量,信效度良好。具体题项如表 5.6 所示。

表 5.6　领导成员交换量表

编号	测量内容
1	一般来说，我很清楚我的主管对我的工作表现是否满意
2	我觉得我的主管对我的工作上的问题及需要非常了解
3	我觉得我的主管对我的潜力知道很多
4	我的主管会运用其职权来帮助我解决工作上重大的难题
5	我的主管会牺牲自己的利益来帮助我摆脱工作上的困难
6	我很信任我的主管，支持主管的决策
7	我和主管的工作关系很好

资料来源：Wang 等（2005）。

5.3　预调研

为提高问卷调查收集数据的可靠性和有效性，先展开了一次小样本预调研。通过小范围地收集数据，并利用 SPSS 23.0 和 Mplus 6.12 等软件对测量量表的信度和效度进行分析，以确定正式调查的题项，形成开展大样本调查的最终有效问卷。

5.3.1　预调研的问卷发放、回收与样本结构

预调研的数据收集是基于以往研究的做法（Matta et al.，2015；彭坚和王震，2018），从社交平台（微信）中招募研究被试，并邀请被试带其上级或下属共同参与本次调查。为了保证样本质量，招募的被试必须具有正式的全职工作身份，并获得其上司或下属的同意一起参与本次调查。通过一周的招募最终共有 200 对上下级报名参加本次调查。在正式预调研之前，

研究者首先对所有被试进行了编号，每个编号对应一个问卷网页。在正式的实测过程中，研究者利用微信将问卷的网络地址推送给被试，要求被试在当天完成作答。在第一阶段，由员工填写上下级关系图式、任务互依性以及员工的人口统计学特征和领导成员交换作为控制变量。同时，由领导填写上下级关系图式和领导的人口统计学特征，最终回收有效问卷144份配对数据，有效回收率为72%。两周后，由领导对员工的建言行为进行评价，同时，由员工填写关系情感基调、认知灵活性，最终回收有效问卷127份，有效回收率88%。具体信息如表5.7所示。

表5.7 预调研上下级配对样本描述性统计（N=127）

人口统计学变量	类别	样本数	所占比例（%）
领导性别	男	77	60.6
	女	50	39.4
领导年龄（岁）	21~25	18	14.2
	26~30	30	23.6
	31~35	41	32.3
	36~40	12	9.4
	41~45	14	11.0
	46~50	9	7.1
	51~55	3	2.4
领导教育程度	高中及以下	7	5.5
	专科	19	15.0
	本科	75	59.1
	硕士	23	18.1
	博士	3	2.3
下属性别	男	44	34.6
	女	83	65.4

续表

人口统计学变量	类别	样本数	所占比例（%）
下属年龄（岁）	＜20	4	3.1
	21~25	25	19.7
	26~30	56	44.1
	31~35	26	20.5
	36~40	9	7.1
	41~45	2	1.6
	46~50	2	1.6
	51~55	2	1.6
	＞56	1	0.7
下属教育程度	高中及以下	10	7.9
	专科	28	22.0
	本科	62	48.8
	硕士	25	19.7
	博士	2	1.6
下属职级	一般职员	111	87.4
	基层主管	14	11.0
	中层主管	2	1.6

在预调研的样本中，下属的男女比例分别是 34.6%、65.4%，女性占比较多；与之对比，领导的男女分布较不平均，男性领导占比较多（60.6%）。在年龄方面，领导位于 31~35 岁的数量最多，占比 32.3%，26~30 岁占比 23.6%，21~25 岁占比 14.2%。下属在 26~30 岁的数量最多，占比 44.1%，31~35 岁占比 20.5%，21~25 岁占比 19.7%。总体与领导相比年龄较小。在教育程度方面，领导大多是本科以上学历（本科 59.1%、硕士 18.1%），下属占比最多的是本科（48.8%），其次是专科（22%）。在职

级方面，下属没有管理岗位的占比 87.4%，基层主管占比 11%。领导与下属的共事时长平均为 2.49 年（SD = 3.00）。

5.3.2 预调研问卷信度与效度评估

预调研的目的主要是通过信度检验和效度检验来对量表进行评估，以提高量表的可靠性和准确度。

5.3.2.1 信度分析

信度检验的目的在于检验测量量表的可靠性程度，通常采用 Crobanch's α 作为信度检验指标。关于信度系数 α，一般认为 α 的值在 0.65~0.70 是可接受的，0.70~0.80 是信度较好，0.80~0.90 是非常好（Devellis，1991）。同时，利用修正题项的总相关系数（Corrected Item–Total Correlation，CITC）来剔除不恰当的题项。此外，如果一个量表包含两个及以上维度，那么不仅要检验总量表的信度系数，还需要分别对各维度的信度进行检验。依据吴明隆（2010）的建议，各维度分量表的 Cronbach's α 系数应不低于 0.60；整份量表的 α 系数至少应达到 0.70，理想情况下可超过 0.80，各题项与总分的相关系数（CITC）宜大于 0.40。如果发现删除某个题项能够提升整份量表的 Cronbach's α 系数，则应考虑将该题项剔除，以提高量表的内部一致性。本书以校正题项与总分相关（CITC）≥ 0.40、删除该题项后的 α 值≥量表整体的 Cranach's α 系数作为题项删除的依据。具体信度检验结果如表 5.8 所示。

表 5.8 预调研变量信度分析结果（N = 127）

变量	维度	题项	CITC	删除该题项后 α 系数	整体 α 系数	
领导上下级关系图式	情感共享性	LRS1	0.764	0.847	0.878	0.909
		LRS2	0.808	0.835		
		LRS3	0.627	0.870		
		LRS4	0.615	0.873		

续表

变量	维度	题项	CITC	删除该题项后 α 系数	整体 α 系数	
领导上下级关系图式	情感共享性	LRS5	0.659	0.861	0.878	0.909
		LRS6	0.719	0.851		
	工具交换性	LRS7	0.560	0.822	0.838	
		LRS8	0.531	0.826		
		LRS9	0.587	0.817		
		LRS10	0.574	0.819		
		LRS11	0.671	0.803		
		LRS12	0.693	0.801		
		LRS13	0.528	0.825		
	照顾回报性	LRS14	0.797	0.785	0.853	
		LRS15	0.698	0.814		
		LRS16	0.520	0.857		
		LRS17	0.635	0.831		
		LRS18	0.684	0.818		
	权威服从性	LRS19	0.727	0.882	0.900	0.909
		LRS20	0.799	0.871		
		LRS21	0.700	0.886		
		LRS22	0.724	0.882		
		LRS23	0.688	0.889		
		LRS24	0.730	0.882		
下属上下级关系图式	情感共享性	FRS1	0.737	0.860	0.886	0.925
		FRS2	0.727	0.862		
		FRS3	0.765	0.856		
		FRS4	0.623	0.881		

变量	维度	题项	CITC	删除该题项后 α 系数	整体 α 系数	
下属上下级关系图式	情感共享性	FRS5	0.744	0.859	0.886	0.925
		FRS6	0.641	0.875		
	工具交换性	FRS7	0.458	0.841	0.842	
		FRS8	0.597	0.821		
		FRS9	0.507	0.833		
		FRS10	0.652	0.812		
		FRS11	0.615	0.818		
		FRS12	0.696	0.805		
		FRS13	0.662	0.812		
	照顾回报性	FRS14	0.698	0.842	0.870	
		FRS15	0.744	0.829		
		FRS16	0.620	0.860		
		FRS17	0.723	0.835		
		FRS18	0.691	0.843		
	权威服从性	FRS19	0.752	0.891	0.908	
		FRS20	0.776	0.887		
		FRS21	0.697	0.900		
		FRS22	0.733	0.894		
		FRS23	0.743	0.892		
		FRS24	0.781	0.887		
认知灵活性		CF1	0.667	0.884	0.896	
		CF2	0.468	0.895		
		CF3	0.619	0.888		
		CF4	0.621	0.887		

续表

变量	维度	题项	CITC	删除该题项后 α 系数	整体 α 系数
认知灵活		CF5	0.628	0.886	0.896
		CF6	0.606	0.887	
		CF7	0.677	0.884	
		CF8	0.630	0.887	
		CF9	0.748	0.880	
		CF10	0.596	0.888	
		CF11	0.462	0.894	
		CF12	0.644	0.886	
领导成员交换		LMX1	0.542	0.875	0.879
		LMX2	0.689	0.858	
		LMX3	0.712	0.855	
		LMX4	0.735	0.851	
		LMX5	0.650	0.865	
		LMX6	0.652	0.863	
		LMX7	0.671	0.860	
积极关系情感基调		ET1	0.869	0.957	0.967
		ET2	0.900	0.956	
		ET3	0.813	0.958	
		ET4	0.848	0.957	
		ET5	0.841	0.957	
		ET6	0.881	0.956	
		ET7	0.669	0.961	
		ET8	0.866	0.957	
		ET9	0.789	0.958	

续表

变量	维度	题项	CITC	删除该题项后 α 系数	整体 α 系数	
积极关系情感基调		ET10	0.881	0.956	0.967	
		ET11	0.797	0.958		
		ET12	0.461	0.965		
		ET13	0.648	0.961		
		ET14	0.713	0.960		
任务互依性		TKI1	0.607	0.561	0.690	
		TKI2	0.017	0.822		
		TKI3	0.604	0.567		
		TKI4	0.671	0.549		
		TKI5	0.485	0.628		
员工建言行为	促进型建言	VB1	0.652	0.894	0.897	0.928
		VB2	0.745	0.874		
		VB3	0.685	0.887		
		VB4	0.817	0.858		
		VB5	0.830	0.855		
	抑制型建言	VB6	0.502	0.892	0.873	
		VB7	0.775	0.830		
		VB8	0.839	0.811		
		VB9	0.762	0.831		
		VB10	0.648	0.859		

从表 5.8 可以看出,上下级关系图式无论是领导测量还是下属测量各题项的 CITC 值均大于 0.4,且各维度的信度均大于 0.7,领导上下级关系

图式整体信度为 0.909，下属上下级关系图式整体信度为 0.925，信度非常好，不需要删除任何题项；认知灵活性一共 12 个题项，各题项的 CITC值均大于 0.4，且量表整体信度为 0.896，信度非常好，不需要删除任何题项。领导成员交换量表中 7 个题项 CITC 均大于 0.4，且量表整体信度为 0.879，信度相当好，保留所有题项。积极关系情感基调量表中 14 个题项 CITC 均大于 0.4，且量表整体信度为 0.967，信度相当好，保留所有题项。任务互依性量表中，TKI2 的 CITC 表现不佳，整体量表信度为 0.690，信度较低。如果删除这个题项后，量表整体信度为 0.822，整体量表信度大幅提升。综合考虑，删除该题项。员工建言行为量表中 10 个题项 CITC 均大于 0.4，且量表整体信度为 0.928，信度相当好，保留所有题项。

5.3.2.2　内容效度

内容效度是指量表的内容是否具有适当性和代表性。为了保证本书的内容效度，所选量表均来自高水平期刊，已被不少研究者使用检验的成熟量表。另外，在开始预调研之前，邀请 3 名硕士研究生对量表题项的表述和语言进行了修正和润色，以确保测量的准确性以及减少被试在理解问题时出现不当。这两项措施保证了本书所选量表的内容效度。

5.3.2.3　结构效度

量表外部一致性的判断有多种方式，本书借助最为常用的方式，KMO数值和累计方差解释率的数值两项指标进行判断，具体计算结果如表 5.9所示。变量的 KMO 值均高于 0.70，并且所有变量因子的方差解释率均高于 50%。领导上下级关系图式、下属上下级关系图式、认知灵活性、积极关系情感基调、任务互依性、员工建言行为和领导成员交换的累计解释方差百分比方面的数值分别为 65.63%、64.96%、64.69%、75.68%；65.91%、61.59%、73.38%。通过以上的结果可以看出，本书所涉及变量的结构效度满足要求。

表 5.9　预调研探索性因子分析结果（N=127）

变量	KMO 值	累计方差解释率（%）
领导上下级关系图式	0.807	65.631
下属上下级关系图式	0.869	64.959
认知灵活性	0.852	64.692
积极关系情感基调	0.929	75.675
任务互依性	0.775	65.909
员工建言行为	0.910	61.593
领导成员交换	0.852	73.378

5.3.2.4　聚合效度与区别效度

聚合效度（Convergent Validity）一般通过检视变量的因素结构模型是否与实际收集的数据契合从而反映变量建构效度的适切性和真实性。基于已有实证研究，本书采用平均方差萃取量（AVE）和组合信度（CR）来判别量表的聚合效度。平均方差萃取量 AVE 的数值越大，表示测量指标越能有效反映其共同因素构念的潜在特质，一般的判别标准是 AVE 大于 0.50；组合信度 CR 反映模型的内在质量，一般的判别标准是 CR 大于 0.60。由表 5.10 可以看出，各个潜变量的平均方差萃取量 AVE 基本上合理，各个潜变量的组合信度 CR 都在 0.7 以上，各个标准化负荷也在 0.45 以上，表明量表具有良好的聚合效度。

表 5.10　预调研量表聚合效度分析

维度	题项	标准载荷系数（Std. Estimate）	CR（组合信度）	AVE（平均方差萃取率）
下属情感共享性关系图式	FRS1	0.796	0.894	0.597
	FRS2	0.787		
	FRS3	0.828		

维度	题项	标准载荷系数 （Std. Estimate）	CR （组合信度）	AVE （平均方差萃取率）
下属情感共享性 关系图式	FRS4	0.657	0.894	0.597
	FRS5	0.781		
	FRS6	0.678		
下属工具交换性 关系图式	FRS10	0.623	0.842	0.574
	FRS11	0.758		
	FRS12	0.870		
	FRS13	0.778		
下属照顾回报性 关系图式	FRS14	0.753	0.861	0.609
	FRS15	0.774		
	FRS17	0.845		
	FRS18	0.743		
下属权威服从性 关系图式	FRS19	0.785	0.908	0.623
	FRS20	0.819		
	FRS21	0.729		
	FRS22	0.788		
	FRS23	0.790		
	FRS24	0.833		
领导情感共享性 关系图式	LRS1	0.837	0.888	0.581
	LRS2	0.875	0.888	0.581
	LRS3	0.687		
	LRS4	0.695		
	LRS5	0.682		
	LRS6	0.729		

续表

维度	题项	标准载荷系数 （Std. Estimate）	CR （组合信度）	AVE （平均方差萃取率）
领导工具交换性 关系图式	LRS10	0.562	0.826	0.551
	LRS11	0.833		
	LRS12	0.822		
	LRS13	0.694		
领导照顾回报性 关系图式	LRS14	0.848	0.859	0.606
	LRS15	0.691		
	LRS17	0.735		
	LRS18	0.829		
领导权威服从性 关系图式	LRS19	0.798	0.900	0.601
	LRS20	0.863		
	LRS21	0.732		
	LRS22	0.761		
	LRS23	0.723		
	LRS24	0.768		
任务互依性	TKI1	0.680	0.830	0.558
	TKI3	0.793		
	TKI4	0.908		
	TKI5	0.570		
领导成员交换	LMX1	0.597	0.881	0.519
	LMX2	0.743		
	LMX3	0.758		
	LMX4	0.789		
	LMX5	0.711		
	LMX6	0.695		

维度	题项	标准载荷系数 （Std. Estimate）	CR （组合信度）	AVE （平均方差萃取率）
领导成员交换	LMX7	0.717	0.881	0.519
积极关系情感基调	ET1	0.905	0.968	0.716
	ET2	0.934		
	ET3	0.856		
	ET4	0.896		
	ET5	0.861		
	ET6	0.898		
	ET7	0.661		
	ET8	0.863		
	ET9	0.805		
	ET10	0.908		
	ET11	0.808		
	ET14	0.689		
认知灵活性	CF1	0.715	0.905	0.580
	CF4	0.734		
	CF5	0.750		
	CF7	0.804		
	CF8	0.664		
	CF9	0.835		
	CF12	0.804		
员工建言行为	VB1	0.721	0.930	0.576
	VB2	0.800		
	VB3	0.699		
	VB4	0.809		

维度	题项	标准载荷系数 （Std. Estimate）	CR （组合信度）	AVE （平均方差萃取率）
员工建言行为	VB5	0.819	0.930	0.576
	VB6	0.586		
	VB7	0.841		
	VB8	0.850		
	VB9	0.762		
	VB10	0.657		

注：任务互依性 TKI2 因信度不好已被删除；下属上下级关系图式 FRS7、FRS8、FRS9、FRS16 因子载荷过低予以删除，最终保留 20 个题项；领导上下级关系图式 LRS7、LRS8、LRS9、LRS16 因子载荷过低予以删除，最终保留 20 个题项；积极关系情感基调 ET12、ET13 因子载荷过低予以删除，最终保留 12 个题项；认知灵活性 CF2、CF3、CF6、CF10、CF11 因子载荷过低予以删除，最终保留 7 个题项。

区别效度的判定是以每一个变项的变异萃取量须大于各成对变项间的相关系数平方值，则称为具区别效度（Fornell & Larcker，1981）。如果存在某对变项的相关系数值大于该变项中任一变项的变异抽取量，即表示在该对变项中，某一变项的测量问项可能也是另一个变项的测量问项（Anderson & Gerbing，1988）。因此，若所有变量间的最小 AVE 大于相关系数矩阵中最大值的平方值，即说明区别效度良好。由表 5.11 可以看出，各个潜变量 AVE 的平方根基本大于该潜变量与其他变量之间的相关系数的绝对值，表明量表具有良好的区别效度。

表 5.11　预调研量表区别效度分析

变量	1	2	3	4	5	6	7	8
下属情感共享性关系图式	**0.772**							
下属工具交换性关系图式	0.118	**0.757**						
下属照顾回报性关系图式	0.384	0.537	**0.779**					

变量	1	2	3	4	5	6	7	8
下属权威服从性关系图式	0.272	0.518	0.662	**0.789**				
任务互依性	0.458	0.218	0.288	0.358	**0.752**			
领导成员交换	0.508	0.344	0.506	0.565	0.472	**0.721**		
积极关系情感基调	0.287	0.14	0.294	0.381	0.21	0.519	**0.846**	
认知灵活性	0.326	0.207	0.307	0.311	0.305	0.427	0.514	**0.762**

注：黑色粗体数值为 AVE 的平方根；由于领导的上下级关系图式和员工建言由领导填写，所以未纳入区别效度分析。

5.4　正式调研过程

5.4.1　数据收集过程

通过小样本预调研对初始调查问卷的修正，确定了本次调查研究的最终问卷。为了尽可能获取不同的数据源，以更全面地检验研究假设，本书通过亲友介绍，收集了来自昆明、曲靖、深圳、泉州等地企业的员工及其直属领导的配对数据，分两个时间点进行，第一次测量与第二次测量间隔 1 个月。第一个时间点由员工填写上下级关系图式、任务互依性、性别、年龄、教育程度、职级和领导成员交换作为本书的控制变量。同时，由领导填写上下级关系图式和领导的性别、年龄、教育程度以及与下属的共事时长。第二个时间点由领导对员工的建言行为进行评价，同时，由员工填写积极关系情感基调、认知灵活性。问卷调查时间为 2021 年 5~10 月，历时 5 个月。

数据收集过程中，以研究者参与和委托代理人相结合的形式进行，问卷发放以电子问卷为主，以纸质问卷为辅。首先获得相关企业的授权，然后在人力资源专员的协助下，共同发放电子问卷或纸质问卷，并完成问卷的配对和编号工作。在此过程中，所有被试人员都是自愿参与调查。为使员工放心填答，在问卷的首页说明了此次调研的基本情况，并向被试人员保证匿名性，仅用于学术研究。被试填写完成所有题目提交即问卷回收成功，否则即失败。本次数据总共对528名员工进行调研，最后回收到了416份样本，回收率为78.79%。在第一阶段的调研中，共发出528份下属问卷和117份主管问卷，回收了448份有效的下属问卷和107份主管问卷。在第二阶段的调研中，针对在第一轮调研中提交了有效问卷的团队，发放了448份下属问卷和107份主管问卷，回收有效下属问卷416份和主管问卷103份。剔除无法配对的问卷数据以及无效作答的问卷（如应答时间过短，小于300秒、所有题目均填同一数值等），最终获得83份主管（有效率77.57%）及配对的338份下属问卷（有效率75.44%）。

5.4.2　样本构成

团队主管样本的基本信息描述如表5.12所示。性别分布上，男性所占比例（62.7%）明显高于女性（37.3%）；年龄分布上，集中于26~30岁（31.3%）、31~35岁（28.9%）和41~45岁（10.8%）这三个年龄段，其他年龄段的人数占比相对较少，均不足10%；教育程度分布上，超过半数的主管学历是大学本科（60.2%），其后为硕士（20.5%）、专科（10.8%），高中及以下和博士所占比例较少，分别为4.8%、3.6%。

表5.12　团队主管样本的基本信息描述（团队样本数 N = 83）

基本资料	取值	频次	有效百分比（%）	累计百分比（%）
性别	男	52	62.7	62.7
	女	31	37.3	100.0
年龄（岁）	21~25	7	8.5	8.5

续表

基本资料	取值	频次	有效百分比（%）	累计百分比（%）
年龄（岁）	26~30	26	31.3	39.8
	31~35	24	28.9	68.7
	36~40	8	9.6	78.3
	41~45	9	10.9	89.2
	46~50	5	6.0	95.2
	51~55	4	4.8	100.0
教育程度	高中及以下	4	4.8	4.8
	专科	9	10.9	15.7
	本科	50	60.2	75.9
	硕士	17	20.5	96.4
	博士	3	3.6	100.0

团队下属成员样本的基本信息描述如表 5.13 所示。性别分布上，女性所占比例（63.9%）明显高于男性（36.1%）；年龄分布上，集中于 26~30 岁（44.4%）、21~25 岁（23.4%）、31~35 岁（16.9%）这三个年龄段，其他年龄段的人数占比相对较少，均不足 10%；教育程度分布上，超过半数的下属学历是大学本科（54.4%），其后为硕士（21.3%）、专科（16%），高中及以下和博士所占比例较少，分别为 6.5%、1.8%；职级分布上，以一般职员为主（84.6%），其次是基层主管（11.8%）。此外，下属与其直接主管的平均共事时长为 2.64 年（SD = 3.10）。

表 5.13　团队下属样本的基本信息描述（团队样本数 N = 338）

基本资料	取值	频次	有效百分比（%）	累计百分比（%）
性别	男	122	36.1	36.1
	女	216	63.9	100.0

基本资料	取值	频次	有效百分比（%）	累计百分比（%）
年龄（岁）	≤20	10	3.0	3.0
	21~25	79	23.3	26.3
	26~30	150	44.4	70.7
	31~35	57	16.9	87.6
	36~40	20	5.9	93.5
	41~45	8	2.4	95.9
	46~50	8	2.3	98.2
	51~55	3	0.9	99.1
	≥56	3	0.9	100.0
教育程度	高中及以下	22	6.5	6.5
	专科	54	16.0	22.5
	本科	184	54.4	76.9
	硕士	72	21.3	98.2
	博士	6	1.8	100.0
职级	一般职员	286	84.6	84.6
	基层主管	40	11.8	96.4
	中层主管	9	2.7	99.1
	高层主管	3	0.9	100.0

5.5 正式问卷量表信效度检验与数据聚合分析

5.5.1 信度和建构效度检验

在实证研究的数据分析中，测量的稳定性往往由信度衡量。所研究各变量的 Cronbach's α 的数值均高于 0.70，说明所选择变量的测量条目的稳定性通过检验。具体结果如表 5.14 所示。

表 5.14 正式调研量表的信度分析
（领导样本数 N＝83，下属样本数 N＝338）

变量	维度	各维度 Cronbach's α	总体 Cronbach's α
领导上下级关系图式	领导情感共享性关系图式	0.893	0.836
	领导工具交换性关系图式	0.778	
	领导照顾回报性关系图式	0.814	
	领导权威服从性关系图式	0.835	
下属上下级关系图式	下属情感共享性关系图式	0.861	0.911
	下属工具交换性关系图式	0.830	
	下属照顾回报性关系图式	0.857	
	下属权威服从性关系图式	0.913	
员工建言行为	促进型建言	0.884	0.922
	抑制型建言	0.863	
积极关系情感基调	单维度	—	0.960
认知灵活性	单维度	—	0.854
任务互依性	单维度	—	0.796
领导成员交换	单维度	—	0.882

由表 5.14 可知，所选量表均通过稳定性检验，具有良好信度。由此可以判断，本次所选择变量的量表科学合理，问卷设计通过检验，能够以此为根据，对在此基础上收到的数据进行分析。

在通过信度检验后，继续对所选择的变量展开探索性因子分析。量表外部一致性的判断有多种方式，借助最为常用的方式，KMO 数值以及累计方差解释率的数值，两项指标进行判断，具体计算结果如表 5.15 所示。

表 5.15　正式调研探索性因子分析结果

（团队样本数 N＝100，下属样本数 N＝416）

变量	KMO 值	累计方差解释率（%）
领导上下级关系图式	0.747	63.636
下属上下级关系图式	0.899	66.191
员工建言行为	0.917	67.705
积极关系情感基调	0.953	70.054
认知灵活性	0.909	69.710
任务互依性	0.740	62.642
领导成员交换	0.860	58.960

如表 5.15 所示，变量的 KMO 值均高于 0.70，并且所有变量因子的方差解释率均高于 50%。领导上下级关系图式、下属上下级关系图式、员工建言行为、积极关系情感基调、认知灵活性、任务互依性及领导成员交换的累计解释方差百分比方面的数值分别为 63.636%、66.191%、67.705%、70.054%、69.710%、62.642%、58.960%。通过以上结果可以看出，研究所涉及变量的结构效度满足要求。

5.5.2　聚合效度和区别效度检验

聚合效度（Convergent Validity）一般通过检视变量的因素结构模型是否与实际收集的数据契合从而反映变量建构效度的适切性和真实性。

基于已有实证研究，采用验证性因素分析（CFA）以及平均方差抽取量（AVE）、组合信度（CR）两个指标来检验变量的聚合效度。本书验证性因素分析的模型适配指标选用卡方值（χ^2）、CFI、IFI、RMSEA 和 SRMR。根据王孟成（2014）的建议，模型拟合良好的标准如下：χ^2 达到显著水平；CFI 和 IFI 值越大越理想，一般要求大于 0.90；RMSEA 和 SRMR 值越小越好，最好小于 0.08，小于 0.1 尚可接受；各潜变量题项的因素载荷大于0.50。此外，平均方差抽取量 AVE 的数值越大，表示测量指标越能有效反映其共同因素构念的潜在特质，一般的判别标准是 AVE 大于 0.50；组合信度 CR 反映模型的内在质量，一般的判别标准是 CR 大于 0.60。

5.5.2.1 个体层次（level-1）变量聚合效度检验

个体层次（level-1）变量包括下属的上下级关系图式、领导成员交换、员工建言行为、积极关系情感基调和认知灵活性。对个体层次变量进行验证性因素分析（CFA），结果如表 5.16 所示。

表 5.16 个体层次变量验证性因素分析模型适配结果

（团队 N = 83，下属 N = 338）

变量	模型结构	χ^2	df	RMSEA	CFI	IFI	SRMR
下属上下级关系图式	四因子	575.528***	164	0.086	0.893	0.894	0.056
	双因子[1]	1486.814***	169	0.152	0.659	0.661	0.155
	双因子[2]	1279.142***	169	0.140	0.713	0.714	0.156
	单因子	1768.999***	189	0.167	0.586	0.588	0.146
领导成员交换	单因子	144.986***	14	0.167	0.887	0.887	0.061
员工建言行为	双因子	164.365***	34	0.107	0.939	0.940	0.049
	单因子	276.948***	35	0.143	0.888	0.888	0.054
积极关系情感基调	单因子	407.286***	54	0.139	0.913	0.913	0.044
认知灵活性	单因子	49.521***	14	0.087	0.958	0.959	0.037

注：*** 表示 p < 0.001；下属上下级关系图式双因子[1]包括"情感共享 + 照顾回报""工具交换 + 权威服从"；下属上下级关系图式双因子[2]包括"情感共享 + 工具交换""照顾回报 + 权威服从"。

由表 5.16 可知，下属的上下级关系图式四因子结构模型的适配度指标相比双因子和单因子结构模型结构优良且适配度指标优良，表明下属的上下级关系图式四因子结构的聚合效度良好；领导成员交换单因子结构模型的适配度指标优良，表明领导成员交换单维结构的聚合效度良好；员工建言行为双因子结构模型的适配度指标优良，相比单因子结构模型更优，表明员工建言行为的双因子结构的聚合效度良好，更适合作为一个二维结构概念；积极关系情感基调双因子结构模型的适配度指标优良，单因子结构模型的适配度指标较差，表明积极关系情感基调单维结构的聚合效度良好；认知灵活性单因子结构模型的适配度指标理想，表明领导成员交换单维结构的聚合效度良好。

同时，在对个体层次（level-1）的变量进行 CFA 的基础上，得到平均方差萃取率（AVE）和组合信度（CR），结果如表 5.17 所示。按照 Fornell 和 Larcker（1981）建议 AVE 其标准值须大于 0.5。组成信度 0.7 是可接受的门槛，建议值为 0.6 以上。表 5.17 中的各个体层次（level-1）潜变量的平均萃取量 AVE 基本合理，组合信度 CR 都在 0.7 以上，各个标准化负荷也在 0.45 以上，表明个体层次（level-1）变量具有良好的聚合效度。

表 5.17　正式调研个体层次变量量表聚合效度分析（level-1）

维度	题项	标准载荷系数（Std. Estimate）	CR（组合信度）	AVE（平均方差萃取率）
下属情感共享性关系图式	FRS1	0.723	0.866	0.526
	FRS2	0.760		
下属情感共享性关系图式	FRS3	0.710	0.866	0.526
	FRS4	0.680		
	FRS5	0.799		
	FRS6	0.664		

续表

维度	题项	标准载荷系数 （Std. Estimate）	CR （组合信度）	AVE （平均方差萃取率）
下属工具交换性 关系图式	FRS10	0.670	0.816	0.528
	FRS11	0.745		
	FRS12	0.801		
	FRS13	0.682		
下属照顾回报性 关系图式	FRS14	0.811	0.861	0.611
	FRS15	0.837		
	FRS17	0.799		
	FRS18	0.647		
下属权威服从性 关系图式	FRS19	0.758	0.913	0.637
	FRS20	0.778		
	FRS21	0.813		
	FRS22	0.797		
	FRS23	0.798		
	FRS24	0.842		
领导成员交换	LMX1	0.639	0.884	0.524
	LMX2	0.743		
	LMX3	0.780		
	LMX4	0.751		
	LMX5	0.683		
	LMX6	0.702		
	LMX7	0.752		
积极关系情感基调	ET1	0.843	0.961	0.678
	ET2	0.888		
	ET3	0.903		

续表

维度	题项	标准载荷系数（Std. Estimate）	CR（组合信度）	AVE（平均方差萃取率）
积极关系情感基调	ET4	0.863	0.961	0.678
	ET5	0.878		
	ET6	0.879		
	ET7	0.590		
	ET8	0.835		
	ET9	0.784		
	ET10	0.868		
	ET11	0.813		
	ET14	0.653		
认知灵活性	CF1	0.645	0.856	0.463
	CF4	0.612		
	CF5	0.741		
	CF7	0.763		
	CF8	0.578		
	CF9	0.719		
	CF12	0.682		
促进型建言	VB1	0.607	0.886	0.612
	VB2	0.787		
	VB3	0.790		
	VB4	0.861		
	VB5	0.842		
抑制型建言	VB6	0.572	0.867	0.574
	VB7	0.822		
	VB8	0.894		

维度	题项	标准载荷系数 （Std. Estimate）	CR （组合信度）	AVE （平均方差萃取率）
抑制型建言	VB9	0.846	0.867	0.574
	VB10	0.592		

5.5.2.2 团队层次（level-2）变量聚合效度检验

团队层次（level-2）的变量包括领导的上下级关系图式和任务互依性。对团队层次变量进行验证性因素分析（CFA），结果如表 5.18 所示。

表 5.18 团队层次变量验证性因素分析模型适配结果

（团队 N＝83，下属 N＝338）

变量	模型结构	χ^2	df	RMSEA	CFI	IFI	SRMR
领导上下级关系图式	四因子	254.117***	164	0.082	0.880	0.884	0.080
	双因子[1]	429.115***	169	0.137	0.655	0.664	0.156
	双因子[2]	452.333***	169	0.143	0.624	0.634	0.174
	单因子	638.858***	170	0.183	0.378	0.394	0.222
任务互依性	单因子	4.918***	2	0.066	0.994	0.994	0.022

注：*** 表示 p＜0.001；领导上下级关系图式双因子[1]包括"情感共享＋照顾回报""工具交换＋权威服从"；领导上下级关系图式双因子[2]包括"情感共享＋工具交换""照顾回报＋权威服从"。

由表 5.18 可知，领导的上下级关系图式四因子结构模型的适配度指标相比双因子和单因子结构模型结构优良且适配度指标优良，表明下属的上下级关系图式四因子结构的聚合效度良好；任务互依性单因子结构模型的适配度指标理想，表明任务互依性单维结构的聚合效度良好。

同时，在对团队层次（level-2）的变量进行 CFA 的基础上，得到平均方差萃取率（AVE）和组合信度（CR），结果如表 5.19 所示。各团队层次（level-2）潜变量的平均萃取量 AVE 基本合理，其中领导工具交换性关系图式和权威服从性关系图式的 AVE 略低于 0.50，可能与团队层次领导样本量较小导致（N=83）。各变量组合信度 CR 都在 0.7 以上，各个标准化负荷也在 0.45 以上，总体而言，表明团队层次（level-2）变量具有良好的聚合效度。

表 5.19　正式调研团队层次变量量表聚合效度分析（level-2）

维度	题项	标准载荷系数（Std. Estimate）	CR（组合信度）	AVE（平均方差萃取率）
领导情感共享性关系图式	LRS1	0.839	0.902	0.615
	LRS2	0.893		
	LRS3	0.712		
	LRS4	0.646		
	LRS5	0.746		
	LRS6	0.773		
领导工具交换性关系图式	LRS10	0.546	0.782	0.478
	LRS11	0.767		
	LRS12	0.754		
	LRS13	0.670		
领导照顾回报性关系图式	LRS14	0.838	0.822	0.541
	LRS15	0.669		
	LRS17	0.609		
	LRS18	0.784		
领导权威服从性关系图式	LRS19	0.700	0.834	0.459
	LRS20	0.829		
	LRS21	0.629		
	LRS22	0.605		
	LRS23	0.588		
	LRS24	0.684		

续表

维度	题项	标准载荷系数 （Std. Estimate）	CR （组合信度）	AVE （平均方差萃取率）
任务互依性	TKI1	0.540	0.813	0.535
	TKI3	0.778		
	TKI4	0.923		
	TKI5	0.601		

5.5.2.3　区别效度检验

区别效度的判定是以每个变项的变异抽取量须大于各成对变项间的相关系数平方值，则称为具有区别效度（Fornell & Larcker，1981）。如果存在某对变量的相关系数值大于其中任一变量的变异抽取量，即表示在该对变量中，某一变量的测量问项可能也是另一个变量的测量题项（Anderson & Gerning，1988）。因此，若所有变量间的最小 AVE 大于相关系数矩阵中最大值的平方值，即说明区别效度良好。由表 5.20 可以看出，各潜变量的变异抽取量的平方根均大于该潜变量与其他变量之间的相关系数的绝对值，表明变量具有较好的区别效度（领导的上下级关系图式和员工建言行为的数据来自团队主管的直接评价，样本数 N = 83，因此未纳入区别效度检验）。

表 5.20　正式调研量表区别效度分析

变量	1	2	3	4	5	6	7	8
下属情感共享性关系图式	**0.726**							
下属工具交换性关系图式	0.185	**0.727**						
下属照顾回报性关系图式	0.386	0.496	**0.781**					
下属权威服从性关系图式	0.208	0.465	0.686	**0.799**				
领导成员交换	0.468	0.204	0.391	0.393	**0.725**			

续表

变量	1	2	3	4	5	6	7	8
任务互依性	0.315	0.210	0.223	0.260	0.448	**0.733**		
积极关系情感基调	0.248	0.059	0.227	0.235	0.506	0.155	**0.824**	
认知灵活性	0.286	0.194	0.254	0.294	0.368	0.201	0.430	**0.682**

注：黑体加粗数值为 AVE 平方根。

5.5.3 团队层次变量的数据聚合分析

团队层次变量包括领导的上下级关系图式和任务互依性。其中，领导的上下级关系图式的数据来自团队主管的直接评分，然而，任务互依性由团队成员个人评分，因此需要考虑将员工个人自评的分数向上聚合至团队层次。本书选用下述指标检验数据聚合的可靠性：组内一致性系数 Rwg、组内相关系数 ICC（1）和 ICC（2）。

组内一致性系数 Rwg 是评估数据聚合合理性的指标之一，用于检验个体员工对群体现象的回答是否具有一致性。按照 James 等（1984）严格的建议值标准，Rwg > 0.70 表明具有充分的组内一致性，个体层次数据向高层次聚合是合理的。Cohen（2013）认为 ICC（1）小于 0.059 时算是相当小的组内相关，而介于 0.059 与 0.138 则算是中度相关，高于 0.138 则算是高度的组内相关。Cohen 为中度程度的组内相关就不能忽略其相似性的存在，因此当 ICC（1）大于 0.059 时，则必须考虑多层次统计分析。Bliese（2000）研究发现，ICC（1）一般在 0.05 与 0.20 的范围内，ICC（2）表示群体平均数的信度，它与 ICC（1）和群体样本数的大小有关，ICC（2）> 0.70 说明有充足的组内平均数信度。根据 Bliese（2000）的建议，ICC（2）> 0.70 说明有充足的组内平均数信度，但 Chen 和 Bliese（2002）指出，假若聚合有理论支持且有较高的 Rwg 及显著的 ICC（1），即使 ICC（2）相对低也不妨碍聚合。

在计算 ICC（1）ICC（2）前，一般先通过单因素 ANOVA 分析，检验群体间方差是否显著大于群体内方差，用 Bliese（2000）提出公式计算 ICC 值。结果如表 5.21 所示，任务互依性的 Rwg 均值为 0.708，中位数为 0.849，ICC（1）为 0.146，ICC（2）为 0.401，F 检验值达到显著水平（p ＜ 0.001）。Rwg ＞ 0.70、ICC（1）＞ 0.138 表明所得数据具有高度组内一致性。尽管 ICC（2）较低，但这可能是因为本书研究的团队规模较小（团队平均人数 = 4.07）（Klein & Kozlowski，2000），对数据聚合的影响不大。综合来看，基本符合数据聚合标准。

表 5.21　团队层次变量的数据聚合分析结果

变量	Rwg 均值	Rwg 中位数	单因素方差分析 F 值	组间均方差 MSB	组内均方差 MSW	ICC（1）	ICC（2）
任务互依性	0.708	0.849	1.701***	1.124	0.661	0.146	0.401

注：*** 表示 p ＜ 0.001。

5.6　共同方差偏差检验

在问卷调查实施的过程中，本书实施了两项措施来避免共同方法偏差：第一，采用匿名的方式收集问卷。为了鼓励企业员工能够真实有效地填写问卷，在问卷发放的过程中，只要求被试填写员工姓名的首字母缩写，以便于领导和员工的数据能够配成对，并明确告知被试收集问卷的目的在于学术研究，请其放心填写真实信息。第二，使用 Harmon 单因素检验，以此来判断研究数据中是否存在严重的共同方法偏差问题。在对问卷中量表的问题条目进行主成分分析后，提取出第一个因子，提取后的因子对总方差的解释率为 18.098%，由此可以判断没有共同方法偏差的因子用以对所测量量表中全部条目的方差进行解释。由 Harmon 单因素检验所得数值可以得出，本书不存在严重的共同方法偏差问题。此外，对所有模型多重共线性进行了相应的检验。本书所涉及的所有变量的方差膨胀因子的数值不超过 2，表明变量间的多重共线性不显著。

5.7　本章小结

首先，本章介绍了本书的研究设计和数据分析方法，研究设计包括"问卷设计→小样本预测试→正式调研数据的收集和处理→数据分析"四个阶段；数据分析方法包括运用 SPSS23.0、Mplus6.12、HLM6.08 和 R4.1.2 对数据做描述性统计分析、信效度分析、相关分析，跨层次多项式回归、块变量分析和乘积法的调节效应分析。其次，对涉及的核心变量，上下级关系图式、积极关系情感基调、认知灵活性、任务互依性、员工建言行为的定义和测量方法做了说明。再次，介绍了开展正式调查研究之前的小样本预调研过程，包括详细介绍预测试问卷的发放和回收过程，并分析了预调研样本结构，通过预测试调查结果对调查问卷的信度和效度进行评估，根据评估结果对调查问卷进行了修订。最后，介绍了正式调研的过程，并对最终回收的有效数据进行了信效度、共同方法偏差和共线性等检验过程，验证了本书各变量具有良好的信效度。

第6章 实证分析与假设检验

假设验证主要包括三个部分：一是通过对数据的 CFA 来检验测量模型的可靠性（领导的上下级关系图式数据来自团队主管的直接评价，样本数 N = 83，因此未纳入区别效度检验）；二是对数据进行描述性分析；三是对假设进行检验。由于本书涉及的模型较为复杂，前文提出的假设不仅包括相关变量的主效应，还包括不同路径下的作用机制和边界条件。为了避免模型过于复杂而不收敛，在假设检验的过程中通过构建四个子模型进行检验：①领导—下属情感共享性上下级关系图式匹配对员工建言行为的影响机制研究（子研究一）；②领导—下属工具交换性上下级关系图式匹配对员工建言行为的影响机制研究（子研究二）；③领导—下属照顾回报性上下级关系图式匹配对员工建言行为的影响机制研究（子研究三）；④领导—下属权威服从性上下级关系图式匹配对员工建言行为的影响机制研究（子研究四），分别检验不同维度的上下级关系图式匹配对员工建言行为的作用机制和边界条件。

6.1 测量模型验证性因子分析

6.1.1 子研究一验证性因子分析

子研究一探讨领导—下属情感共享性上下级关系图式匹配对员工建言行为的影响机制。表 6.1 呈现了子研究一的验证性因子分析结果，子研究一的七因子模型与其他 7 个竞争模型相比，拟合效果最好（$\chi^2 = 2489.919$；$df = 1246$；$RMSEA = 0.054$；$CFI = 0.892$；$IFI = 0.893$；$SRMR = 0.051$），说明子研究一模型的核心变量含义明确，差异明显，具有良好的区别效度。

表 6.1 子研究一验证性因子分析结果

模型结构	χ^2	df	χ^2/df	$\Delta\chi^2$	RMSEA	CFI	IFI	SRMR
八因子	2489.919	1246	1.998	—	0.054	0.892	0.893	0.051
七因子	2618.263	1253	2.616	128.344[***]	0.062	0.881	0.882	0.051
六因子	3652.104	1259	2.901	1162.185[***]	0.067	0.792	0.793	0.080
五因子	4149.680	1264	3.283	1659.761[***]	0.082	0.749	0.750	0.087
四因子	4466.701	1268	3.523	1976.782[***]	0.087	0.722	0.723	0.090
三因子	5112.099	1271	4.022	2622.18[***]	0.095	0.666	0.667	0.104
二因子	4271.975	859	4.973	1782.056[***]	0.109	0.627	0.628	0.116

模型结构	χ^2	df	χ^2/df	$\Delta\chi^2$	RMSEA	CFI	IFI	SRMR
单因子	5431.764	860	6.316	2941.845***	0.126	0.500	0.502	0.143

注：*** 表示 p < 0.001；八因子 = 下属情感共享关系图式、领导情感共享关系图式、LMX、认知灵活性、积极关系情感基调、任务互依性、促进型建言、抑制型建言；七因子 = 下属情感共享关系图式、领导情感共享关系图式、LMX、认知灵活性、积极关系情感基调、任务互依性、促进型建言 + 抑制型建言；六因子 = 下属情感共享关系图式 + 领导情感共享关系图式、LMX、认知灵活性、积极关系情感基调、任务互依性、促进型建言 + 抑制型建言；五因子 = 下属情感共享关系图式 + 领导情感共享关系图式 +LMX、认知灵活性、积极关系情感基调、任务互依性、促进型建言 + 抑制型建言；四因子 = 下属情感共享关系图式 + 领导情感共享关系图式 +LMX+ 任务互依性、认知灵活性、积极关系情感基调、促进型建言 + 抑制型建言；三因子 = 下属情感共享关系图式 + 领导情感共享关系图式 +LMX+ 任务互依性、认知灵活性 + 积极关系情感基调、促进型建言 + 抑制型建言；二因子 = 下属情感共享关系图式 + 领导情感共享关系图式 +LMX+ 任务互依性、认知灵活性 + 积极关系情感基调 + 促进型建言 + 抑制型建言；单因子 = 下属情感共享关系图式 + 领导情感共享关系图式 +LMX+ 任务互依性 + 认知灵活性 + 积极关系情感基调 + 促进型建言 + 抑制型建言。下同。

6.1.2 子研究二验证性因子分析

子研究二探讨领导—下属工具交换性上下级关系图式匹配对员工建言行为的影响机制。表 6.2 呈现了子研究二的验证性因子分析结果，子研究二的七因子模型与其他 7 个竞争模型相比，拟合效果最好（$\chi^2 = 2189.705$；df = 1052；RMSEA = 0.057；CFI = 0.889；IFI = 0.890；SRMR = 0.052），说明子研究二模型的核心变量含义明确，差异明显，具有良好的区别效度。

表 6.2 子研究二验证性因子分析结果

模型结构	χ^2	df	χ^2/df	$\Delta\chi^2$	RMSEA	CFI	IFI	SRMR
八因子	2189.705	1052	2.081	—	0.057	0.889	0.890	0.052
七因子	2313.681	1059	2.185	123.976***	0.059	0.878	0.879	0.053
六因子	2763.127	1065	2.594	573.422***	0.069	0.835	0.836	0.070
五因子	3090.861	1070	2.889	901.156***	0.075	0.803	0.804	0.074
四因子	3410.824	1074	3.176	1221.119***	0.080	0.772	0.774	0.079

续表

模型结构	χ^2	df	χ^2/df	$\Delta\chi^2$	RMSEA	CFI	IFI	SRMR
三因子	4054.976	1077	3.765	1865.271***	0.091	0.710	0.711	0.096
二因子	3261.724	701	4.653	1072.019***	0.104	0.677	0.678	0.108
单因子	6826.883	1080	6.321	4637.178***	0.126	0.440	0.443	0.153

6.1.3 子研究三验证性因子分析

子研究三探讨领导—下属照顾回报性上下级关系图式匹配对员工建言行为的影响机制。表 6.3 呈现了子研究三的验证性因子分析结果，子研究三的七因子模型与其他 7 个竞争模型相比，拟合效果最好（$\chi^2 = 2250.484$；df = 1052；RMSEA = 0.058；CFI = 0.887；IFI = 0.888；SRMR = 0.053），说明子研究三模型的核心变量含义明确，差异明显，具有良好的区别效度。

表 6.3　子研究三验证性因子分析结果

模型结构	χ^2	df	χ^2/df	$\Delta\chi^2$	RMSEA	CFI	IFI	SRMR
八因子	2250.484	1052	2.139	—	0.058	0.887	0.888	0.053
七因子	2374.637	1059	2.242	124.153***	0.061	0.876	0.877	0.054
六因子	2812.916	1065	2.641	562.432***	0.070	0.836	0.837	0.067
五因子	3324.135	1070	3.107	1073.651***	0.079	0.788	0.789	0.077
四因子	3655.589	1074	3.404	1405.105***	0.084	0.757	0.759	0.082
三因子	4299.919	1077	3.992	2049.435***	0.094	0.697	0.698	0.098
二因子	6168.465	1079	5.717	3917.981***	0.118	0.522	0.524	0.143
单因子	7130.604	1080	6.602	4880.120***	0.129	0.431	0.434	0.155

6.1.4 子研究四验证性因子分析

子研究四探讨领导—下属权威服从性上下级关系图式匹配对员工建言行为的影响机制。表 6.4 呈现了子研究四的验证性因子分析结果，子研究四的七因子模型与其他 7 个竞争模型相比，拟合效果最好（χ^2 = 2594.020；df = 1196；RMSEA = 0.059；CFI = 0.879；IFI = 0.880；SRMR = 0.053），说明子研究四模型的核心变量含义明确，差异明显，具有良好的区别效度。

表 6.4　子研究四验证性因子分析结果

模型结构	χ^2	df	χ^2/ df	$\Delta\chi^2$	RMSEA	CFI	IFI	SRMR
八因子	2594.020	1196	2.169	—	0.059	0.879	0.880	0.053
七因子	2717.700	1203	2.259	123.68[***]	0.061	0.869	0.869	0.053
六因子	3347.464	1209	2.769	753.444[***]	0.072	0.814	0.816	0.070
五因子	4218.471	1214	3.475	1624.451[***]	0.086	0.739	0.741	0.101
四因子	4700.122	1268	3.707	2106.102[***]	0.090	0.708	0.709	0.100
三因子	5361.127	1271	4.218	2767.107[***]	0.098	0.652	0.653	0.114
二因子	4614.194	901	5.121	2020.174[***]	0.111	0.607	0.609	0.127
单因子	5939.762	902	6.585	3345.742[***]	0.129	0.467	0.470	0.150

6.2　描述性统计

相关变量的均值、标准差和简单相关系数如表 6.5 所示。在个体层次，下属的情感共享性关系图式与下属工具交换性关系图式（r = 0.23、 p＜0.01）、下属照顾回报性关系图式（r=0.39、p＜0.01）、下属权威服从性关系图式（r=0.21、p＜0.01）呈显著正相关。下属工具交换性关系图式与下属照顾回报性关系图式（r=0.50、p＜0.01）、下属权威服从性关系图式（r=0.47、p＜0.01）呈显著正相关。下属权威服从性关系图式与下属照顾回报性关系图式（r=0.69、p＜0.01）呈显著正相关。下属情感共享性关系图式与积极关系情感基调（r=0.25、p＜0.01）、认知灵活性（r=0.29、p＜0.01）和抑制型建言（r=0.15、p＜0.01）呈显著正相关。下属工具交换性关系图式与认知灵活性（r=0.20、p＜0.01）呈显著正相关。下属照顾回报性关系图式与积极关系情感基调（r=0.23、p＜0.01）和认知灵活性（r=0.25、p＜0.01）呈显著正相关。下属权威服从性关系图式与积极关系情感基调（r=0.23、p＜0.01）和认知灵活性（r=0.29、p＜0.01）呈显著正相关。积极关系情感基调与促进型建言（r=0.15、p＜0.01）和抑制型建言（r=0.13、p＜0.05）呈显著正相关。认知灵活性与促进型建言（r=0.21、p＜0.01）和抑制型建言（r=0.25、p＜0.01）呈显著正相关。促进型建言与抑制型建言（r=0.78、p＜0.01）呈显著正相关。

在团队层次，领导情感共享性关系图式与照顾回报性关系图式（r=0.31、p＜0.01）呈显著正相关。领导工具交换性关系图式与领导照顾回报性关系图式（r=0.33、p＜0.01）、权威服从性关系图式（r=0.41、p＜0.01）呈显著正相关。领导照顾回报性关系图式与权威服从性关系图式（r=0.37、p＜0.001）呈显著正相关。

表6.5 描述性统计分析

变量	均值	标准差	1	2	3	4	5	6	7	8	9	10	11	12	13	14
								level-1								
下属性别	1.64	0.48	—													
下属年龄	3.26	1.35	-0.04	—												
下属教育程度	2.96	0.84	-0.02	-0.05	—											
下属职级	1.20	0.52	-0.14^{**}	0.10	0.02	—										
下属与领导共事时长	2.64	3.10	-0.02	0.42^{**}	-0.09	0.08	—									
领导成员交换	4.15	0.82	-0.24^{**}	0.10	-0.10	0.09	-0.04	(0.88)								
下属情感共享性关系图式	4.55	0.84	-0.11^{*}	0.02	-0.13^{*}	-0.07	-0.13^{*}	0.47^{***}	(0.86)							
下属工具性交换性关系图式	3.83	1.03	-0.10	-0.14^{*}	-0.06	-0.13^{*}	-0.01	0.21^{**}	0.23^{**}	(0.83)						
下属照顾性回报性关系图式	3.46	1.11	-0.09	-0.02	-0.12^{*}	-0.01	0.03	0.39^{**}	0.39^{**}	0.50^{**}	(0.86)					

续表

变量	均值	标准差	1	2	3	4	5	6	7	8	9	10	11	12	13	14
下属权威服从性关系图式	3.39	1.09	-0.19**	-0.01	-0.17**	-0.01	0.04	0.39**	0.21**	0.47**	0.69**	(0.91)				
积极关系情感基调	4.09	1.08	-0.24**	-0.03	-0.01	0.21**	0.00	0.51**	0.25**	0.06	0.23**	0.23**	(0.96)			
认知灵活性	4.17	0.62	-0.13*	-0.02	-0.11*	0.11*	-0.02	0.37**	0.29**	0.20**	0.25**	0.29**	0.43**	(0.85)		
促进型建言	4.29	0.99	-0.04	0.20**	-0.03	0.16**	0.08	0.23**	0.09	-0.01	-0.01	0.04	0.15**	0.21**	(0.88)	
抑制型建言	4.10	1.06	-0.04	0.13*	-0.14*	0.16**	-0.02	0.19**	0.15**	0.00	-0.01	0.01	0.13*	0.25**	0.78**	(0.86)

level-2

变量	均值	标准差	1	2	3	4
领导性别	1.37	0.49	—			
领导年龄	4.20	1.58	-0.07	—		
领导教育程度	3.07	0.81	-0.07	0.24*	—	
领导情感共享关系图式	4.45	0.95	-0.01	0.04	-0.08	(0.89)

第 6 章 实证分析与假设检验

续表

变量	均值	标准差	1	2	3	4	5	6	7	8	9	10	11	12	13	14
领导工具交换关系图式	3.41	0.92	0.10	−0.05	−0.09	−0.01	(0.78)									
领导照顾回报关系图式	3.13	0.99	0.03	0.19	−0.14	0.31**	0.33**	(0.81)								
领导权威服从关系图式	3.07	0.88	0.07	0.05	−0.12	−0.09	0.41**	0.37**	(0.84)							
任务互依性	4.41	0.54	−0.16	0.05	−0.18	0.12	0.24*	0.14	0.16	(0.80)						

注：下属 N = 338，领导 N = 83；* 表示 $p < 0.05$，** 表示 $p < 0.01$；括号中的粗体数据为各量表的信度系数。

6.3 假设检验

考虑到本数据的嵌套性，多层线性模型（HLM）更适合假设检验。本书使用了所在层次的均值对自变量进行了中心化处理并统一使用中心化后的数值构造二次项。依据 Edward 和 Parry（1993）、Edwards（1995）、Edwards 和 Casle（2009）的多项式回归方法来构建领导关系图式 L 和下属关系图式 F、领导关系图式的平方项 L^2、下属关系图式的平方项 F^2、领导关系图式与下属关系图式的交互项 LF 以及因变量 Z 在内的多项式回归方程。依据 Ahearne 等（2013）与彭坚和王霄（2016）的做法，公式（5.1）在 HLM 中的表述如下：

层 1： $Z_{ij} = \beta_{0j} + \beta_{1j}F + \beta_{2j}F^2 + r_{ij}$ （6.1）

层 2： $\beta_{0j} = \gamma_{00} + \gamma_{01}L + \gamma_{02}L^2 + u_{0j}$ （6.2）

$\beta_{1j} = \gamma_{10} + \gamma_{11}L + u_{1j}$ （6.3）

$\beta_{2j} = \gamma_{20}$ （6.4）

在上述公式中，L 代表领导者的关系图式，F 代表追随者的关系图式，参数 γ_{00}、γ_{01}、γ_{10}、γ_{02}、γ_{20} 分别等同于公式（5.1）中的 b_1、b_2、b_3、b_4、b_5。依据跨层次多层次回归（Cross Level Polynomial Regressions）和响应面分析相关参数对 H1~H4 进行检验分析。

在检验 H5 和 H7 的中介效应时，采用块变量分析将多项式回归的原始值分别乘以回归系数加总，形成代表关系图式匹配的块变量，运用 Mplus6.12 软件 Bootsrap 重复抽样 5000 次，以估计中介效应的 95% 置信区间。

在检验 H6 和 H8 的调节效应时，采用选点法在调节变量的平均值之上和之下分别代入一个标准差（Cohen et al., 2014；Nestler et al., 2019）。结合响应面方法，依据响应面参数可以直观地绘制出调节变量高与低时关系图式匹配对中介变量的影响作用（Edwards & Parry，1993）。

6.3.1　情感共享性上下级关系图式匹配对员工建言行为的影响机制

本节主要检验领导—下属情感共享性上下级关系图式匹配对员工建言行为的影响机制，其理论研究框架如图 6.1 所示。

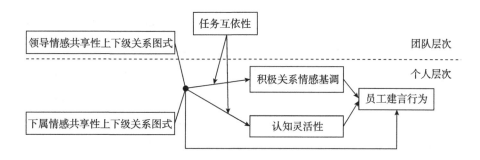

图 6.1　情感共享性上下级关系图式匹配对员工建言行为的影响机制模型

6.3.1.1　主效应检验

表 6.6 呈现了情感共享性上下级关系图式匹配跨层多项式回归和响应面分析的结果。模型 2 和模型 4 分别展现了将促进型建言和抑制型建言作为因变量，情感共享性关系图式匹配五项式作为自变量的回归结果。H1a 假设情感共享性上下级关系图式越一致，越有利于员工建言。依据模型 2 的回归系数计算的响应面参数，不一致线（L = –F）的曲率不显著（$a_4 = 0.16$，$p > 0.10$），说明促进型建言在领导—下属情感共享性关系图式一致时与不一致并无显著差异。同理，模型 4 中不一致线（F = –L）的曲率不显著（$a_4 = 0.14$，$p > 0.10$），说明抑制型建言在领导—下属情感共享性关系图式一致时与不一致并无显著差异。因此，H1a 未得到支持。

H1b 假设在情感共享性关系图式一致的情况下，"领导高—下属高"组合比"领导低—下属低"组合更利于员工建言。模型 2 中的一致线（L = F）斜率显著为正（$a_1 = 0.23$、$p < 0.05$），表明促进型建言随着领导和下属情

感共享性关系图式同时增加而增加，即相比领导—下属情感共享性关系图的"低—低"组合，"高—高"组合中的促进型建言更多。同理，模型4中的一致线（L=F）斜率显著为正（$a_1 = 0.29$、$p < 0.05$），表明抑制型建言随着领导和下属情感共享性关系图式的增加而增加，即相比领导—下属情感共享性关系图的"低—低"组合，"高—高"组合中的抑制型建言更多。因此，H1b得到支持。

H1c假设在情感共享性关系图式不一致的情况下，"领导高—下属低"组合比"领导低—下属高"组合更利于员工建言。模型2中的不一致线斜率显著为正（$a_3 = 0.26$、$p < 0.05$），表明当领导情感共享性关系图式高于下属的情感共享性关系图式时，促进型建言的取值显著高于领导情感共享性关系图式低于下属的情感共享性关系图式。同理，模型4中的不一致线斜率显著为正（$a_3 = 0.26$、$p < 0.05$），表明当领导情感共享性关系图式高于下属的情感共享性关系图式时，抑制型建言的取值显著高于领导情感共享性关系图式低于下属的情感共享性关系图式。因此，H1c得到支持。

表6.6　情感共享性上下级关系图式匹配对员工建言行为的跨层多项式回归

变量	促进型建言				抑制型建言			
	模型1		模型2		模型3		模型4	
	B	SE	B	SE	B	SE	B	SE
常数项	3.28***	0.59	2.99***	0.59	4.44***	0.55	4.21***	0.56
领导性别	−0.28+	0.16	−0.15	0.16	−0.63***	0.19	−0.51**	0.19
领导年龄	0.06	0.05	0.07	0.05	0.01	0.06	0.01	0.06
领导教育程度	−0.12	0.10	−0.13	0.10	−0.15	0.11	−0.15	0.11
下属性别	0.14	0.10	0.13	0.11	0.13	0.11	0.13	0.11
下属年龄	0.05	0.04	0.03	0.04	0.05	0.04	0.04	0.04
下属教育程度	0.09	0.08	0.08	0.09	0.01	0.08	0.00	0.08
下属职级	0.15	0.11	0.13	0.11	0.26***	0.08	0.24**	0.08
共事时长	0.01	0.01	0.01	0.01	0.01	0.01	0.01	0.01

续表

变量	促进型建言				抑制型建言			
	模型 1		模型 2		模型 3		模型 4	
	B	SE	B	SE	B	SE	B	SE
LMX	0.16*	0.07	0.18**	0.06	0.05	0.07	0.07	0.07
领导情感共享性关系图式（LCARS）	0.13	0.10	0.24**	0.09	0.20+	0.11	0.28**	0.11
下属情感共享性关系图式（FCARS）	−0.03	0.06	−0.02	0.06	−0.01	0.07	0.02	0.07
$LCARS^2$			0.15*	0.07			0.10	0.08
$LCARS \times FCARS$			0.02	0.05			0.00	0.05
$FCARS^2$			0.02	0.05			0.05	0.05
Pseudo R^2	0.11		0.15		0.16		0.22	
一致线斜率 a_1			0.23*				0.29*	
一致线曲率 a_2			0.19				0.14	
不一致线斜率 a_3			0.26**				0.26*	
不一致线曲率 a_4			0.16				0.14	

注：*** 表示 $p < 0.001$，** 表示 $p < 0.01$，* 表示 $p < 0.05$，+ 表示 $p < 0.1$。下同。

为了更形象地揭示领导情感共享性上下级关系图式与下属情感共享性关系图式对员工建言行为的影响，基于模型 2 和模型 4 的结果绘制了相应的响应面图（见图 6.2）。不一致线由底面左角延伸至右角，一致线由底面前角延伸至后角。在图 6.2（a）和（b）中，促进型建言 / 抑制型建言在后角位置（"高—高"）时比前角位置（"低—低"）时高，说明与"低—低"一致相比，领导与下属的情感共享性关系图式在"高—高"一致时，员工建言行为更高，进一步支持了 H1b。促进型建言 / 抑制型建言在右角位置（"高—低"）时比左角位置（"低—高"）时更高，说明与"低—高"情境相

比，领导与下属的情感共享性关系图式在"高—低"情境下员工建言行为
更高，进一步支持了 H1c。

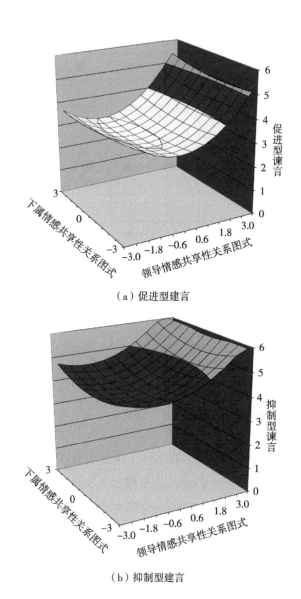

（a）促进型建言

（b）抑制型建言

图 6.2　情感共享性上下级关系图式匹配与员工建言行为的响应面

6.3.1.2 中介效应检验

基于领导和下属的情感共享性关系图式对积极关系情感基调／认知灵活性的多项式回归结果，生成代表领导—下属情感共享性关系图式匹配的块变量之后，进行中介效应检验，结果如表6.7所示。H5a假设积极关系情感基调中介了情感共享性关系图式匹配与员工建言行为之间的关系。结果显示，情感共享性关系图式匹配，通过积极关系情感基调对促进型建言的间接效应表现显著（效应值为0.08、95%CI＝[0.00，0.19]），表明积极关系情感基调在情感共享性关系图式匹配与促进型建言间起中介作用。同理，情感共享性关系图式匹配，通过积极关系情感基调对抑制型建言的间接效应表现不显著（效应值为0.07、95%CI＝[−0.03，0.15]），表明积极关系情感基调在情感共享性关系图式匹配与抑制型建言间并未起中介作用。因此，H5a得到部分支持。

H7a假设认知灵活性中介了情感共享性上下级关系图式匹配与员工建言行为之间的关系。由表6.7可知，情感共享性关系图式匹配，通过认知灵活性对促进型建言的间接效应表现显著（效应值为0.11、95%CI＝[0.03，0.21]），表明认知灵活性在情感共享性关系图式匹配与促进型建言间起中介作用。同理，情感共享性关系图式匹配，通过认知灵活性对抑制型建言的间接效应表现显著（效应值为0.13、95%CI＝[0.05，0.23]），表明认知灵活性在情感共享性关系图式一致性与抑制型建言间起中介作用。因此，H7a得到部分支持。

表6.7 情感共享性上下级关系图式匹配对员工建言行为的中介效应检验结果

模型	前半段路径系数	后半段路径系数	中介效应	95%置信区间
情感共享性关系图式块变量→积极关系情感基调→促进型建言	0.78***	0.11*	0.08	[0.00，0.19]
情感共享性关系图式块变量→积极关系情感基调→抑制型建言	0.78***	0.07	0.05	[−0.03，0.15]

模型	前半段路径系数	后半段路径系数	中介效应	95% 置信区间
情感共享性关系图式块变量→认知灵活性→促进型建言	0.34**	0.32***	0.11	［0.03，0.21］
情感共享性关系图式块变量→认知灵活性→抑制型建言	0.34**	0.39***	0.13	［0.05，0.23］

注：控制变量已省去，Bootstrap 样数 = 5000。下同。

6.3.1.3 调节效应检验

H6a 和 H8a 探讨情感共享性上下级关系图式的匹配和任务互依性的交互影响。具体来说，H6a 假设下属与领导的任务互依性调节了情感共享性上下级关系图式匹配与积极关系情感基调之间的关系。表 6.8 展现了逐步回归分析的结果。依据表 6.8，模型 2 与模型 1 的 F 检验未表现显著（F = 4.09、p > 0.10），表明情感共享性上下级关系图式的匹配和任务互依性在预测积极关系情感基调时不存在显著的交互作用。因此，H6a 未得到支持。另外，H8a 假设下属与领导的任务互依性调节了情感共享性上下级关系图式匹配与认知灵活性之间的关系。模型 4 与模型 3 的 F 检验未表现显著（F = 5.01、p > 0.10），表明情感共享性上下级关系图式的匹配和任务互依性在预测认知灵活性时不存在显著的交互作用。因此，H8a 未得到支持。

表 6.8　情感共享性上下级关系图式匹配与任务互依性的交互作用检验结果

变量	积极关系情感基调				认知灵活性			
	模型 1		模型 2		模型 3		模型 4	
	B	SE	B	SE	B	SE	B	SE
领导情感共享性关系图式（LCARS）	0.06	0.07	0.07	0.07	0.00	0.04	0.00	0.04
下属情感共享性关系图式（FCARS）	0.05	0.08	0.05	0.08	0.15**	0.05	0.16	0.05
$LCARS^2$	0.03	0.05	0.03	0.05	−0.02	0.03	−0.02	0.03

续表

变量	积极关系情感基调				认知灵活性			
	模型 1		模型 2		模型 3		模型 4	
	B	SE	B	SE	B	SE	B	SE
LCARS × FCARS	−0.03	0.09	−0.02	0.09	−0.02	0.06	−0.02	0.06
FCARS^2	0.08	0.05	0.08	0.06	0.02	0.03	0.00	0.04
任务互依性（TKI）			0.04	0.09			0.11	0.06
LCARS × TKI			−0.06	0.08			0.03	0.05
FCARS × TKI	−0.06	0.06	−0.09	0.07	0.05	0.04	0.03	0.05
LCARS^2 × TKI			−0.12	0.08			−0.07	0.05
LCARS × FCARS × TKI			0.03	0.08			0.04	0.06
FCARS^2 × TKI			−0.05	0.05			−0.02	0.03
三个二次项的 F 值	4.09				5.01			

6.3.2　工具交换性上下级关系图式匹配对员工建言行为的影响机制

本节主要检验领导—下属工具交换性上下级关系图式匹配对员工建言行为的影响机制，其理论研究框架如图 6.3 所示。

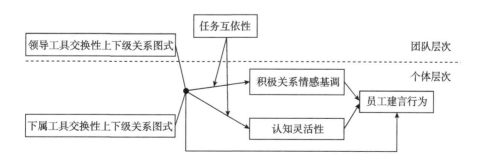

图 6.3　工具交换性上下级关系图式匹配对员工建言行为的影响机制模型

6.3.2.1 主效应检验

H2 假设工具交换性上下级关系图式越一致，越不利于员工建言。表 6.9 呈现了工具交换性上下级关系图式匹配跨层多项式回归和响应面分析的结果。模型 2 和模型 4 分别展现了将促进型建言和抑制型建言作为因变量，工具交换性关系图式匹配五项式作为自变量的回归结果。依据模型 2 的回归系数计算的响应面参数，不一致线（L = −F）的曲率不显著（$a_4 = 0.03$、$p > 0.10$），说明促进型建言在领导—下属工具交换性关系图式一致时与不一致并无显著差异。同理，模型 4 中不一致线（F = −L）的曲率不显著（$a_4 = 0.10$、$p > 0.10$），说明抑制型建言在领导—下属工具交换性关系图式一致时与不一致并无显著差异。因此，H2 未得到支持。

表 6.9　工具交换性上下级关系图式匹配对员工建言行为的跨层多项式回归

变量	促进型建言				抑制型建言			
	模型 1		模型 2		模型 3		模型 4	
	B	SE	B	SE	B	SE	B	SE
常数项	3.35***	0.55	3.42***	0.56	4.51***	0.53	4.51***	0.53
领导性别	−0.31+	0.17	−0.32+	0.17	−0.64***	0.21	−0.67***	0.21
领导年龄	0.06	0.06	0.06	0.05	0.02	0.06	0.02	0.06
领导教育程度	−0.12	0.10	−0.11	0.10	−0.16	0.12	−0.15	0.12
下属性别	0.14	0.11	0.13	0.11	0.14	0.11	0.13	0.11
下属年龄	0.05	0.05	0.03	0.05	0.05	0.04	0.04	0.04
下属教育程度	0.09	0.09	0.07	0.09	0.02	0.08	0.01	0.08
下属职级	0.17	0.11	0.17	0.11	0.25***	0.08	0.23**	0.08
共事时长	0.01	0.01	0.01	0.01	0.00	0.01	0.01	0.01
LMX	0.15*	0.06	0.15**	0.06	0.03	0.05	0.03	0.05
领导工具交换性关系图式（LIERS）	0.10	0.09	0.12	0.10	0.08	0.10	0.08	0.10

变量	促进型建言				抑制型建言			
	模型 1		模型 2		模型 3		模型 4	
	B	SE	B	SE	B	SE	B	SE
下属工具交换性关系图式（FIERS）	−0.02	0.04	−0.04	0.04	0.01	0.04	−0.01	0.04
$LIERS^2$			0.00	0.09			0.07	0.09
$LIERS \times FIERS$			−0.03	0.04			−0.02	0.05
$FIERS^2$			0.00	0.04			0.01	0.04
Pseudo R^2	0.10		0.10		0.11		0.12	
一致线斜率 a_1			0.07				0.06	
一致线曲率 a_2			−0.03				0.06	
不一致线斜率 a_3			0.16				0.09	
不一致线曲率 a_4			0.03				0.10	

6.3.2.2 中介效应检验

基于领导和下属的工具交换性关系图式对积极关系情感基调/认知灵活性的多项式回归结果，生成代表领导—下属工具交换性关系图式匹配的块变量之后，进行中介效应检验，结果如表 6.10 所示。H5b 假设积极关系情感基调中介了工具交换性关系图式匹配与员工建言行为之间的关系。结果显示，工具交换性关系图式匹配，通过积极关系情感基调对促进型建言的间接效应表现不显著（效应值为 0.06、95%CI =[−0.08，0.24]），表明积极关系情感基调在工具交换性关系图式匹配与促进型建言间并未起中介作用。同理，工具交换性关系图式匹配，通过积极关系情感基调对抑制型建言的间接效应表现不显著（效应值为 0.05、95%CI =[−0.06，0.18]），表明积极关系情感基调在工具交换性关系图式匹配与抑制型建言间并未起中介作用。因此，H5b 未得到支持。

H7b 假设认知灵活性中介了工具交换性上下级关系图式匹配与员工建言行为之间的关系。由表 6.10 可知，工具交换性关系图式匹配，通过认知灵活性对促进型建言的间接效应表现显著（效应值为 0.06、95%CI ＝ ［0.02，0.11］），表明认知灵活性在工具交换性关系图式匹配与促进型建言间起中介作用。同理，工具交换性关系图式匹配，通过认知灵活性对抑制型建言的间接效应表现显著（效应值为 0.08、95%CI ＝ ［0.03，0.13］），表明认知灵活性在工具交换性关系图式匹配与抑制型建言间起中介作用。因此，H7b 得到支持。

表 6.10　工具交换性上下级关系图式匹配对员工建言行为的中介效应检验结果

模型	前半段路径系数	后半段路径系数	中介效应	95% 置信区间
工具交换性关系图式块变量→积极关系情感基调→促进型建言	0.56	0.11*	0.06	［−0.08，0.24］
工具交换性关系图式块变量→积极关系情感基调→抑制型建言	0.56	0.08	0.05	［−0.06，0.18］
工具交换性关系图式块变量→认知灵活性→促进型建言	0.21***	0.28**	0.06	［0.02，0.11］
工具交换性关系图式块变量→认知灵活性→抑制型建言	0.21***	0.37***	0.08	［0.03，0.13］

6.3.2.3　调节效应检验

H6b 和 H8b 探讨工具交换性上下级关系图式的匹配和任务互依性的交互影响。表 6.11 展现了逐步回归分析的结果，模型 2 与模型 1 的 F 检验差异显著（F ＝ 11.56、p ＜ 0.05），表明工具交换性上下级关系图式的匹配和任务互依性在预测积极关系情感基调时存在显著的交互作用。同理，模型 4 与模型 3 的 F 检验差异显著（F ＝ 12.75、p ＜ 0.05），表明工具交换性上下级关系图式的匹配和任务互依性在预测认知灵活性时存在显著的交互作用。

表 6.11　工具交换性上下级关系图式匹配与任务互依性的交互作用检验结果

变量	积极关系情感基调				认知灵活性			
	模型 1		模型 2		模型 3		模型 4	
	B	SE	B	SE	B	SE	B	SE
领导工具交换性关系图式（LIERS）	−0.06	0.06	−0.04	0.07	0.08^*	0.04	0.06	0.04
下属工具交换性关系图式（FIERS）	−0.01	0.06	0.03	0.06	0.09^*	0.04	0.09^*	0.04
$LIERS^2$	0.07	0.06	0.08	0.06	0.06	0.04	0.05	0.04
LIERS × FIERS	0.00	0.06	0.01	0.07	−0.01	0.04	−0.04	0.04
$FIERS^2$	0.10^{**}	0.04	0.10^{**}	0.04	0.04^+	0.02	0.03	0.02
任务互依性（TKI）	0.00	0.06	0.02	0.09	0.08^*	0.04	0.01	0.05
LIERS × TKI			0.03	0.07			0.06	0.04
FIERS × TKI			0.08	0.05			0.09^{**}	0.03
$LIERS^2$ × TKI			−0.07	0.07			0.05	0.04
LIERS × FIERS × TKI			-0.16^{**}	0.06			−0.05	0.04
$FIERS^2$ × TKI			0.03	0.03			0.03	0.02
三个二次项的 F 值			11.56^*				12.75^*	

　　为了更加清晰地展现任务互依性的调节效应，分析了在低任务互依性（Mean−SD）和高任务互依性（Mean+SD）水平下的响应面参数，结果如表 6.12 所示。在不同的任务互依性水平下，工具交换性上下级关系图式的一致性对积极关系情感基调或认知灵活性的响应面参数呈现不同的模式。

表 6.12　低 / 高任务互依性水平下工具交换性关系图式匹配
对中介变量的响应面参数

| 响应面参数 | 积极关系情感基调作为结果变量 | | | | 认知灵活性作为结果变量 | | | |
| | 低任务互依性 | | 高任务互依性 | | 低任务互依性 | | 高任务互依性 | |
	B	SE	B	SE	B	SE	B	SE
一致线斜率 a_1	−0.12	0.13	0.11	0.11	−0.01	0.08	0.30***	0.07
一致线曲率 a_2	0.38**	0.15	−0.02	0.12	0.02	0.09	0.08	0.08
不一致线斜率 a_3	−0.02	0.13	−0.12	0.12	0.00	0.08	−0.07	0.08
不一致线曲率 a_4	0.05	0.14	0.29*	0.15	−0.02	0.09	0.26**	0.10

H6b 假设下属与领导的任务互依性调节了工具交换性上下级关系图式匹配与积极关系情感基调之间的关系。由表 6.12 可知，以积极关系情感基调作为结果变量，在任务互依性水平较低时，不一致线的曲率不显著（$a_4 = 0.05$、$p > 0.10$），表明在低任务互依性的情境中，领导与下属的工具交换性上下级关系图式差异对积极关系情感基调的影响不显著。而在任务互依性水平较高时，不一致线的曲率显著为正（$a_4 = 0.29$，$p < 0.05$），表明领导与下属的工具交换性关系图式匹配对积极关系情感基调的影响是显著的，工具交换性关系图式越一致，积极关系情感基调越低。结合模型 2 与模型 1 的 F 检验差异显著结果，因此，H6b 成立。任务互依性在工具交换性关系图式匹配对积极关系情感基调影响中的调节效果通过图 6.4 可以直观看出。

H8b 假设下属与领导的任务互依性调节了工具交换性上下级关系图式匹配与认知灵活性之间的关系。由表 6.12 可知，以认知灵活性作为结果变量，在任务互依性水平较低时，不一致线的曲率不显著（$a_4 = -0.02$、$p > 0.10$），表明在低任务互依性的情境中，领导与下属的工具交换性上下级关系图式差异对认知灵活性的影响不显著。而在任务互依性水平较高时，不一致线的曲率显著为正（$a_4 = 0.26$，$p < 0.01$），表明领导与下属的工具交

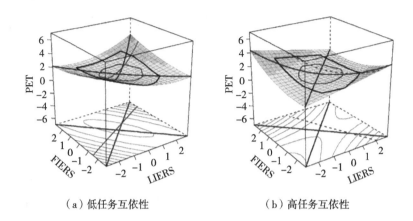

（a）低任务互依性　　　　　　　　　（b）高任务互依性

图 6.4　不同任务互依水平下工具交换性关系图式匹配对积极关系情感基调的影响

注：LIERS 为领导工具交换性关系图式，FIERS 为下属工具交换性关系图式，PET 为积极关系情感基调。

换性关系图式的一致性对认知灵活性的影响是显著的，工具交换性关系图式越一致，认知灵活性低。结合模型 4 与模型 3 的 F 检验差异显著结果，因此，H8b 成立。任务互依性在工具交换性关系图式匹配对认知灵活性影响中的调节效果通过图 6.5 可以直观看出。

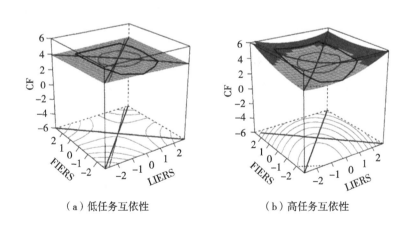

（a）低任务互依性　　　　　　　　　（b）高任务互依性

图 6.5　不同任务互依水平下工具交换性关系图式匹配对认知灵活性的影响

注：LIERS 为领导工具交换性关系图式，FIERS 为下属工具交换性关系图式，CF 为认知灵活性。

6.3.3　照顾回报性上下级关系图式匹配对员工建言行为的影响机制

本节主要检验领导—下属照顾回报性上下级关系图式匹配对员工建言行为的影响机制，其理论研究框架如图 6.6 所示。

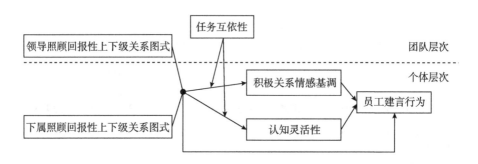

图 6.6　照顾回报性上下级关系图式匹配对员工建言行为的影响机制模型

6.3.3.1　主效应检验

表 6.13 呈现了照顾回报性上下级关系图式匹配跨层多项式回归和响应面分析的结果。模型 2 和模型 4 分别展现了将促进型建言和抑制型建言作为因变量，照顾回报性关系图式匹配五项式作为自变量的回归结果。H3a 假设照顾回报性上下级关系图式越一致，越有利于员工建言。依据模型 2 的回归系数计算的响应面参数，不一致线（L = -F）的曲率显著为负（a_4 = -0.22，p ＜ 0.05），说明响应面沿不一致线向下弯曲呈现倒 "U" 形，表明相比不一致情形，促进型建言在领导—下属照顾回报性关系图式一致时取值较高。即照顾回报性关系图式越一致，越有利于促进型建言。同理，模型 4 中的不一致线（L = -F）的曲率显著为负（a_4 = -0.26、p ＜ 0.01），说明响应面沿不一致线向下弯曲呈现倒 "U" 形，表明相比不一致情形，抑制型建言在领导—下属照顾回报性关系图式一致时取值较高。即照顾回报性关系图式越一致，越有利于抑制型建言。因此，H3a 成立。

H3b 假设在照顾回报性关系图式一致的情况下，"领导高—下属高"组合比"领导低—下属低"组合更有利于员工建言。模型 2 中的一致线（L = F）斜率不显著（$a_1 = 0.09$、$p > 0.10$），表明领导—下属照顾性关系图式一致性的高低对促进型建言没有显著影响。同理，模型 4 中的一致线（L = F）斜率显著为正（$a_1 = 0.07$、$p > 0.10$），表明领导—下属照顾性关系图式一致性的高低对抑制型建言没有显著影响。因此，H3b 未得到支持。

H3c 假设在照顾回报性关系图式不一致的情况下，"领导高—下属低"组合比"领导低—下属高"组合更有利于员工建言。模型 2 中的不一致线斜率显著为正（$a_3 = 0.31$、$p < 0.01$），表明当领导照顾回报性关系图式高于下属的照顾回报性关系图式时，促进型建言的取值显著高于领导照顾回报性关系图式低于下属照顾回报性关系图式的情形。同理，模型 4 中的不一致线斜率显著为正（$a_3 = 0.22$、$p > 0.05$），表明当领导照顾回报性关系图式高于下属的照顾回报性关系图式时，抑制型建言的取值显著高于领导照顾回报性关系图式低于下属照顾回报性关系图式的情形。因此，H3c 成立。

表 6.13　照顾回报性上下级关系图式匹配对员工建言行为的跨层多项式回归

变量	促进型建言				抑制型建言			
	模型 1		模型 2		模型 3		模型 4	
	B	SE	B	SE	B	SE	B	SE
常数项	3.10***	0.56	3.32***	0.58	4.35***	0.54	4.60***	0.55
领导性别	−0.29+	0.17	−0.30+	0.17	−0.62***	0.20	−0.60***	0.19
领导年龄	0.03	0.05	0.02	0.05	−0.01	0.06	−0.02	0.06
领导教育程度	−0.08	0.10	−0.07	0.10	−0.14	0.11	−0.14	0.11
下属性别	0.15	0.11	0.18	0.10	0.15	0.11	0.16	0.11
下属年龄	0.03	0.04	0.04	0.04	0.04	0.04	0.05	0.04
下属教育程度	0.08	0.08	0.09	0.09	0.01	0.08	0.02	0.08
下属职级	0.17	0.11	0.16	0.11	0.24**	0.08	0.23**	0.08
共事时长	0.02	0.01	0.01	0.01	0.01	0.01	0.00	0.01
LMX	0.21***	0.06	0.16**	0.06	0.08	0.05	0.04	0.06

续表

变量	促进型建言				抑制型建言			
	模型 1		模型 2		模型 3		模型 4	
	B	SE	B	SE	B	SE	B	SE
领导照顾回报性关系图式（LCRRS）	0.19^*	0.08	0.20^*	0.08	0.12	0.09	0.15	0.09
下属照顾回报性关系图式（FCRRS）	-0.12^{***}	0.04	-0.11^{***}	0.04	-0.08^*	0.04	-0.07^*	0.04
$LCRRS^2$			-0.09	0.07			-0.13^*	0.07
$LCRRS \times FCRRS$			0.14^{**}	0.05			0.11^*	0.05
$FCRRS^2$			0.00	0.02			-0.01	0.03
Pseudo R^2	0.11		0.14		0.12^*		0.18	
一致线斜率 a_1			0.09				0.07	
一致线曲率 a_2			0.06				-0.03	
不一致线斜率 a_3			0.31^{**}				0.22	
不一致线曲率 a_4			-0.22^*				-0.26^{**}	

为了更形象地揭示领导照顾回报性上下级关系图式与下属照顾回报性关系图式对员工建言行为的影响，基于模型 2 和模型 4 的结果绘制了相应的响应面图（见图 6.7）。不一致线由底面左角延伸至右角，一致线由底面前角延伸至后角。在图 6.7（a）和（b）中，响应面沿不一致线向下弯曲，呈现"穿顶"状，在一致线上取值最高，说明领导与下属的照顾回报性关系图式越一致，越有利于员工建言，这进一步支持了 H3a。促进型建言/抑制型建言在右角位置（"高—低"）时比左角位置（"低—高"）时更高，说明与"低—高"情境相比，领导与下属的照顾回报性关系图式在"高—低"情境下员工建言行为更高，进一步支持了 H3c。

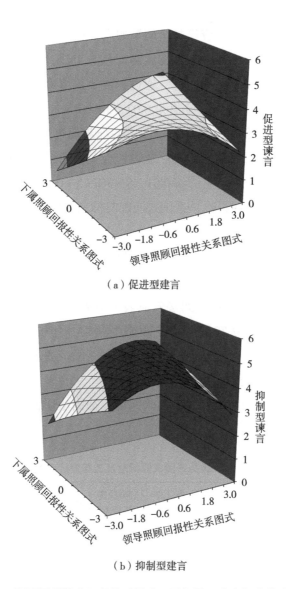

（a）促进型建言

（b）抑制型建言

图 6.7　照顾回报性上下级关系图式匹配与员工建言行为的响应面

6.3.3.2　中介效应检验

基于领导和下属的照顾回报性关系图式对积极关系情感基调 / 认知灵活性的多项式回归结果，生成代表领导—下属照顾回报性关系图式匹配的

块变量之后，进行中介效应检验，结果如表6.14所示。H5c假设积极关系
情感基调中介了照顾回报性关系图式匹配与员工建言行为之间的关系。结
果显示，照顾回报关系图式匹配，通过积极关系情感基调对促进型建言的
间接效应表现边缘显著（效应值为0.02、90%CI=［0.00，0.04］），表明积
极关系情感基调在照顾回报性关系图式匹配与促进型建言间起中介作用。
同理，照顾回报性关系图式匹配，通过积极关系情感基调对抑制型建言的
间接效应表现不显著（效应值为0.01、95%CI=［-0.00，0.04］），表明积极
关系情感基调在照顾回报性关系图式匹配与抑制型建言间并未起中介作用。
因此，H5c得到部分支持。

　　H7c假设认知灵活性中介了照顾回报性上下级关系图式匹配与员工
建言行为之间的关系。由表6.14可知，照顾回报性关系图式匹配，通过
认知灵活性对促进型建言的间接效应表现显著（效应值为0.05、95%CI=
［0.02，0.10］），表明认知灵活性在照顾回报性关系图式匹配与促进型建言
间起中介作用。同理，照顾回报性关系图式匹配，通过认知灵活性对抑制
型建言的间接效应表现显著（效应值为0.07、95%CI=［0.03，0.12］），表
明认知灵活性在照顾回报性关系图式匹配与抑制型建言间起中介作用。因
此，H7c成立。

表6.14　照顾回报性上下级关系图式匹配对员工建言行为的中介效应检验结果

模型	前半段路径系数	后半段路径系数	中介效应	置信区间
照顾回报性关系图式块变量→积极关系情感基调→促进型建言	0.18***	0.10+	0.02	90%CI=［0.00，0.04］
照顾回报性关系图式块变量→积极关系情感基调→抑制型建言	0.18***	0.08	0.01	95%CI=［-0.00，0.04］
照顾回报性关系图式块变量→认知灵活性→促进型建言	0.19***	0.29***	0.05	95%CI=［0.02，0.10］
照顾回报性关系图式块变量→认知灵活性→抑制型建言	0.19***	0.38***	0.07	95%CI=［0.03，0.12］

6.3.3.3 调节效应检验

H6c 和 H8c 探讨照顾回报性上下级关系图式的匹配和任务互依性的交互影响。具体来说，H6c 假设下属与领导的任务互依性调节了照顾回报性上下级关系图式匹配与积极关系情感基调之间的关系。表 6.15 展现了逐步回归分析的结果，模型 2 与模型 1 的 F 检验未表现显著（F = 3.75、p > 0.10），表明照顾回报性上下级关系图式的匹配和任务互依性在预测积极关系情感基调时不存在显著的交互作用。因此，H6c 未得到支持。

H8c 假设下属与领导的任务互依性调节了照顾回报性上下级关系图式匹配与认知灵活性之间的关系。由表 6.15 可知，模型 4 与模型 3 的 F 检验表现边缘显著（F = 10.49、p < 0.05），同时任务互依性与下属照顾回报性关系图式平方项的交互项显著（系数为 0.05、p < 0.05），表明照顾回报性上下级关系图式的匹配和任务互依性在预测认知灵活性时存在显著的交互作用。

表 6.15 照顾回报性上下级关系图式匹配与任务互依性的交互作用检验结果

变量	积极关系情感基调				认知灵活性			
	模型 1		模型 2		模型 3		模型 4	
	B	SE	B	SE	B	SE	B	SE
领导照顾回报性关系图式（LCRRS）	−0.05	0.08	−0.04	0.08	0.05	0.04	0.05	0.04
下属照顾回报性关系图式（FCRRS）	0.19***	0.05	0.19***	0.06	0.02	0.03	0.01	0.04
$LCRRS^2$	0.02	0.08	0.01	0.08	0.00	0.03	0.01	0.03
LCRRS × FCRRS	0.13*	0.06	0.13*	0.06	−0.04	0.04	−0.04	0.04
$FCRRS^2$	0.07+	0.04	0.07+	0.04	0.06**	0.02	0.06**	0.02
任务互依性（TKI）	0.08	0.07	−0.03	0.11	0.01	0.04	−0.02	0.06
LCRRS × TKI			−0.08	0.08			0.08*	0.04

变量	积极关系情感基调				认知灵活性			
	模型 1		模型 2		模型 3		模型 4	
	B	SE	B	SE	B	SE	B	SE
FCRRS × TKI			0.02	0.05			−0.01	0.03
LCRRS^2 × TKI			0.11	0.07			−0.01	0.03
LCRRS × FCRRS × TKI			−0.07	0.06			−0.04	0.04
FCRRS^2 × TKI			0.02	0.04			0.05*	0.02
三个二次项的 F 值	3.75				10.49+			

为了更加清晰地展现任务互依性对照顾回报性上下级关系图式的匹配在预测认知灵活性时调节效应，进一步分析了在低任务互依性（Mean - SD）和高任务互依性（Mean + SD）水平下的响应面参数，结果如表 6.16 所示。在不同的任务互依性水平下，照顾回报性上下级关系图式的匹配对认知灵活性的响应面参数呈现不同的模式。

表 6.16　低／高任务互依性水平下工具交换性关系图式一致性对
认知灵活性的响应面参数

响应面参数	认知灵活性作为结果变量			
	低任务互依性		高任务互依性	
	B	SE	B	SE
一致线斜率 a_1	−0.01	0.06	0.13*	0.06
一致线曲率 a_2	0.02	0.07	0.03	0.06
不一致线斜率 a_3	−0.05	0.07	0.13+	0.07
不一致线曲率 a_4	0.04	0.09	0.20*	0.09

以认知灵活性作为结果变量，在任务互依性水平较低时，不一致线

的曲率不显著（$a_4 = 0.04$、$p > 0.10$），表明在低任务互依性的情境中，领导与下属的照顾回报性上下级关系图式差异对认知灵活性的影响不显著。而在任务互依性水平较高时，不一致线的曲率显著为正（$a_4 = 0.20$、$p < 0.05$），表明领导与下属的照顾回报性关系图式的差异对认知灵活性的影响是显著的。此外，在任务互依性水平较高时，一致线斜率显著为正（$a_1 = 0.13$、$p < 0.05$），表明此时认知灵活性会随着领导与下属照顾回报性关系图式的同时增加而增加，而这种趋势在任务互依性水平较低时变得不显著。结合模型 4 与模型 3 的 F 检验差异显著结果，因此，H8c 成立。任务互依性在照顾回报性关系图式匹配对认知灵活性影响中的调节效果可通过图 6.8 直观看出。

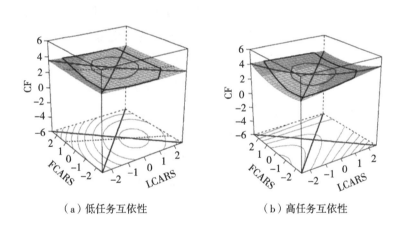

（a）低任务互依性　　　　　（b）高任务互依性

图 6.8　不同任务互依水平下照顾回报性关系图式匹配对认知灵活性的影响

注：LCARS 为领导照顾回报性关系图式，FCARS 为下属照顾回报性关系图式，CF 为认知灵活性。

6.3.4　权威服从性上下级关系图式匹配对员工建言行为的影响机制

本节主要检验领导—下属权威服从性上下级关系图式匹配对员工建言行为的影响机制，其理论研究框架如图 6.9 所示。

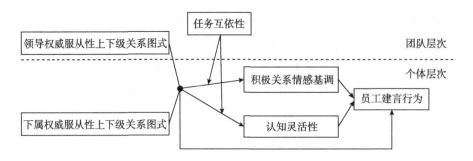

图 6.9　权威服从性上下级关系图式匹配对员工建言行为的影响机制模型

6.3.4.1　主效应检验

表 6.17 呈现了权威服从性上下级关系图式匹配跨层多项式回归和响应面分析的结果。模型 2 和模型 4 分别展现了将促进型建言和抑制型建言作为因变量，权威服从性关系图式匹配五项式作为自变量的回归结果。H4 假设权威服从性上下级关系图式越一致，越不利于员工建言。依据模型 2 的回归系数计算的响应面参数，不一致线（L = −F）的曲率不显著（$a_4 = 0.06$、$p > 0.10$），说明促进型建言在领导—下属权威服从性关系图式一致时与不一致并无显著差异。同理，模型 4 中不一致线（F = −L）的曲率不显著（$a_4 = 0.19$、$p < 0.01$），曲面沿不一致线向上弯曲呈"U"形，说明领导—下属照顾回报性关系图式越趋向一致，抑制型建言越低。因此，H4 得到部分支持。

表 6.17　权威服从性上下级关系图式匹配对员工建言行为的跨层多项式回归

变量	促进型建言				抑制型建言			
	模型 1		模型 2		模型 3		模型 4	
	B	SE	B	SE	B	SE	B	SE
常数项	3.25***	0.54	3.15***	0.54	4.51***	0.54	4.18***	0.52
领导性别	−0.27	0.17	−0.26	0.17	−0.62***	0.20	−0.57**	0.19
领导年龄	0.07	0.05	0.04	0.05	0.02	0.06	0.00	0.06

续表

变量	促进型建言				抑制型建言			
	模型 1		模型 2		模型 3		模型 4	
	B	SE	B	SE	B	SE	B	SE
领导教育程度	−0.13	0.10	−0.09	0.10	−0.18	0.12	−0.10	0.12
下属性别	0.13	0.11	0.12	0.11	0.14	0.11	0.12	0.11
下属年龄	0.05	0.05	0.06	0.05	0.05	0.04	0.06	0.04
下属教育程度	0.08	0.09	0.08	0.08	0.01	0.08	0.00	0.08
下属职级	0.17	0.11	0.16	0.11	0.24^{***}	0.08	0.24^{**}	0.08
共事时长	0.01	0.01	0.01	0.01	0.01	0.01	0.01	0.01
LMX	0.17^{**}	0.06	0.19^{***}	0.06	0.05	0.06	0.06	0.05
领导权威服从性关系图式（LAORS）	0.03	0.10	0.04	0.10	−0.02	0.11	0.02	0.10
下属权威服从性关系图式（FAORS）	−0.05	0.04	−0.05	0.04	−0.01	0.04	−0.02	0.04
$LAORS^2$			0.03	0.07			0.12	0.07
$LAORS \times FAORS$			−0.06	0.04			-0.08^+	0.04
$FAORS^2$			−0.03	0.02			−0.01	0.02
Pseudo R^2	0.09		0.11		0.11		0.14	
一致线斜率 a_1	−0.01				0.00			
一致线曲率 a_2	−0.07				0.03			
不一致线斜率 a_3	0.09				0.04			
不一致线曲率 a_4	0.06				0.19^{**}			

为了更形象地揭示领导权威服从性上下级关系图式与下属权威服从性关系图式对员工建言行为的影响，基于模型4的结果绘制了相应的响应面

图（见图 6.10）。不一致线由底面左角延伸至右角，一致线由底面前角延伸至后角。在图 6.10 中，响应面沿不一致线向上弯曲，在一致线上取值最低，说明领导与下属的权威服从性关系图式越一致，越不利于员工建言，这进一步支持了 H4。

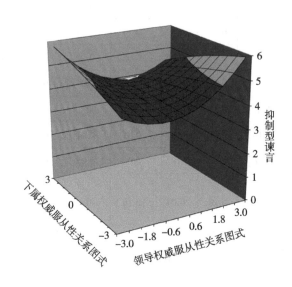

图 6.10　权威服从性上下级关系图式匹配与抑制型建言的响应面

6.3.4.2　中介效应检验

基于领导和下属的权威服从性关系图式对积极关系情感基调／认知灵活性的多项式回归结果，生成代表领导—下属权威服从性关系图式匹配的块变量之后，进行中介效应检验，结果如表 6.18 所示。H5d 假设积极关系情感基调中介了权威服从性关系图式匹配与员工建言行为之间的关系。结果显示，权威服从性关系图式匹配，通过积极关系情感基调对促进型建言的间接效应表现显著（效应值为 0.03、95%CI =［0.00，0.08］），表明积极关系情感基调在权威服从性关系图式匹配与促进型建言间起中介作用。同理，权威服从性关系图式匹配，通过积极关系情感基调对抑制型建言的间接效应表现不显著（效应值为 0.02、95%CI =［-0.00，0.07］），表明积极关系情感基调在工具交换性关系图式匹配与抑制型建言间并未起中介作用。因此，H5d 得到部分支持。

H7d 假设认知灵活性中介了权威服从性上下级关系图式匹配与员工建言行为之间的关系。由表 6.18 可知，权威服从性关系图式匹配，通过认知灵活性对促进型建言的间接效应表现显著（效应值为 0.06、95%CI = [0.02，0.11]），表明认知灵活性在工具交换性关系图式匹配与促进型建言间起中介作用。同理，工具交换性关系图式匹配，通过认知灵活性对抑制型建言的间接效应表现显著（效应值为 0.08、95%CI = [0.04，0.13]），表明认知灵活性在工具交换性关系图式匹配与抑制型建言间起中介作用。因此，H7d 成立。

表 6.18 权威服从性上下级关系图式匹配对员工建言行为的中介效应检验结果

模型	前半段路径系数	后半段路径系数	中介效应	95% 置信区间
权威服从性关系图式块变量→积极关系情感基调→促进型建言	0.29^{***}	0.11^{*}	0.03	[0.00，0.08]
权威服从性关系图式块变量→积极关系情感基调→抑制型建言	0.29^{***}	0.08	0.02	[−0.00，0.07]
权威服从性关系图式块变量→认知灵活性→促进型建言	0.20^{***}	0.31^{***}	0.06	[0.02，0.11]
权威服从性关系图式块变量→认知灵活性→抑制型建言	0.20^{***}	0.41^{***}	0.08	[0.04，0.13]

6.3.4.3 调节效应检验

H6d 和 H8d 探讨权威服从性上下级关系图式的匹配和任务互依性的交互影响。表 6.19 展现了逐步回归分析的结果，模型 2 与模型 1 的 F 检验差异显著（F = 14.29、p < 0.05），表明权威服从性上下级关系图式的匹配和任务互依性在预测积极关系情感基调时存在显著的交互作用。同理，模型 4 与模型 3 的 F 检验差异显著（F = 11.15、p < 0.05），表明权威服从性上下级关系图式的匹配和任务互依性在预测认知灵活性时存在显著的交互作用。

表 6.19　权威服从性上下级关系图式匹配与任务互依性的交互作用检验结果

变量	积极关系情感基调				认知灵活性			
	模型 1		模型 2		模型 3		模型 4	
	B	SE	B	SE	B	SE	B	SE
领导权威服从性关系图式（LAORS）	0.01	0.09	0.08	0.09	0.06	0.04	0.07^+	0.04
下属权威服从性关系图式（FAORS）	0.23^{***}	0.06	0.24^{***}	0.06	0.08^*	0.03	0.09^*	0.04
$LAORS^2$	−0.16	0.10	$−0.19^*$	0.09	0.02	0.04	0.02	0.04
LAORS × FAORS	−0.04	0.06	−0.04	0.07	0.01	0.04	0.02	0.04
$FAORS^2$	0.08^*	0.04	0.08^*	0.04	0.09^{***}	0.02	0.09^{***}	0.02
任务互依性（TKI）	0.12	0.08	0.32^{**}	0.10	0.03	0.04	0.03	0.05
LAORS × TKI			0.04	0.09			0.07	0.04
FAORS × TKI			0.07	0.05			0.02	0.03
$LAORS^2$ × TKI			$−0.27^{**}$	0.08			−0.02	0.04
LAORS × FAORS × TKI			−0.06	0.06			$−0.09^*$	0.04
$FAORS^2$ × TKI			−0.01	0.04			0.02	0.02
三个二次项的 F 值	14.29^*				11.15^*			

为了更加清晰地展现任务互依性的调节效应，分析了在低任务互依性（Mean − SD）和高任务互依性（Mean + SD）水平下的响应面参数，结果如表 6.20 所示。在不同的任务互依性水平下，照顾回报性上下级关系图式的匹配对积极关系情感基调或认知灵活性的响应面参数呈现不同的模式。

表 6.20　低／高任务互依性水平下权威服从性关系图式匹配对中介变量的响应面参数

响应面参数	积极关系情感基调作为结果变量				认知灵活性作为结果变量			
	低任务互依性		高任务互依性		低任务互依性		高任务互依性	
	B	SE	B	SE	B	SE	B	SE
一致线斜率 a_1	0.21	0.15	0.43^{**}	0.14	0.07	0.07	0.25^{***}	0.07

续表

响应面参数	积极关系情感基调作为结果变量				认知灵活性作为结果变量			
	低任务互依性		高任务互依性		低任务互依性		高任务互依性	
	B	SE	B	SE	B	SE	B	SE
一致线曲率 a_2	0.19	0.15	−0.49***	0.15	0.21**	0.08	0.04	0.07
不一致线斜率 a_3	−0.13	0.16	−0.19	0.15	−0.06	0.08	0.04	0.08
不一致线曲率 a_4	0.16	0.17	−0.28	0.17	0.00	0.09	0.19*	0.09

H6d 假设下属与领导的任务互依性调节了权威服从性上下级关系图式匹配与积极关系情感基调之间的关系。由表 6.20 可知，以积极关系情感基调作为结果变量，在高任务互依水平下，一致线的斜率显著为正（$a_1 = 0.43$、$p < 0.01$），曲率显著为负（$a_2 = -0.49$、$p < 0.001$），此种情况下表明当权威服从性关系图式一致性从低增加到高时，积极关系情感基调的增加速度会逐渐降低。而在低任务互依水平下，一致线的斜率和曲率均不显著（$a_1 = 0.21$、$p > 0.10$，$a_2 = 0.19$、$p > 0.10$），表明权威服从性关系图式一致性对积极关系情感基调没有显著影响。结合模型 2 与模型 1 的 F 检验差异显著结果，因此，H6d 成立。任务互依性在权威服从性关系图式一致性对积极关系情感基调影响中的调节效果可通过图 6.11 直观看出。

H8d 假设下属与领导的任务互依性调节了权威服从性上下级关系图式匹配与认知灵活性之间的关系。由表 6.20 可知，以认知灵活性作为结果变量，在任务互依性水平较低时，不一致线的曲率不显著（$a_4 = 0.00$、$p > 0.10$），表明在低任务互依性的情境中，领导与下属的权威服从性上下级关系图式差异对认知灵活性的影响不显著。而在任务互依性水平较高时，不一致线的曲率显著为正（$a_4 = 0.19$、$p < 0.05$），表明领导与下属的工具交换性关系图式的一致性对认知灵活性的影响是显著的，工具交换性关系图式越一致，认知灵活性低。结合模型 4 与模型 3 的 F 检验差异显著结果，因此，H8d 成立。任务互依性在照顾回报性关系图式匹配对认知灵活性影

响中的调节效果可通过图 6.12 直观看出。

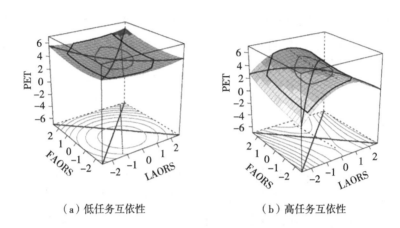

（a）低任务互依性　　　　　　（b）高任务互依性

图 6.11　不同任务互依水平下权威服从性关系图式匹配对积极关系情感基调的影响

注：LAORS 为领导权威服从性关系图式，FAORS 为下属权威服从性关系图式，PET 为积极关系情感基调。

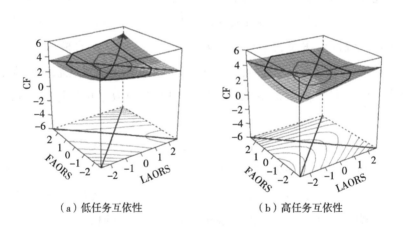

（a）低任务互依性　　　　　　（b）高任务互依性

图 6.12　不同任务互依水平下权威服从性关系图式匹配对认知灵活性的影响

注：LAORS 为领导权威服从性关系图式，FAORS 为下属权威服从性关系图式，CF 为认知灵活性。

6.4　假设检验结果汇总

综合上述研究结果，本书的假设检验结果汇总如表 6.21 所示。

表 6.21　假设检验结果汇总

假设	内容	是否支持
主效应		
H1a	情感共享性上下级关系图式越一致，越有利于员工建言	不支持
H1b	在情感共享性关系图式一致的情况下，"领导高—下属高"组合比"领导低—下属低"组合更利于员工建言	支持
H1c	在情感共享性关系图式不一致的情况下，"领导高—下属低"组合比"领导低—下属高"组合更利于员工建言	支持
H2	工具交换性上下级关系图式越一致，越不利于员工建言	不支持
H3a	照顾回报性上下级关系图式越一致，越有利于员工建言	支持
H3b	在照顾回报性关系图式一致的情况下，"领导高—下属高"组合比"领导低—下属低"组合更利于员工建言	不支持
H3c	在照顾回报性关系图式不一致的情况下，"领导高—下属低"组合比"领导低—下属高"组合更利于员工建言	支持
H4	权威服从性上下级关系图式越一致，越不利于员工建言	部分支持
情感路径下积极关系情感基调的中介效应		
H5a	积极关系情感基调中介了情感共享性关系图式匹配与员工建言行为之间的关系	部分支持
H5b	积极关系情感基调中介了工具交换性关系图式匹配与员工建言行为之间的关系	不支持
H5c	积极关系情感基调中介了照顾回报性关系图式匹配与员工建言行为之间的关系	支持
H5d	积极关系情感基调中介了权威服从性关系图式匹配与员工建言行为之间的关系	部分支持

续表

假设	内容	是否支持
	情感路径下任务互依性的调节作用	
H6a	下属与领导的任务互依性调节了情感共享性上下级关系图式匹配与积极关系情感基调之间的关系。与低任务互依性相比，在高任务互依性情境下上述关系更强	不支持
H6b	下属与领导的任务互依性调节了工具交换性上下级关系图式匹配与积极关系情感基调之间的关系。与低任务互依性相比，在高任务互依性情境下上述关系更强	支持
H6c	下属与领导的任务互依性调节了照顾回报性上下级关系图式匹配与积极关系情感基调之间的关系。与低任务互依性相比，在高任务互依性情境下上述关系更强	不支持
H6d	下属与领导的任务互依性调节了权威服从性上下级关系图式匹配与积极关系情感基调之间的关系。与低任务互依性相比，在高任务互依性情境下上述关系更强	支持
	认知路径下认知灵活性的中介效应	
H7a	认知灵活性中介了情感共享性上下级关系图式匹配与员工建言行为之间的关系	支持
H7b	认知灵活性中介了工具交换性上下级关系图式匹配与员工建言行为之间的关系	支持
H7c	认知灵活性中介了照顾回报性上下级关系图式匹配与员工建言行为之间的关系	支持
H7d	认知灵活性中介了权威服从性上下级关系图式匹配与员工建言行为之间的关系	支持
	认知路径下任务互依性的调节作用	
H8a	下属与领导的任务互依性调节了情感共享性上下级关系图式匹配与认知灵活性之间的关系。与低任务互依性相比，在高任务互依性情境下上述关系更强	不支持
H8b	下属与领导的任务互依性调节了工具交换性上下级关系图式匹配与认知灵活性之间的关系。与低任务互依性相比，在高任务互依性情境下上述关系更强	支持
H8c	下属与领导的任务互依性调节了照顾回报性上下级关系图式匹配与认知灵活性之间的关系。与低任务互依性相比，在高任务互依性情境下上述关系更强	支持
H8d	下属与领导的任务互依性调节了权威服从性上下级关系图式匹配与认知灵活性之间的关系。与低任务互依性相比，在高任务互依性情境下上述关系更强	支持

通过表6.21可以看出，本书提出的24个假设，17个得到成立（3个

部分成立），7 个不成立。下文会对结果展开具体的分析，对于未获得数据支持的假设，进行详细的讨论。

6.5 本章小结

本章通过对实际调研回收的有效数据样本（团队 N = 83，下属 N = 338）进行实证分析，利用跨层次多项式回归、块变量分析以及选点法对 8 个假设（24 个子假设）进行了验证。整体的验证分为四个部分，从上下级关系图式的四个维度出发，分别验证了领导与下属在不同维度上下级关系图式的匹配状态与员工建言行为之间的影响机制，包括积极关系情感基调和认知灵活性的中介作用以及任务互依性的调节作用。

子研究一主要检验领导—下属情感共享性上下级关系图式匹配对员工建言行为的影响机制。研究发现：在情感共享性关系图式匹配的情况下，"领导高—下属高"组合比"领导低—下属低"组合更利于员工建言；在情感共享性关系图式不匹配的情况下，"领导高—下属低"组合比"领导低—下属高"组合更利于员工建言；积极关系情感基调中介了情感共享性关系图式匹配与促进型建言之间的关系；认知灵活性中介了情感共享性上下级关系图式匹配与促进/抑制型建言之间的关系。因此，H1b、H1c、H5a、H7a 得到验证。然而，情感共享性上下级关系图式越一致，越有利于员工建言没有得到支持；任务互依性在情感共享性上下级关系图式一致性对积极关系情感基调/认知灵活性影响中的调节作用没有得到支持，因而 H1a、H6a、H8a 未得到验证。

子研究二主要检验领导—下属工具交换性上下级关系图式匹配对员工建言行为的影响机制。研究发现：认知灵活性中介了工具交换性关系图式匹配与员工建言行为之间的关系；任务互依性正向增强了工具交换性上下级关系图式匹配对积极关系情感基调 / 认知灵活性影响。因此，H6b、H7b、H8b 得到验证。然而，工具交换上下级关系图式越匹配，越不利于员工建言没有得到支持；积极关系情感基调在工具交换性关系图式匹配与员工建言行为之间的中介作用没有得到支持，因而 H2、H5b 未得到验证。

子研究三主要检验领导—下属照顾回报性上下级关系图式匹配对员工建言行为的影响机制。研究发现：照顾回报性上下级关系图式越匹配，越有利于员工建言；在照顾回报性关系图式不匹配的情况下，"领导高—下属低"组合比"领导低—下属高"组合更利于员工建言；积极关系情感基调和认知灵活性中介了照顾回报性关系图式匹配与员工建言行为之间的关系；任务互依性正向增强了照顾回报性上下级关系图式匹配对认知灵活性影响。因此，H3a、H3c、H5c、H7c、H8c 得到验证。然而，在照顾回报性关系图式匹配的情况下，"领导高—下属高"组合比"领导低—下属低"组合更利于员工建言没有得到支持；任务互依性在照顾回报性上下级关系图式匹配对积极关系情感基调影响中的调节作用没有得到支持，因而 H3b、H6c 未得到验证。

子研究四主要检验领导—下属权威服从性上下级关系图式匹配对员工建言行为的影响机制。研究发现：权威服从性上下级关系图式越匹配，越不利于抑制型建言；积极关系情感基调中介了权威服从性关系图式匹配与促进型建言之间的关系；认知灵活性中介了权威服从性上下级关系图式匹配与促进 / 抑制型建言之间的关系。任务互依性正向增强了权威服从性上下级关系图式匹配对积极关系情感基调 / 认知灵活性的影响。因此，H4、H5d、H6d、H7d、H8d 均得到验证。

第7章　研究结论与讨论

7.1　总体结论与综合讨论

7.1.1　主要结论

本书从人际关系视角出发，聚焦于个体对上下级关系的内隐认知，在整合关系图式理论、认知—情感系统理论和人—环境匹配理论的基础上，探索并验证了领导—下属上下级关系图式匹配对员工建言行为的影响机制。共分四个子研究展开，分别探讨了不同维度的上下级关系图式匹配对员工建言行为的作用机制和边界条件：研究一探讨领导—下属情感共享性上下级关系图式匹配对员工建言行为的影响机制研究，研究二探讨领导—下属工具交换性上下级关系图式匹配对员工建言行为的影响机制研究，研究三探讨领导—下属照顾回报性上下级关系图式匹配对员工建言行为的影响机制研究，研究四探讨领导—下属权威服从性上下级关系图式匹配对员工建言行为的影响机制研究。采用团队主管—员工配对问卷、两阶段（间隔1个月）的数据收集方法，收集了来自昆明、曲靖、深圳、泉州等地企业的员工及其直属领导的配对数据，获得83名团队主管和338名下属的有效配对数据，并在此基础上进行假设检验，得出以下主要结论：

（1）情感共享性关系图式匹配和照顾回报性关系图式匹配能够正向预测员工的建言行为。权威服从性关系图式能够负向预测员工建言行为，且主要负向预测员工的抑制型建言。而工具交换性关系图式匹配对员工建言行为没有影响。

（2）积极关系情感基调在情感共享性关系图式匹配、照顾回报性关系图式匹配、权威服从性关系图式匹配与员工建言行为的影响关系中起中介作用，且主要中介了对员工促进型建言的影响。而在工具交换性关系图式匹配对员工建言行为的关系中未起中介作用。

（3）认知灵活性在上下级关系图式匹配与员工建言行为的影响关系中起中介作用，包括情感共享性关系图式匹配、工具交换性关系图式匹配、照顾回报性关系图式匹配、权威服从性关系图式匹配对员工建言行为的影响。

（4）任务互依性加强了工具交换性关系图式匹配和权威服从性关系图式匹配对积极关系情感基调的影响。

（5）任务互依性加强了工具交换性关系图式匹配、照顾回报性关系图式匹配和权威服从性关系图式匹配对认知灵活性的影响。

7.1.2 综合讨论

7.1.2.1 上下级关系图式匹配对员工建言行为主效应影响的结果讨论

本书从个体对上下级关系的内隐认知视角出发，探讨了领导—下属上下级关系图式匹配对员工建言行为的影响。研究发现：第一，针对情感共享性关系图式，在领导和下属的关系图式一致的情况下，"领导高—下属高"组合比"领导低—下属低"组合更利于员工建言；而在不一致的情况下，"领导高—下属低"组合比"领导低—下属高"组合更利于员工建言。第二，针对照顾回报性关系图式，领导与下属的关系图式越一致，越有利于员工建言；而在不一致的情况下，"领导高—下属低"组合比"领导低—下属高"组合更利于员工建言。第三，针对权威服从性关系图式，领导与下属的关系图式越一致，越不利于员工的抑制型建言行为，而对员工的促进型建言行为影响不显著。

首先，个体对上下级关系的内隐认知是员工建言行为的重要预测因素。在一段上下级关系中，无论是领导还是下属，仅凭心中对于关系看法的"先成之见"就足以对员工建言行为产生影响。这与过往研究多强调上下级关系的实然特征（如领导成员交换、上下级关系等）（代毓芳等，2022）探讨对建言行为的影响形成强烈对比。本书的研究结果与蔡松纯等（2009）的研究结论有异曲同工之处，蔡松纯等的研究结果表明，领导的上下级关系图式能够影响到下属的亲社会行为。本书关注的建言行为也具有亲社会性，在一定程度上再次验证了上述观点。然而，蔡松纯等的该研究仅关注了领导视角，讨论了领导自上而下的影响作用，忽视了下属在关系互动中的主观能动性。与之不同的是，本书加入了下属视角，从上下级匹配的角度探讨了领导与下属的关系图式匹配对建言行为的影响作用，更清楚地展现了在关系互动中领导与下属间的相互作用对下属亲社会行为所产生的影响。

此外，总体而言，现有研究对上下级关系图式的后果研究所涉及的效标变量仍十分有限（代毓芳等，2022），本书结果拓展了上下级关系图式的后果变量研究。尽管已有研究考察了领导—下属上下级关系图式匹配对人际相关变量，如领导成员交换（Tsai et al.，2017）、人际信任（王雁飞等，2021）和员工绩效（王雁飞等，2021）的影响，但关于不同关系图式匹配能否对员工建言行为这类角色外行为产生差异化影响还缺乏相关探讨。本书结果表明上下级关系图式作为指导个体在上下级互动中如何表现的行为互动指南，在一定程度上构建了个体对员工建言行为在关系互动中的意义。因此，从上下级匹配的视角来看，由于领导与下属持有不同的关系图式，致使双方对建言行为所产生的预期和解读不尽相同，进而影响了下属建言行为的发生。

其次，更加详细地展现了领导和下属持有不同维度的关系图式在不同的匹配状态下对员工建言行为所产生的差异化影响。结合质性调查结果和实证过程中对上下级关系图式量表的信效度检验，进一步证实了蔡松纯等（2015）将上下级关系图式划分为情感共享性、工具交换性、照顾回报性和权威服从性四维度的合理性。在此基础上，进一步探讨了这四种关系图式匹配对员工建言行为的差异化影响，发现对上下级关系持有亲近认知的关系图式匹配（情感共享性和照顾回报性）能够正向预测员工建言行为，持有疏远且不平等认知的关系图式匹配（权威服从性）则负向预测员工建言行为，而持有疏远且平等认知的关系图式匹配（工具交换性）与员工建言行为之间没有显著关系。这与以往研究仅探讨了情感共享性和工具交换性关系图式匹配所能产生的影响（Tsai et al.，2017；王雁飞等，2021）形成强烈对比。需要指明的是，将上下级关系图式仅划分为情感共享性和工具交换性两维度的理论前提是强调关系平等互惠的社会交换理论（黄光国，2010）。然而，这与中国情境下的上下级关系特征并不适配。中国的上下级关系与西方国家的上下级关系相比，具有更为强烈的结构差距以及更明显的亲疏之分。因此，这种基于社会交换理论对上下级关系图式的简单划分并不能全面地涵盖上下级关系图式的内涵（蔡松纯等，2015），存在一定局限。本书结果在一定程度上丰富了上下级关系图式的研究，为上下级关系图式领域贡献了新的知识。

最后，与已有研究关于领导—下属认知一致总是产生积极影响的认识不同（Huang et al.，2008），本书结果进一步表明，领导与下属的上下级关系图式高度一致并不一定保证产生积极影响，还需要依据关系图式的具体内涵进行判断。此外，人—环境匹配理论的核心假设认为个人与环境的一致性水平对结果没有显著差异，因为人总是会寻找与自己属性契合的环境，重要的是个人与环境形成一致，结果才是最优的，至于和个人与环境之间的差异方向，对结果则无关紧要（Harrison，2007）。然而，本书结果发现对于情感共享性关系图式而言，领导与下属的一致性水平高低对员工建言行为有显著差异，在高一致性水平下更有利于员工建言行为。而对于情感共享性关系图式和照顾回报性关系图式而言，领导与下属关系图式的差异方向对员工建言行为的影响也是重要的。在领导高于下属的不匹配状态下，更有利于员工建言。这在一定程度上凸显了在个人—领导匹配的情境中，领导特征对于下属挑战性行为（建言）所发挥的重要引导作用。这些结论均在一定程度上拓展了对人—环境匹配理论的认识。

另外，本书的实证检验结果显示，在主效应研究中，有几条假设并不如预期那样得到支持。接下来对这几条假设结果展开讨论。

首先，权威服从性关系图式越一致，越不利于员工的抑制型建言，但对促进型建言作用不显著。这从侧面说明了促进型建言和抑制型建言的差异。抑制型建言与促进型建言相比，对组织的挑战程度更高，因其质疑现有的管理实践和程序，而促进型建言的良好意图容易被组织察觉，所以抑制型建言容易被管理者视为挑战，被同事视为制造麻烦，风险性较高（Burris，2012；Morrison，2014）。李方君和钟旭朋（2020）的研究表明，促进型建言更容易被变革责任感和建言效能感所驱动，抑制型建言更容易被心理安全感和感知建言风险所驱动。在领导与下属均持有权威服从性关系图式的情境中，上下级之间的互动模式为命令服从，双方对于权利距离均较为敏感，此时下属的心理安全感容易受到影响。因此，领导—下属权威服从性关系图式一致性更可能对员工的抑制型建言而不是促进型建言产生影响。

此外，本书假设情感共享性上下级关系图式越一致，越有利于员工建言，该假设没有得到验证。这表明情感共享性上下级关系图式匹配与员工建言行为之间关系较远，可能存在其他的中介因素。

其次，本书假设工具交换关系图式越一致，越不利于员工建言，该假设没有得到验证。这可能是因为在领导和下属都持有工具交换的关系图式的情境中，双方最关心的是彼此互动能否给自己带来有形的经济回报，此时双方关系较为疏远，下属会花更多的精力在自己的本职工作上，而不是投入到角色外的行为中。因此，工具交换性关系图式更可能预测工作绩效这类具有稳定的、可计算回报的行为，而不是像员工建言行为这样的角色外行为。

最后，本书假设在照顾回报性关系图式一致的情况下，"领导高—下属高"组合比"领导低—下属低"组合更利于员工建言。该假设没有得到验证，表明领导和下属照顾回报性关系图式的匹配水平与员工建言行为没有关系。这与人—环境匹配理论的基本原则一致，即每个人的个人属性不同，并且会寻找最适合他们个人属性的环境。也就是说，当个人属性和环境属性匹配时，无论这些属性的水平如何，具有低、中、高属性的个体被期望对这种情况做出相似的反应（Van Vianen，2018）。

综合来看，情感共享性和照顾回报性这两类具有积极特征的关系图式匹配能够正向预测下属的建言行为，而权威服从性关系图式具有消极特征，其匹配能够负向预测下属的建言行为，工具交换性关系图式匹配对下属建言行为没有影响。

7.1.2.2 认知—情感双路径下中介作用结果讨论

本书基于认知—情感系统理论，分别从情感路径（积极关系情感基调）和认知路径（认知灵活性）构建了领导—下属上下级关系图式匹配影响员工建言行为的双路径中介作用。研究发现，第一，在情感路径下，积极关系情感基调在情感共享性关系图式匹配与员工促进型建言之间、照顾回报性关系图式匹配与员工促进型建言行为之间、权威服从性关系图式匹配与员工促进型建言之间均起到中介作用。第二，在认知路径下，认知灵活性在情感共享性关系图式匹配与员工建言行为之间、工具交换性关系图式匹配与员工建言行为之间、照顾回报性关系图式匹配与员工建言行为之间、权威服从性关系图式匹配与员工建言行为之间均起到中介作用。

（1）情感路径。由上下级关系所引发的，长时间的、更为稳定的关系情感基调是解释上下级关系图式匹配与员工建言行为之间关系的关键情感机制。有关上下级关系图式的研究大多聚焦于远端结果，如领导和员工的态度和行为等，对于解释上下级关系图式如何对相关结果产生影响的中介机制缺乏研究。对于员工建言行为而言，现有研究已经表明情感机制是影响员工建言行为的重要中介机制，但这些研究多以员工日常工作中体验的积极情绪和消极情绪为主，是一种相对短暂的、即时的、离散的情绪体验（隋杨等，2019；Zhang et al.，2020）。这种离散情绪体验通常由领导的特征或行为所引发。与之形成对比，本书强调关系也可以作为引发情绪的来源。在上下级关系互动中，领导与下属基于自身的关系图式会发展出对彼此的期望，当个体的关系期望和目标得到满足时就会诱发积极的离散情绪。随着上下级关系中情感体验的积累，领导和下属均会形成关系的总体积极情感基调和消极情感基调（Gooty et al., 2019）。而这种关系情感基调进一步影响了员工的建言行为。研究结果发现，积极关系情感基调在情感共享性关系匹配、照顾回报性关系图式匹配、权威服从性关系图式匹配与员工促进型建言之间均起到中介作用。这不仅揭开了上下级关系图式匹配与员工建言行为之间的"黑箱"，还丰富了员工建言行为的情感机制研究，拓展了积极关系情感基调的产生机制和影响机理。

此外，在情感路径下，积极关系情感基调主要中介了上下级关系图式匹配（工具交换性关系图式匹配除外）与下属促进型建言之间的作用，而对于抑制型建言的中介作用不显著。这又一次从侧面展现了促进型建言和抑制型建言的差异，表明相比抑制型建言，促进型建言更可能由情感路径激发。在实际的组织环境体现为：员工向领导提出促进型建言时会受到情感的影响，未经深思熟虑而做出的直觉反应是一种即兴行为。而抑制型建言因其高挑战性和高风险性使得员工不得不进行反复权衡，更不容易经由积极关系情感基调的激发而产生，这可能解释了为何积极关系情感基调对于抑制型建言的中介作用不显著的原因。

令人意外的是，本书假设积极关系情感基调在工具交换性关系图式匹配与员工建言行为之间起中介作用，但该假设未获得支持。这可能是因为在领导与下属均持有工具交换性关系图式的情境中，双方互动以经济交易为准则，很少会在关系中投入情感（蔡松纯，2012）。此时，下属与领导保持较为疏远的距离，并尽量避免因为与领导的互动影响自己的情绪。因此，工具交换性关系图式匹配无法通过诱发下属的情感变化进而对建言行为产生影响。

（2）认知路径。认知灵活性在上下级关系图式匹配与员工建言行为间起中介作用，这进一步扩展了员工建言行为的发生机制。本书运用崭新的意义构建过程分析了上下级关系图式匹配对员工建言行为的影响，并通过快速调整思维变化以适应情景刺激的认知灵活性来解释上下级关系图式匹配影响员工建言行为的内在机理，与以往研究形成明显区别。以往研究主要利用社会交换理论解释员工建言行为（卢红旭等，2020），将员工建言行为视为下属回报领导或组织的一种社会交换行为，这主要体现了建言行为的亲社会特征。但是，员工建言行为也具有挑战性特征，员工做出向上建言尤其是抑制型建言的选择并不容易，需要经历激烈的思想斗争和全面的利弊权衡，这需要员工付出大量的认知努力。本书转换思路，将员工建言行为视为一种在组织情景中的主动适应行为，探讨上下级关系图式匹配情境中导致下属认知灵活性变化并对员工建言行为的影响，并通过实证研究得到了支持。与以往研究一致，本书结果表明认知灵活性是预测个体适应性的最佳指标（Oprins et al.，2018），是影响员工建言行为的重要认知过程（段锦云和黄彩云，2013）。这为解释员工建言行为的发生机制提供了一个新的视角，对已有研究也是一个有益的补充。

（3）通过对比上下级关系图式匹配对员工建言行为的主效应和中介效应检验结果，发现虽然情感共享性关系图式匹配与工具交换性关系图式匹配对员工建言行为的影响不显著，但是积极关系情感基调仍能在情感共享性关系图式匹配与工具交换性关系图式匹配与员工建言行为间起中介作用。这表明虽然情感共享性关系图式匹配和工具交换性关系图式匹配员工建言行为的关系较远，但依然能够通过影响下属的认知灵活性间接对员工建言行为产生影响。

7.1.2.3 任务互依性的调节作用结果讨论

基于情感事件理论和意义建构理论，本书分别探讨了任务互依性在情感路径下（积极关系情感基调）和认知路径下（认知灵活性）的调节作用。研究发现，第一，在情感路径下，任务互依性加强了工具交换性关系图式匹配、权威服从性关系图式匹配对积极关系情感基调的影响。第二，在认知路径下，任务互依性加强了工具交换性关系图式匹配、照顾回报性关系图式匹配、权威服从性关系图式匹配对认知灵活性的影响。

（1）情感路径。任务互依性仅加强了工具交换性关系图式匹配、权威服从性关系图式匹配与积极关系情感基调之间的作用，对情感交换性关系图式匹配、照顾回报性关系图式匹配与积极关系情感基调之间影响的调节作用不显著。这表明任务互依性对于具有积极特征的关系图式匹配所促进的积极关系情感基调虽不是"锦上添花"，但对于具有消极特征的关系图式匹配所抑制的积极关系情感基调却是"雪上加霜"。因此，为防止建言行为在工具交换性关系图式匹配或权威服从性关系图式匹配的情境中"销声匿迹"，此时组织所设计的上下级间的任务互依性不应太高。

（2）认知路径。任务互依性加强了工具交换性关系图式匹配、照顾回报性关系图式匹配、权威服从性关系图式匹配对认知灵活性的影响。现有研究对在上下级匹配作用功效中扮演调节角色的因素主要集中在个体差异与情境因素上，其中，情境因素集中于领导和同事等因素进行了探讨（彭坚等，2019）。例如，Wang 等（2012）从差异化变革型领导的角度揭示了上下级价值观一致性与建言行为关系的边界作用，刘海洋等（2016）探讨了同事支持在权力距离一致性与情绪枯竭之间的调节作用。鲜有研究从工作特征的角度探讨上下级匹配影响的边界条件。本书从工作特征出发，探讨了上下级间的任务互依性在上下级关系图式匹配与认知灵活性之间的调节作用，进一步深化了工作特征在上下级匹配作用功效中的调节作用。

（3）任务互依性对于情感共享性关系图式匹配与积极关系情感基调 /认知灵活性之间的影响调节作用均不显著。这表明对于情感共享性关系图式匹配的影响效果而言，任务互依性可能不是重要的边界条件。由于上下级双方均持有情感共享性的关系图式，使得双方在互动过程中更重视关系的情感特征，而不是工作特征。也就是说，如任务互依性这样的工作特征可能会被各行为主体所忽略，因而也不会发挥出相应的调节作用。这可能解释了为何任务互依性对于情感共享性关系图式匹配与积极关系情感基调 /认知灵活性之间的影响的调节作用均不显著。尽管如此，综合来看，作为工作特征的任务互依性仍然是上下级关系图式匹配影响员工建言行为的重要边界条件。

7.2　理论贡献

本书以多层次理论研究为框架，从人际关系视角出发，聚焦于个体对上下级关系的内隐认知，在整合关系图式理论、认知—情感系统理论和人—环境匹配理论的基础上，探索并验证了领导—下属上下级关系图式匹配对员工建言行为的影响机制。通过在中国企业背景下开展的四个子研究对理论研究模型进行实证验证，主要理论贡献具体体现在以下四个方面：

（1）聚焦于上下级关系图式对员工建言行为的影响，这不仅拓宽了从人际关系视角探讨员工建言行为的研究视角，还丰富了关系图式理论的应用情景，为上下级关系图式领域研究贡献了新的知识。有关员工建言行为人际关系视角的研究主要聚焦于上下级关系的实然特征，缺乏对上下级关系的应然特征（上下级关系图式）的关注。而且有关上下级关系图式的研究正处于起步发展阶段，其后果研究所涉及的效标变量仍十分有限。关于不同种类的关系图式匹配能否对员工建言行为这类角色外行为产生差异化影响还缺乏相关探讨。借鉴关系图式理论，本书探讨了领导与下属的上下级关系图式在不同维度上的匹配状态对员工建言行为的影响，突破了以往关系视角中仅关注领导与下属之间关系的实际特征，发现仅因双方对上下级关系应有特征所抱持的"先成之见"就足以影响员工建言行为，进一步丰富了上下级关系图式的作用结果和影响机制，拓展了上下级关系图式研究对员工角色外行为的影响结果。

（2）从人际关系视角，基于认知—情感系统理论揭开了领导—下属上下级关系图式匹配影响员工建言行为的过程"黑箱"，在一定程度上区别了促进型建言和抑制型建言的差异成因，丰富了员工建言行为的发生机制。针对员工的促进型建言和抑制型建言行为，大多数研究在探讨时并未将两者区分。尽管也有研究从调节焦点理论、目标导向理论、自我损耗理论等解释两类建言行为在前因上的差异，但是这些理论更多的是从员工的人格倾向来进行解释的，而人际关系与两类建言的关系缺乏理论的综合（李方君和钟旭朋，2020）。本书通过实证检验发现，在领导和下属均持有权威服从性关系图式的人际情境中，员工的抑制型建言更易受到负面影响。而员工的促进型建言行为则更容易被人际互动引发的积极关系情感基调而激发。个体作为理性与感性结合的有机体，认知灵活性和积极关系情感基调在上下级间的人际互动（上下级关系图式匹配）与员工建言行为之间起中介作用。这为进一步理解和认识上下级关系图式匹配与员工建言行为的过程机制提供了有益视角。此外，关系情感基调的研究刚刚起步，相关实证研究还比较缺乏，本书借鉴情感事件理论实证检验了积极关系情感基调在上下级关系图式匹配和员工建言行为中所充当的中介作用，从而拓展了积极关系情感基调的产生机制和影响机理研究。

（3）探讨了不同维度的上下级关系图式匹配对员工建言行为的影响，不仅突破了以往有关员工建言行为研究的单一视角（领导视角或下属视角），而且拓展了上下级匹配"一致性最优"的假设，是对人—环境匹配理论的有益补充。人—环境匹配理论的基础原则假设每个人的个人属性不同，并且会寻找最适合他们个人属性的环境，无论个人属性和环境属性的水平如何，当达到匹配时结果是最优的，且较大的差异比较小的差异对个体结果更有害，但差异的方向，无论是积极的还是消极的，都无关紧要。本书运用多项式回归分析，能够对人—环境匹配理论的这些假设进行更为细致的检验。研究发现，情感共享性关系图式匹配和照顾回报性关系图式匹配对员工建言行为的影响符合"一致性最优"原则，但与之相反，当领导和下属的权威服从性关系图式越一致，越不利于员工的抑制型建言。此外，领导与下属的情感共享性关系图式差异与照顾回报性关系图式差异对员工建言行为的不对称影响效应（"高—低"组合与"低—高"组合的差异影响），以及领导与下属的情感共享性关系图式一致性水平对员工建言行为的影响效应（"高—高"组合与"低—低"组合的差异影响），进一步深化了对个人—环境匹配理论的认识和理解。

（4）从工作特征的情境因素拓展了上下级关系图式匹配影响员工建言行为过程的边界条件。虽然现有研究陆续揭示了上下级匹配影响效能的权变条件，但对工作特征的权变作用仍缺乏探讨。本书引入上下级的任务互依性作为影响上下级关系图式匹配发挥功效的权变因素，研究发现任务互依性强化了工具交换性关系图式匹配和权威服从性关系图式匹配对积极关系情感基调的影响，并强化了工具交换性关系图式、照顾回报性关系图式匹配和权威服从性关系图式匹配对认知灵活性的影响。这弥补以往研究较少关注工作特征的缺陷，拓展了上下级关系图式匹配对员工建言行为影响的边界条件，深化了对上下级匹配与员工的认知与情感评价之间关系的理解。

7.3　管理启示

7.3.1　重塑个体对上下级关系的内隐认知，避免掉入思维模式陷阱

本书基于关系图式理论探讨了领导和下属对上下级关系的内隐认知，可通俗理解为关系期望对员工建言行为的影响。研究结果表明，这种内隐认知对员工的建言行为能够产生直接或间接的影响，这启示领导者与下属在关系互动中应该做好自身的关系期望管理。但受制于上下级关系图式的内隐性，个体通常很难察觉到其发挥的作用，转而将员工的建言或沉默行为归因于其他因素，忽视了个体更加深层次的原因。个人在关系互动中所展现的行为具有一定的模式，该模式由关系图式驱动产生，因此，通过对个体上下级关系图式的重塑和调整，可以从个体内部直接引导其态度和行

为发生转变。具体到实际组织情景中，企业可以通过提供培训和系列课程帮助个体理解上下级关系图式的重要性，帮助个体觉察到自己对上下级关系的内隐认知是如何解释过去已经发生的事情并进行归因的，觉察自己依据关系图式是如何推理和设想是否向上建言的。当个体能够有意识地觉察到上下级关系图式所发挥的作用，就是重塑关系图式的良好时机。

7.3.2　营造良好的上下级关系企业文化，避免员工"销声匿迹"

企业应做好上下级关系管理，鼓励领导和下属之间应多以情感共享性或照顾回报性的互动相处模式，避免上下级之间以权威服从性的互动原则相处，以营造良好的上下级关系氛围，促进员工建言。领导与下属之间应该要分享彼此的想法与感受，互相关怀、体恤，像朋友一样不分阶层，彼此帮助，同甘共苦。或是领导在组织工作实践中应为下属充分提供情绪、智慧或资源上的支援，帮助解决或指导下属遇到的各种困难，而下属则心怀感恩并以忠诚或领导肯定的方式回报领导，彼此之间形成良性的互动关系模式，领导虽然保有一定权威但需与下属关系较为亲近。在实际的组织情景中，最忌讳的就是认为领导与下属的关系是上下级的权力关系，领导负责发号施令而下属听命行事，这非常不利于员工建言。

7.3.3　重视上下级关系情感基调管理，激发员工建言行为

本书将个体在日常互动的情感视角聚焦在上下级关系中，延伸了 Gooty 等（2019）的研究。结果表明，积极的关系情感基调在上下级关系图式匹配与员工建言行为之间起到中介作用。因此，将积极情绪管理纳入上下级关系管理的培训，有助于提升领导者的情感敏感度和领导力水平。此外，情感基调比率（Emotional Tone Ratio）的研究指出，其运作机制类似于"银行账户模型"（Gottman，2008）：积极情绪相当于存款，消极情绪相当于取款，共同反映了上下级关系的动态平衡。这一比喻在领导力培训中极具实用价值，因为"维持账户正余额"是一个广为人知的概念。基于此，

培训可以包括以下两方面内容：一方面，学会积累积极"存款"。领导者应关注日常工作中的积极事件，并与下属共同探讨这些事件对个人及团队的价值和意义，从而不断注入正向情感能量；另一方面，警惕关系情感账户的"透支"。领导者需要及时识别关系中的消极情绪，当"情感账户"余额趋近或低于零时，主动创造积极互动机会，以恢复或维持良好的情感平衡。通过这种基于情感基调比率的培训模式，领导者不仅能够更精准地管理上下级关系，还能在实践中有效地提高自身的领导力水平，并营造持续的积极建议氛围。

7.3.4 开展员工认知灵活性训练，增强员工多情境适应能力

认知灵活性中介了上下级关系图式匹配与员工建言行为之间的关系。这启示企业应重视员工的认知灵活性对员工建言所产生的重要作用，认知灵活性的提升将助力于个体改变自身消极信念和限制思维，有益于促进员工建言行为的发生。以往的研究发现，认知灵活性非常容易受到最近强化学习历史的影响（Draem，2017），即认知灵活性是可以习得的。因此，企业可以定期开展员工的认知灵活性训练，开设提供相关培训督导课程，鼓励员工练习自身发散性思维、尝试新的事物、保持锻炼等促进认知灵活性相关的举措。

7.4 研究局限与展望

7.4.1 数据收集方式局限性

本书采用问卷调查的方式来收集数据，尽管分时段（两个不同的时间点）收集了来自领导和下属不同来源的配对数据，但仍然无法避免共同方法偏差和社会称许性偏差可能造成的负面影响。问卷内容中涉及了下属与

领导之间的相互评价，无可避免地会受到社会程序性偏差的影响，降低了数据结果的真实性和有效性，也在一定程度上对研究结论的可靠性产生影响。此外，研究所获数据仍属于截面数据，对于上下级关系图式匹配与员工建言行为之间的因果关系仍有某种程度的限制。因此，为了避免因果混淆的问题，未来研究采用纵向研究或实验法进一步验证本书研究结果的准确性和客观性。

7.4.2 调查样本的局限性

本书选用来自不同地区不同类型企业的 83 个团队 338 名员工样本进行实证研究，虽然保证了研究的外部效度，但团队样本数量相对偏少，这可能会影响研究假设检验的有效性。未来研究应收集更多的样本数据（特别是团队层次样本）进一步验证研究假设和结论，以增加本书模型的解释力度，增强结论的说服力和可靠性。此外，基于中国情境来考察上下级关系图式对员工建言行为的影响。这也相应地引出另一个问题，即是否具有跨文化的普遍性。因此，未来研究可以进一步探讨在其他文化的企业情境中（东亚文化、西方文化），个体的上下级关系图式是否也包含情感共享性、工具交换性、照顾回报性以及权威服从性这四种维度，以及不同维度的关系图式匹配与员工建言行为是否同中国情境下的有所区别。

7.4.3 仅关注了工作特征（任务互依性）的权变作用

本书在考察上下级关系图式匹配对员工建言行为的影响作用时主要探索了工作特征（任务互依性）的调节作用，没有引入个体人格特征变量或其他环境变量来分析是否会对该关系产生影响。以往研究发现，具有不同人格特征的员工在上下级的关系互动与员工建言行为可能出现差异性的结果。因此，未来研究可探讨个体人格特征，如不确定性规避倾向、政治技能、关系认同倾向、依赖型 / 独立型自我建构等因素对上下级关系图式匹配和员工建言行为关系的调节作用。此外，研究未能纳入具有中国本土化文化特征的情境变量，如面子、中庸、和谐等进行研究。因此，未来研究

可以考虑引入这些反映中国情境的独特变量进行深入探讨，以挖掘潜在的
文化差异的影响。

7.4.4　加强上下级关系图式的测量工具的检验与开发

本书的核心概念上下级关系图式是个体的内隐认知结构，尽管采用问
卷调查的直接测量工具的信效度已经得到支持，但或许通过单靶内隐联想
测验（Single-Target IAT，ST-IAT）或投射（Projective）测量的方法来间
接测量上下级关系图式所得效度更高，它是测量上下级关系图式这种内隐
认知结构更合适的方法。因此，未来研究可以针对上下级关系图式开发多
种间接测量方式，例如，Uhlmann 等（2012）提出的"基于易接近性的测
量""基于联想的测量"等测量方式。

7.4.5　探讨个体内 / 个体间的关系图式组合对员工建言行为的影响

由于篇幅限制和方法局限，本书仅研究了领导与下属之间不同维度的
上下级关系图式匹配对员工建言行为的影响机制，对于不同维度的上下级
关系图式之间在个体内 / 个体间是否存在交互干涉作用还缺乏进一步的讨
论。蔡松纯（2015）在构建四维度的上下级关系图式时，并未明确指出不
同维度之间的关系。换句话说，个体究竟只能持有一种关系图式还是可以
同时持有多种关系图式，并未得到明确澄清。上下级关系图式所包括的不
同维度，如情感共享、工具利用、照顾回报、权威服从等，表征了上下级
关系中不同的复杂成分。上下级之间时而像朋友，时而似师徒，有时仅是
基于契约利害的关系，而有时又只是命令和服从的关系。因而个体对上下
级关系之间应有特征的期望理应包括不同的成分，不同的成分交织在一起，
综合构成了个体的上下级关系图式。不同个体的上下级关系图式可能会在
不同维度上有高低之分。维度与维度之间并不是相互排斥的关系，而是可
以共存的。因此，未来研究可以探索不同维度之间如何相互影响、形成组
合共同作用于员工建言行为。

7.4.6 进一步扩大上下级关系图式匹配的结果变量范围

尽管本书研究结果丰富了对上下关系图式匹配作用功效的理解，但仅关注了员工建言行为这一常见的个体层次结果变量，且也是首次应用四维度上下级关系图式探讨领导与下属的关系图式匹配影响效果的研究。其中，以往研究主要探讨了情感共享性与工具交换性关系图式匹配对领导成员交换、任务绩效和创新行为的影响，缺乏对照顾回报性和权威服从性关系图式匹配影响效果的研究。情感性与工具性是人际关系中最广泛存在的成分，但具体到上下级关系情境中时，由于领导与下属之间天然存在的结构差距以及文化因素的影响，还会包含角色义务以及权力认知等特性（杨中芳，1999）。因此，未来研究可以扩大结果变量的范围，进一步考察不同维度的上下级关系图式匹配对个体层次行为结果的影响效应，并探讨其中可能的独特作用路径。

参考文献

[1] ABRAHAMSE E, BRAEM S, NOTEBAERT W, et al. Grounding cognitive control in associative learning [J]. Psychological Bulletin, 2016, 142 (7): 693-728.

[2] AHEARNE M, HAUMANN T, KRAUS F, et al. It's a matter of congruence: How interpersonal identification between sales managers and salespersons shapes sales success [J]. Journal of the Academy of Marketing Science, 2013, 41 (6): 625-648.

[3] AL-GHAZALI B M, AFSAR B. Investigating the mechanism linking task conflict with employees' innovative work behavior [J]. International Journal of Conflict Management, 2021, 32 (4): 599-625.

[4] ANAND S, VIDYARTHI P, ROLNICKI S. Leader-member exchange and organizational citizenship behaviors: Contextual effects of leader power distance and group task interdependence [J]. The Leadership Quarterly, 2018, 29 (4): 489-500.

[5] ANDERSON J C, GERBING D W. Structural equation modeling in practice: A review and recommended two-step approach [J]. Psychological Bulletin, 1988, 103 (3): 411-423.

[6] ASHKANASY N M, JORDAN P J. A multi-level view of leadership

204

and emotion [J]. Affect and Emotion: New Directions in Management Theory and Research, 2008 (1): 17–39.

[7] ASHKANASY N M. Studies of cognition and emotion in organisations: Attribution, affective events, emotional intelligence and perception of emotion [J]. Australian Journal of Management, 2002, 27 (1_suppl): 11–20.

[8] BACHRACH D G, WANG H, BENDOLY E, et al. Importance of organizational citizenship behaviour for overall performance evaluation: Comparing the role of task interdependence in China and the USA [J]. Management and Organization Review, 2007, 3 (2): 255–276.

[9] BADDELEY A. Working memory: looking back and looking forward [J]. Nature Reviews Neuroscience, 2003, 4 (10): 829–839.

[10] BALDWIN M W, BACCUS J. Relational knowledge and an expectancy-value approach to self–esteem [C] //Spencer S J, Fein S, Zanna M P, Olson J M, (eds.). Motivated Social Perception: The Ontario Symposium. Mahwah: Lawrence Erlbaum Associates, 2003.

[11] BALDWIN M W, CARRELL S E, LOPEZ D F. Priming relationship schemas: My advisor and the Pope are watching me from the back of my mind [J]. Journal of Experimental Social Psychology, 1990, 26 (5): 435–454.

[12] BALDWIN M W, DANDENEAU S D. Understanding and modifying the relational schemas underlying insecurity [J]. Interpersonal Cognition, 2005: 33–61.

[13] BALDWIN M W. Relational schemas and the processing of social information [J]. Psychological Bulletin, 1992, 112 (3): 461–484.

[14] BALDWIN M W. Relational schemas as a source of if–then self–inference procedures [J]. Review of General Psychology, 1997, 1 (4): 326–335.

[15] BALLINGER G A, ROCKMANN K W. Chutes versus ladders: Anchoring events and a punctuated–equilibrium perspective on social exchange relationships [J]. Academy of Management Review, 2010, 35 (3): 373–391.

［16］BANDURA A, WALTERS R H. Social learning theor［M］. Prentice-hall Englewood Cliffs, 1977.

［17］BARRY M, WILKINSON A. Pro-social or pro-management? A critique of the conception of employee voice as a pro-social behaviour within organizational behaviour［J］. British Journal of Industrial Relations, 2016, 54 （2）: 261–284.

［18］BASU K, PALAZZO G. Corporate social responsibility: A process model of sensemaking［J］. Academy of Management Review, 2008, 33（1）: 122–136.

［19］BAUMEISTER R F. Need-to-belong theory［J］. Handbook of Theories of Social Psychology, 2011（2）: 121–140.

［20］BECKES L A. Discrepancy and evaluation in romantic relationships: Testing the emotion in relationships model［M］. University of Minnesota, 2009.

［21］BERSCHEID E, SNYDER M, OMOTO A M. The relationship closeness inventory: Assessing the closeness of interpersonal relationships［J］. Journal of Personality and Social Psychology, 1989, 57（5）: 792–807.

［22］BLAU P. Exchange and power in social life［M］. Routledge, 2017.

［23］BLIESE P D. Within-group agreement, non-independence, and reliability: Implications for data aggregation and analysis［J］. Multilevel Theory, Research, and Methods in Organizations: Foundations, Extensions, and New Directions, 2000（1）: 349–381.

［24］BOTERO I C, VAN DYNE L. Employee voice behavior: Interactive effects of LMX and power distance in the United States and Colombia［J］. Management Communication Quarterly, 2009, 23（1）: 84–104.

［25］BOTVINICK M M, BRAVER T S, BARCH D M, et al. Conflict monitoring and cognitive control［J］. Psychological Review, 2001, 108（3）: 624–658.

［26］BRAEM S, EGNER T. Getting a grip on cognitive flexibility［J］.

Current Directions in Psychological Science, 2018, 27（6）: 470–476.

［27］BRAEM S. Conditioning task switching behavior［J］. Cognition, 2017（166）: 272–276.

［28］BREWER M B, GARDNER W. Who is this "We"? Levels of collective identity and self representations［J］. Journal of Personality and Social Psychology, 1996, 71（1）: 83–93.

［29］BRISLIN R W. The wording and translation of research instruments ［M］// Lonner W J, Berry J W,（eds.）. Field methods in Cross–cultural Research. Sage Publications, 1986.

［30］BRUNSON J A. Assessing "you" "me" and "us": A comprehensive measure of relational schemas［D］. University of Houston, 2014.

［31］BURRIS E R. The risks and rewards of speaking up: Managerial responses to employee voice［J］. Academy of Management Journal, 2012, 55（4）: 851–875.

［32］CAMPION M A, MEDSKER G J, HIGGS A C. Relations between work group characteristics and effectiveness: implications for designing effective work groups［J］. Personnel Psychology, 2010, 46（4）: 823–847.

［33］CAñAS J, QUESADA J, ANTOLí A, et al. Cognitive flexibility and adaptability to environmental changes in dynamic complex problem–solving tasks［J］. Ergonomics, 2003, 46（5）: 482–501.

［34］CHEN C-H V, TANG Y-Y, WANG S-J. Interdependence and organizational citizenship behavior: Exploring the mediating effect of group cohesion in multilevel analysis［J］. The Journal of Psychology, 2009, 143（6）: 625–640.

［35］CHEN G, BLIESE P D. The role of different levels of leadership in predicting self–and collective efficacy: Evidence for discontinuity［J］. Journal of Applied Psychology, 2002, 87（3）: 549–556.

［36］CHUANG Y C. The cognative structure of role norms in Taiwan［J］.

Asian Journal of Social Psychology, 1998, 1（3）: 239–251.

［37］CHUNG S-H, SU Y-F, SU S-W. The impact of cognitive flexibility on resistance to organizational change［J］. Social Behavior and Personality: An International Journal, 2012, 40（5）: 735–745.

［38］COHEN J. Statistical power analysis for the behavioral sciences ［M］. Academic Press, 2013.

［39］COHEN P, WEST S G, AIKEN L S. Applied multiple regression/ correlation analysis for the behavioral sciences［M］. Psychology Press, 2014.

［40］COLE M S, CARTER M Z, ZHANG Z. Leader-team congruence in power distance values and team effectiveness: the mediating role of procedural justice climate［J］. Journal of Applied Psychology, 2013, 98（6）: 962–973.

［41］COURTRIGHT S H, THURGOOD G R, STEWART G L, et al. Structural interdependence in teams: An integrative framework and meta-analysis［J］. Journal of Applied Psychology, 2015, 100（6）: 1825–1846.

［42］CROPANZANO R, DASBOROUGH M T, WEISS H M. Affective events and the development of leader-member exchange［J］. Academy of Management Review, 2017, 42（2）: 233–258.

［43］CROPLEY M, ZIJLSTRA F R H, QUERSTRET D, et al. Is work-related rumination associated with deficits in executive functioning?［J］. Frontiers in Psychology, 2016（7）: 1524.

［44］DASBOROUGH M T, ASHKANASY N M, TEE E Y, et al. What goes around comes around: How meso-level negative emotional contagion can ultimately determine organizational attitudes toward leaders［J］. The Leadership Quarterly, 2009, 20（4）: 571–585.

［45］DE DREU C K, BAAS M, NIJSTAD B A. Hedonic tone and activation level in the mood-creativity link: Toward a dual pathway to creativity model ［J］. Journal of Personality and Social Psychology, 2008, 94（5）: 739–756.

［46］DE WAAL F B, DAVIS J M. Capuchin cognitive ecology: Cooperation based on projected returns [J]. Neuropsychologia, 2003, 41 (2): 221–228.

[47] DENNIS J P, VANDER WAL J S. The cognitive flexibility inventory: Instrument development and estimates of reliability and validity [J]. Cognitive Therapy and Research, 2009, 34 (3): 241–253.

[48] DETERT J R, BURRIS E R, HARRISON D A, et al. Voice flows to and around leaders: Understanding when units are helped or hurt by employee voice [J]. Administrative Science Quarterly, 2013, 58 (4): 624–668.

[49] DETERT J R, BURRIS E R. Leadership behavior and employee voice: Is the door really open? [J]. Academy of Management Journal, 2007, 50 (4): 869–884.

[50] DEVELLIS R F. Applied social research methods series [C] // ROC L B, ROG. D, (eds.). Scale development: Theory and applications.Thousand Oaks: Sage, 1991.

[51] DHEER R J S, LENARTOWICZ T. Cognitive flexibility: Impact on entrepreneurial intentions [J]. Journal of Vocational Behavior, 2019 (115): 103339.

[52] DIAMOND A. Executive functions [J]. Annual Review of Psychology, 2013 (64): 135–168.

[53] DREISBACH G, GOSCHKE T. How positive affect modulates cognitive control: Reduced perseveration at the cost of increased distractibility [J]. Journal of Experimental Psychology: Learning, Memory, and Cognition, 2004, 30 (2): 343–353.

[54] DUAN J, LI C, XU Y, et al. Transformational leadership and employee voice behavior: A Pygmalion mechanism [J]. Journal of Organizational Behavior, 2017, 38 (5): 650–670.

[55] EDWARDS J R, CABLE D M. The value of value congruence [J]. Journal of Applied Psychology, 2009, 94 (3): 654–677.

[56] EDWARDS J R, PARRY M E. On the use of polynomial regression

equations as an alternative to difference scores in organizational research [J] . Academy of Management Journal, 1993, 36 (6): 1577–1613.

[57] EDWARDS J R. Alternatives to difference scores as dependent variables in the study of congruence in organizational research [J] . Organizational Behavior and Human Decision Processes, 1995, 64 (3): 307–324.

[58] EDWARDS J R. Alternatives to difference scores: Polynomial regression and response surface methodology [J] . Advances in Measurement and Data Analysis, 2002 (1): 350–400.

[59] EDWARDS J R. An examination of competing versions of the person–environment fit approach to stress [J] . Academy of Management Journal, 1996, 39 (2): 292–339.

[60] EGNER T. Creatures of habit (and control): A multi–level learning perspective on the modulation of congruency effects [J] . Frontiers in Psychology, 2014 (5): 1247.

[61] EREZ A, LEPINE J A, ELMS H. Effects of rotated leadership and peer evaluation on the functioning and effectiveness of self–managed teams: A quasi–experiment [J] . Personnel Psychology, 2002, 55 (4): 929–948.

[62] FARH J–L, HACKETT R D, LIANG J. Individual–level cultural values as moderators of perceived organizational support–employee outcome relationships in China: Comparing the effects of power distance and traditionality [J] . Academy of Management Journal, 2007, 50 (3): 715–729.

[63] FARRELL D. Exit, voice, loyalty, and neglect as responses to job dissatisfaction: A multidimensional scaling study [J] . Academy of Management Journal, 1983, 26 (4): 596–607.

[64] FINCHAM F D, BRADBURY T N. The assessment of marital quality: A reevaluation [J] . Journal of Marriage and the Family, 1987, 49 (4): 797–809.

[65] FISKE S T, DYER L M. Structure and development of social schemata: Evidence from positive and negative transfer effects [J] . Journal of Personality

and Social Psychology, 1985, 48 (4): 839–852.

［66］FISKE S T, TAYLOR S E. Social cognition［M］. Mcgraw–Hill Book Company, 1991.

［67］FLYNN F J. Identity orientations and forms of social exchange in organizations［J］. Academy of Management review, 2005, 30 (4): 737–750.

［68］FONG P S, MEN C, LUO J, et al. Knowledge hiding and team creativity: The contingent role of task interdependence［J］. Management Decision, 2018, 56 (2): 329–343.

［69］FORNELL C, LARCKER D F. Structural equation models with unobservable variables and measurement error: Algebra and statistics［M］. Sage Publications Sage CA: Los Angeles, CA. 1981.

［70］FOTI R J, HANSBROUGH T K, EPITROPAKI O, et al. Dynamic viewpoints on implicit leadership and followership theories: Approaches, findings, and future directions［J］. The Leadership Quarterly, 2017, 28 (2): 261–267.

［71］FU N, FLOOD P C, BOSAK J, et al. High–Performance work systems in professional service firms: Examining the practices–resources–uses–performance linkage［J］. Human Resource Management, 2017, 56 (2): 329–352.

［72］FULFORD D, FELDMAN G, TABAK B A, et al. Positive affect enhances the association of hypomanic personality and cognitive flexibility［J］. International Journal of Cognitive Therapy, 2013, 6 (1): 1–16.

［73］GEORGE J M, BRIEF A P. Feeling good–doing good: A conceptual analysis of the mood at work–organizational spontaneity relationship［J］. Psychological Bulletin, 1992, 112 (2): 310–329.

［74］GEORGE J M, ZHOU J. Dual tuning in a supportive context: Joint contributions of positive mood, negative mood, and supervisory behaviors to employee creativity［J］. Academy of Management Journal, 2007, 50 (3): 605–622.

[75] GIBERSON T R, RESICK C J, DICKSON M W. Embedding leader characteristics: An examination of homogeneity of personality and values in organizations [J]. Journal of Applied Psychology, 2005, 90 (5): 1002–1010.

[76] GIESSNER S, VAN QUAQUEBEKE N. Using a relational models perspective to understand normatively appropriate conduct in ethical leadership [J]. Journal of Business Ethics, 2010, 95 (1): 43–55.

[77] GOOTY J, CONNELLY S, GRIFFITH J, et al. Leadership, affect and emotions: A state of the science review [J]. The Leadership Quarterly, 2010, 21 (6): 979–1004.

[78] GOOTY J, THOMAS J S, YAMMARINO F J, et al. Positive and negative emotional tone convergence: An empirical examination of associations with leader and follower LMX [J]. The Leadership Quarterly, 2019, 30 (4): 427–439.

[79] GOSCHKE T. Voluntary action and cognitive control from a cognitive neuroscience perspective [M] // Maasen S, Prinz W, Roth G, (eds.). Voluntary action: Brains, minds, and sociality. Oxford University Press, 2003.

[80] GOSWAMI A, CARSTEN M, COYLE P. Antecedents to implicit followership theories: Past experiences & personalities [C] // Taneja S, (eds.). Proceedings of the Academy of Management Proceedings. Briarcliff Manor: Academy of Management, 2017.

[81] GOTTMAN J M, COAN J, CARRERE S, et al. Predicting marital happiness and stability from newlywed interactions [J]. Journal of Marriage and the Family, 1998, 60 (1): 5–22.

[82] GOTTMAN J M, LEVENSON R W. Marital processes predictive of later dissolution: behavior, physiology, and health [J]. Journal of Personality and Social Psychology, 1992, 63 (2): 221–233.

[83] GOTTMAN J M. Gottman method couple therapy [J]. Clinical Handbook of Couple Therapy, 2008, 4 (8): 138–164.

［84］GOTTMAN J M. What predicts divorce? —The relationship between marital processes and marital outcomes［M］. Psychology Press, 2014.

［85］GRAEN G B, UHL-BIEN M. Relationship-based approach to leadership: Development of leader-member exchange（LMX）theory of leadership over 25 years: Applying a multi-level multi-domain perspective［J］. The Leadership Quarterly, 1995, 6（2）: 219-247.

［86］GRANT A M. Rocking the boat but keeping it steady: The role of emotion regulation in employee voice［J］. Academy of Management Journal, 2013, 56（6）: 1703-1723.

［87］GRANT D A, HEATON R K, CHELUNE G J, et al. Wisconsin card sorting test, revised and expanded［M］. Psychological Assessment Resources, 1993.

［88］GU X, YANG L, CAO S. Design and implementation of knowledge sharing system based on WeChat small program［C］. Proceedings of the 2018 IEEE 3rd Advanced Information Technology, Electronic and Automation Control Conference（IAEAC）. IEEE, 2018.

［89］GUAN Y, DENG H, FAN L, et al. Theorizing person-environment fit in a changing career world: Interdisciplinary integration and future directions ［J］. Journal of Vocational Behavior, 2021（126）: 103557.

［90］GUARANA C L, BARNES C M. Lack of sleep and the development of leader-follower relationships over time［J］. Organizational Behavior and Human Decision Processes, 2017（141）: 57-73.

［91］GUO L, DECOSTER S, BABALOLA M T, et al. Authoritarian leadership and employee creativity: The moderating role of psychological capital and the mediating role of fear and defensive silence［J］. Journal of Business Research, 2018（92）: 219-230.

［92］HARRISON D A. Pitching fits in applied psychological research: making fit methods I- 'it theory［C］// Ostroff C, Judge T（eds.）,

Perspectives on organizational fit. New York: Lawrence Erlbaum Assoc, 2007.

[93] HERNANDEZ M, SITKIN S B. Who Is leading the leader? Follower influence on leader ethicality [C] // Cremer D D, Tenbrunsel A (eds.) , Behavioral Business Ethics: Shaping an Emerging Field. New York: Routledge, 2012.

[94] HIRSCHMAN A O. Exit, voice, and loyalty: Responses to decline in firms, organizations, and states [M]. Harvard University Press, 1970.

[95] HOGG M A. Subjective uncertainty reduction through self-categorization: A motivational theory of social identity processes [J]. European Review of Social Psychology, 2000, 11 (1): 223-255.

[96] HOMMEL B. Between persistence and flexibility: The Yin and Yang of action control [M] // Advances in motivation science. Elsevier, 2015: 33-67.

[97] HSIUNG H-H. Authentic leadership and employee voice behavior: A multi-level psychological process [J]. Journal of Business Ethics, 2012, 107 (3): 349-361.

[98] HUANG L, KRASIKOVA D V, HARMS P D. Avoiding or embracing social relationships? A conservation of resources perspective of leader narcissism, leader-member exchange differentiation, and follower voice [J]. Journal of Organizational Behavior, 2020, 41 (1): 77-92.

[99] HUANG X, VAN DE VLIERT E, VAN DER VEGT G. Breaking the silence culture: Stimulation of participation and employee opinion withholding cross-nationally [J]. Management and Organization Review, 2005, 1 (3): 459-482.

[100] HUANG X, WRIGHT R P, CHIU W C, et al. Relational schemas as sources of evaluation and misevaluation of leader-member exchanges: Some initial evidence [J]. The Leadership Quarterly, 2008, 19 (3): 266-282.

[101] HWANG K-K. Face and favor: The Chinese power game [J]. American Journal of Sociology, 1987, 92 (4): 944-974.

[102] ISLAM G, ZYPHUR M J. Power, voice, and hierarchy: Exploring the antecedents of speaking up in groups [J]. Group Dynamics: Theory, Research, and Practice, 2005, 9 (2): 93–103.

[103] JAMES L R, DEMAREE R G, WOLF G. Estimating within–group interrater reliability with and without response bias [J]. Journal of Applied Psychology, 1984, 69 (1): 85–98.

[104] JANSSEN O, GAO L. Supervisory responsiveness and employee self–perceived status and voice behavior [J]. Journal of Management, 2015, 41 (7): 1854–1872.

[105] JENSEN A R, ROHWER JR W D. The Stroop color–word test: A review [J]. Acta Psychologica, 1966 (25): 36–93.

[106] JIANG Y, JACKSON S E, COLAKOGLU S. An empirical examination of personal learning within the context of teams [J]. Journal of Organizational Behavior, 2016, 37 (5): 654–672.

[107] JOHNCO C, WUTHRICH V M, RAPEE R M. Reliability and validity of two self–report measures of cognitive flexibility [J]. Psychological Assessment, 2014, 26 (4): 1381–1387.

[108] KAKKAR H, TANGIRALA S, SRIVASTAVA N K, et al. The dispositional antecedents of promotive and prohibitive voice [J]. Journal of Applied Psychology, 2016, 101 (9): 1342–1351.

[109] KECK N, GIESSNER S R, VAN QUAQUEBEKE N, et al. When do followers perceive their leaders as ethical? A relational models perspective of normatively appropriate conduct [J]. Journal of Business Ethics, 2020, 164 (3): 477–493.

[110] KIGGUBDU M N. Task interdependence and job design: Test of a theory [J]. Organizational Behavior & Human Performance, 1983, 31 (2): 145–172.

[111] KIM S S, VANDENBERGHE C. The moderating roles of perceived

task interdependence and team size in transformational leadership's relation to team identification: A dimensional analysis [J] . Journal of Business and Psychology, 2018, 33 (4): 509-527.

[112] KLEIN K J, KOZLOWSKI S W. Multilevel theory, research, and methods in organizations: Foundations, extensions, and new directions [M] . Jossey-Bass, 2000.

[113] KNOLL M, SCHYNS B, PETERSEN L-E. How the Influence of Unethical Leaders on Followers Is Affected by Their Implicit Followership Theories [J] . Journal of Leadership & Organizational Studies, 2017, 24 (4): 450-465.

[114] KWON B, FARNDALE E. Employee voice viewed through a cross-cultural lens [J] . Human Resource Management Review, 2020, 30 (1): 100653.

[115] LAVELLE J, GUNNIGLE P, MCDONNELL A. Patterning employee voice in multinational companies [J] . Human Relations, 2010, 63 (3): 395-418.

[116] LAZARUS R S, FOLKMAN S. Stress, appraisal, and coping [M] . Springer Publishing Company, 1984.

[117] LEPINE J A, VAN DYNE L. Voice and cooperative behavior as contrasting forms of contextual performance: evidence of differential relationships with big five personality characteristics and cognitive ability [J] . Journal of Applied Psychology, 2001, 86 (2): 326-336.

[118] LEWIN, K. Field theory in social science: Selected theoretical papers [M] . New York: Harper & Row, 1951.

[119] LI A N, LIAO H, TANGIRALA S, et al. The content of the message matters: The differential effects of promotive and prohibitive team voice on team productivity and safety performance gains [J] . Journal of Applied Psychology, 2017, 102 (8): 1259-1270.

［120］LI C, LIANG J, FARH J-L. Speaking up when water is murky: An uncertainty-based model linking perceived organizational politics to employee Voice［J］. Journal of Management, 2018, 46（3）: 443-469.

［121］LI H, LI F, CHEN T. A motivational-cognitive model of creativity and the role of autonomy［J］. Journal of Business Research, 2018（92）: 179-188.

［122］LI J, LIANG Q, ZHANG Z, et al. Leader humility and constructive voice behavior in China: A dual process model［J］. International Journal of Manpower, 2018, 39（6）: 840-854.

［123］LI J, WU L-Z, LIU D, et al. Insiders maintain voice: A psychological safety model of organizational politics［J］. Asia Pacific Journal of Management, 2014, 31（3）: 853-874.

［124］LI X, LI M, FU J, et al. Leader humility and employee voice: The role of employees' regulatory focus and voice-role conception［J］. Social Behavior and Personality: An International Journal, 2019, 47（6）: 1-12.

［125］LIANG J, FARH C I C, FARH J-L. Psychological antecedents of promotive and prohibitive voice: A two-wave examination［J］. Academy of Management Journal, 2012, 55（1）: 71-92.

［126］LIAO S, ZHOU X, GUO Z, et al. How does leader narcissism influence employee voice: The attribution of leader impression management and leader-member exchange［J］. International Journal of Environmental Research and Public Health, 2019, 16（10）: 1819.

［127］LIDEN R C, WAYNE S J, BRADWAY L K. Task interdependence as a moderator of the relation between group control and performance［J］. Human Relations, 1997, 50（2）169-181.

［128］LIN S-H J, JOHNSON R E. A suggestion to improve a day keeps your depletion away: Examining promotive and prohibitive voice behaviors within a regulatory focus and ego depletion framework［J］. Journal of Applied

Psychology, 2015, 100（5）: 1381-1397.

　　[129] LIN W-L, TSAI P-H, LIN H-Y, et al. How does emotion influence different creative performances ? The mediating role of cognitive flexibility [J]. Cognition & Emotion, 2014, 28（5）: 834-844.

　　[130] LIN X S, CHEN Z X, TSE H H M, et al. Why and when employees like to speak up more under humble leaders? The roles of personal sense of power and power distance [J]. Journal of Business Ethics, 2019, 158（4）: 937-950.

　　[131] LIU W, MAO J, CHEN X. Leader humility and team innovation: Investigating the substituting role of task interdependence and the mediating role of team voice climate [J]. Frontiers in Psychology, 2017（8）: 1115.

　　[132] LIU W, SONG Z, LI X, et al. Why and when leaders' affective states influence employee upward voice [J]. Academy of Management Journal, 2017, 60（1）: 238-263.

　　[133] LIU W, ZHU R, YANG Y. I warn you because I like you: Voice behavior, employee identifications, and transformational leadership [J]. The Leadership Quarterly, 2010, 21（1）: 189-202.

　　[134] LIU X, ZHU Z, LIU Z, et al. The influence of leader empowerment behaviour on employee creativity [J]. Management Decision, 2020, 58（12）: 2681-2703.

　　[135] LORD R G, EPITROPAKI O, FOTI R J, et al. Implicit leadership theories, implicit followership theories, and dynamic processing of leadership information [J]. Annual Review of Organizational Psychology and Organizational Behavior, 2020, 7（1）: 49-74.

　　[136] LORD R G, MAHER K J. Cognitive theory in industrial and organizational psychology [J]. Handbook of Industrial and Organizational Psychology, 1991（2）: 1-62.

　　[137] MACKINNON D P, LOCKWOOD C M, WILLIAMS J. Confidence

limits for the indirect effect: Distribution of the product and resampling methods [J]. Multivariate Behavioral Research, 2004, 39 (1): 99–128.

[138] MADRID H P. Emotion regulation, positive affect, and promotive voice behavior at work [J]. Frontiers in Psychology, 2020 (11): 1739.

[139] MAITLIS S, CHRISTIANSON M. Sensemaking in organizations: Taking stock and moving forward [J]. Academy of Management Annals, 2014, 8 (1): 57–125.

[140] MARTIN M M, ANDERSON C M. The cognitive flexibility scale: Three validity studies [J]. Communication Reports, 1998, 11 (1): 1–9.

[141] MARTIN M M, RUBIN R B. A new measure of cognitive flexibility [J]. Psychological Reports, 1995, 76 (2): 623–626.

[142] MATTA F K, SCOTT B A, KOOPMAN J, et al. Does seeing "eye to eye" affect work engagement and organizational citizenship behavior? A role theory perspective on LMX agreement [J]. Academy of Management Journal, 2015, 58 (6): 1686–1708.

[143] MATTINGLY B A, MCINTYRE K P, KNEE C R, et al. Implicit theories of relationships and self–expansion: Implications for relationship functioning [J]. Journal of Social and Personal Relationships, 2019, 36 (6): 1579–1599.

[144] MAYNES T D, PODSAKOFF P M. Speaking more broadly: An examination of the nature, antecedents, and consequences of an expanded set of employee voice behaviors [J]. Journal of Applied Psychology, 2014, 99 (1): 87–112.

[145] MCCABE D M, LEWIN D. Employee voice: A human resource management perspective [J]. California Management Review, 1992, 34 (3): 112–123.

[146] MILES M B, HUBERMAN A M. Qualitative data analysis: An expanded sourcebook [M]. Sage, 1994.

［147］MILLER E K, COHEN J D. An integrative theory of prefrontal cortex function［J］. Annual Review of Neuroscience, 2001, 24（1）: 167–202.

［148］MILLIKEN F J, MORRISON E W, HEWLIN P F. An exploratory study of employee silence: Issues that employees don't communicate upward and why［J］. Journal of Management Studies, 2003, 40（6）: 1453–1476.

［149］MISCHEL W, SHODA Y. A cognitive–affective system theory of personality: Reconceptualizing situations, dispositions, dynamics, and invariance in personality structure ［J］. Psychological Review, 1995, 102（2）: 246–268.

［150］MORRISON E W, WHEELER–SMITH S L, KAMDAR D. Speaking up in groups: A cross–level study of group voice climate and voice［J］. Journal of Applied Psychology, 2011, 96（1）: 183–191.

［151］MORRISON E W. Employee Voice and Silence［J］. Annual Review of Organizational Psychology and Organizational Behavior, 2014, 1（1）: 173–197.

［152］MORRISON E W. Employee voice behavior: Integration and directions for future research［J］. Academy of Management Annals, 2011, 5（1）: 373–412.

［153］MOWBRAY P K, WILKINSON A, TSE H H. An integrative review of employee voice: Identifying a common conceptualization and research agenda［J］. International Journal of Management Reviews, 2015, 17（3）: 382–400.

［154］MUCHINSKY P M, MONAHAN C J. What is person–environment congruence? Supplementary versus complementary models of fit［J］. Journal of Vocational Behavior, 1987, 31（3）: 268–277.

［155］MULLER B C N, GERASIMOVA A, RITTER S M. Concentrative meditation influences creativity by increasing cognitive flexibility［J］. Psychology of Aesthetics Creativity and the Arts, 2016, 10（3）: 278–286.

［156］NECHANSKA E, HUGHES E, DUNDON T. Towards an integration of employee voice and silence［J］. Human Resource Management Review,

2020, 30（1）: 100674.

［157］NESTLER S, HUMBERG S, SCHöNBRODT F D. Response surface analysis with multilevel data: Illustration for the case of congruence hypotheses ［J］. Psychological Methods, 2019, 24（3）: 291–308.

［158］NEURINGER A. Operant variability: Evidence, functions, and theory［J］. Psychonomic Bulletin & Review, 2002, 9（4）: 672–705.

［159］NG T W H, FELDMAN D C. Employee voice behavior: A meta-analytic test of the conservation of resources framework ［J］. Journal of Organizational Behavior, 2012, 33（2）: 216–234.

［160］NORMAN D A, SHALLICE T. Attention to action［M］. Consciousness and Self–Regulation. Springer, 1986: 1–18.

［161］OFFERMANN L R, COATS M R. Implicit theories of leadership: Stability and change over two decades［J］. The Leadership Quarterly, 2018, 29（4）: 513–522.

［162］OPRINS E A, BOSCH K V D, VENROOIJ W. Measuring adaptability demands of jobs and the adaptability of military and civilians［J］. Military Psychology, 2018, 30（6）: 576–589.

［163］PARK C L, GEORGE L S. Assessing meaning and meaning making in the context of stressful life events: Measurement tools and approaches［J］. The Journal of Positive Psychology, 2013, 8（6）: 483–504.

［164］PARKER L E. When to fix it and when to leave: Relationships among perceived control, self–efficacy, dissent, and exit［J］. Journal of Applied Psychology, 1993, 78（6）: 949–959.

［165］PARKER S K, BINDL U K, STRAUSS K. Making things happen: A model of proactive motivation［J］. Journal of Management, 2010, 36（4）: 827–856.

［166］PEARCE J L , GREGERSEN H B . Task interdependence and extrarole behavior: A test of the mediating Effects of Felt Responsibility［J］.

Journal of Applied Psychology, 1991, 76 (6): 838–844.

[167] PENG G–L. The effect of ambidextrous leadership on employee voice: A moderated mediation model [J]. Social Behavior and Personality, 2020, 48 (10): 1–11.

[168] PENG J, WANG Z, CHEN X. Does self–serving leadership hinder team creativity? A moderated dual–path model [J]. Journal of Business Ethics, 2019, 159 (2): 419–433.

[169] RAGINS B R, VERBOS A K. Positive relationships in action: Relational mentoring and mentoring schemas in the workplace [C]. Exploring Positive Relationships at Work: Building a Theoretical and Research Foundation, 2007.

[170] RAMAMOORTHY N, FLOOD P C. Individualism/collectivism, perceived task interdependence and teamwork attitudes among Irish blue–collar employees: A test of the main and moderating effects? [J]. Human Relations, 2004, 57 (3): 347–366.

[171] REITAN R, WOLFSON D. Reitan neuropsycholgical test battery: Therapy and clinical interpretation [M]. The Halstead–Tucson, AZ: Neuropsychological Press, 1985.

[172] RENDE B. Cognitive flexibility: Theory, assessment, and treatment [J]. Semin Speech Lang, 2000, 21 (2): 121–153.

[173] ROBERT V, VANDENBERGHE C. Laissez–faire leadership and affective commitment: The roles of leader–member exchange and subordinate relational self–concept [J]. Journal of Business and Psychology, 2021, 36 (4): 533–551.

[174] ROCKSTUHL T, DULEBOHN J H, ANG S, et al. Leader–member exchange (LMX) and culture: A meta–analysis of correlates of LMX across 23 countries [J]. Journal of Applied Psychology, 2012, 97 (6): 1097–1130.

[175] SHERMAN S J, JUDD C M, PARK B. Social cognition [J]. Annual

Review of Psychology, 1989, 40（1）: 281–326.

［176］SLUSS D M, ASHFORTH B E. How relational and organizational identification converge: Processes and conditions［J］. Organization Science, 2008, 19（6）: 807–823.

［177］SLUSS D M, ASHFORTH B E. Relational identity and identification: Defining ourselves through work relationships［J］. Academy of Management Review, 2007, 32（1）: 9–32.

［178］SLUSS D M, PLOYHART R E, COBB M G, et al. Generalizing newcomers' relational and organizational identifications: Processes and prototypicality［J］. Academy of Management Journal, 2012, 55（4）: 949–975.

［179］SOK K M, SOK P, TSARENKO Y, et al. How and when frontline employees' resilience drives service–sales ambidexterity: The role of cognitive flexibility and leadership humility［J］. European Journal of Marketing, 2021, 55（11）: 2965–2987.

［180］SOMECH A, DESIVILYA H S, LIDOGOSTER H. Team conflict management and team effectiveness: The effects of task interdependence and team identification［J］. Journal of Organizational Behavior: The International Journal of Industrial, Occupational and Organizational Psychology and Behavior, 2009, 30（3）: 359–378.

［181］SONENSHEIN S. We're changing—Or are we? Untangling the role of progressive, regressive, and stability narratives during strategic change implementation［J］. Academy of Management Journal, 2010, 53（3）: 477–512.

［182］SPIRO R J. Cognitive flexibility theory: Advanced knowledge acquisition in ill–structured domains［J］. Center for the Study of Reading Technical Report no 441, 1988.

［183］SU R, MURDOCK C, ROUNDS J. Person–environment fit［C］// Hartung P J , Savickas M L, Walsh W B,（eds.）. APA Handbook of Career Intervention, Volume 1: Foundations. Washington: American Psychological

Association, 2015.

[184] SUNBUL Z A. Mindfulness, positive affection and cognitive flexibility as antecedents of trait resilience [J]. Studia Psychologica, 2020, 62 (4): 277–290.

[185] SUSSKIND A M, KACMAR K M, BORCHGREVINK C P. Customer service providers' attitudes relating to customer service and customer satisfaction in the customer–server exchange [J]. Journal of Applied Psychology, 2003, 88 (1): 179–187.

[186] SWAAB R I, SCHAERER M, ANICICH E M, et al. The too–much– talent effect: Team interdependence determines when more talent is too much or not enough [J]. Psychological Science, 2014, 25 (8): 1581–1591.

[187] SY T. What do you think of followers? Examining the content, structure, and consequences of implicit followership theories [J]. Organizational Behavior and Human Decision Processes, 2010, 113 (2): 73–84.

[188] TAKEUCHI R, CHEN Z, CHEUNG S Y. Applying uncertainty management theory to employee voice behavior: An integrative investigation [J]. Personnel Psychology, 2012, 65 (2): 283–323.

[189] TANGIRALA S, KAMDAR D, VENKATARAMANI V, et al. Doing right versus getting ahead: The effects of duty and achievement orientations on employees' voice [J]. Journal of Applied Psychology, 2013, 98 (6): 1040–1050.

[190] TANGIRALA S, RAMANUJAM R. Exploring nonlinearity in employee voice: The effects of personal control and organizational identification [J]. Academy of Management Journal, 2008, 51 (6): 1189–1203.

[191] TEPPER B J, MOSS S E, DUFFY M K. Predictors of abusive supervision: Supervisor perceptions of deep–level dissimilarity, relationship conflict, and subordinate performance [J]. Academy of Management Journal, 2011, 54 (2): 279–294.

参考文献

［192］THOMAS G, MARTIN R, EPITROPAKI O, et al. Social cognition in leader-follower relationships: Applying insights from relationship science to understanding relationship-based approaches to leadership［J］. Journal of Organizational Behavior, 2013, 34（S1）: S63-S81.

［193］TIBSHIRANI R J, EFRON B. An introduction to the bootstrap［J］. Monographs on Statistics and Applied Probability, 1993（57）: 1-436.

［194］TOTTERDELL P. Catching moods and hitting runs: Mood linkage and subjective performance in professional sport teams［J］. Journal of Applied Psychology, 2000, 85（6）: 848-859.

［195］TSAI C-Y, DIONNE S D, WANG A-C, et al. Effects of relational schema congruence on leader-member exchange［J］. The Leadership Quarterly, 2017, 28（2）: 268-284.

［196］TSE H H M, TROTH A C, ASHKANASY N M, et al. Affect and leader-member exchange in the new millennium: A state-of-art review and guiding framework［J］. The Leadership Quarterly, 2018, 29（1）: 135-149.

［197］TSE H H M, TROTH A C, ASHKANASY N M. Leader—Member exchange and emotion in organizations［M］. //Bauer T N, Erdogan B, (eds.). The Oxford handbook of leader-member exchange. New York, NY, US: Oxford University Press, 2016.

［198］TSUI A S, FARH J-L L. Where guanxi matters［J］. Work and Occupations, 2016, 24（1）: 56-79.

［199］TSUI A S, FARH J-L, XIN K R. Guanxi in the Chinese context［C］// Li J T, Tsui A S, Weldon E, (eds.). Management and organizations in the Chinese context. London: Palgrave Macmillan, 2000: 225-244.

［200］UHL-BIEN M, CARSTEN M. Chapter 9 Reversing the Lens in Leadership: Positioning Followership in the Leadership Construct［C］// Katz, I., Eilam-Shamir G, Kark R, Berson Y (eds.), Leadership Now: Reflections on the Legacy of Boas Shamir. Bingley: Emerald Publishing Limited, 2018:

195-222.

［201］UHLMANN E L, LEAVITT K, MENGES J I, et al. Getting explicit about the implicit: A taxonomy of implicit measures and guide for their use in organizational research［J］. Organizational Research Methods, 2012, 15（4）: 553-601.

［202］VAKOLA M, BOURADAS D. Antecedents and consequences of organisational silence: An empirical investigation［J］. Employee Relations, 2005, 27（5）: 447-458.

［203］VAN DE VEN A H, DELBECQ A L, KOENIG J R. Determinants of coordination modes within organizations［J］. American Sociological Review, 1976, 41（2）: 322-338.

［204］VAN DER VEGT G S, EMANS B J, VAN DE VLIERT E. Patterns of interdependence in work teams: A two-level investigation of the relations with job and team satisfaction［J］. Personnel Psychology, 2001, 54（1）: 51-69.

［205］VAN DYNE L V, ANG S, BOTERO I C. Conceptualizing employee silence and employee voice as multidimensional constructs［J］. Journal of Management Studies, 2003, 40（6）: 1359-1392.

［206］VAN DYNE L, LEPINE J A. Helping and voice extra-role behaviors: Evidence of construct and predictive validity［J］. Academy of Management Journal, 1998, 41（1）: 108-119.

［207］VAN KNIPPENBERG D, VAN KLEEF G A. Leadership and affect: Moving the hearts and minds of followers［J］. Academy of Management Annals, 2016, 10（1）: 799-840.

［208］VAN VIANEN A E M. Person-environment fit: A review of its basic tenets［J］. Annual Review of Organizational Psychology and Organizational Behavior, 2018, 5（1）: 75-101.

［209］VAN VIANEN A E, SHEN C T, CHUANG A. Person-organization and person-supervisor fits: Employee commitments in a Chinese context［J］.

Journal of Organizational Behavior, 2011, 32（6）: 906–926.

［210］VENKATARAMANI V, ZHOU L, WANG M, et al. Social networks and employee voice: The influence of team members' and team leaders' social network positions on employee voice［J］. Organizational Behavior and Human Decision Processes, 2016（132）: 37–48.

［211］VOGEL R M, RODELL J B, LYNCH J W. Engaged and productive misfits: How job crafting and leisure activity mitigate the negative effects of value incongruence［J］. Academy of Management Journal, 2016, 59（5）: 1561–1584.

［212］WAGEMAN R, GORDON F M. As the twig is bent: How group values shape emergent task interdependence in groups［J］. Organization Science, 2005, 16（6）: 687–700.

［213］WAGEMAN R. How leaders foster self-managing team effectiveness: Design choices versus hands-on coaching［J］. Organization Science, 2001, 12（5）: 559–577.

［214］WALUMBWA F O, SCHAUBROECK J. Leader personality traits and employee voice behavior: Mediating roles of ethical leadership and work group psychological safety［J］. Journal of Applied Psychology, 2009, 94（5）: 1275–1286.

［215］WANG A C, HSIEH H H, TSAI C Y, et al. Does value congruence lead to voice? Cooperative voice and cooperative silence under team and differentiated transformational leadership［J］. Management and Organization Review, 2012, 8（2）: 341–370.

［216］WANG H, LAW K S, HACKETT R D, et al. Leader-member exchange as a mediator of the relationship between transformational leadership and followers' performance and organizational citizenship behavior［J］. Academy of Management Journal, 2005, 48（3）: 420–432.

［217］WANG Y F, ZHENG Y L, ZHU Y. How transformational leadership influences employee voice behavior: The roles of psychological capital and organizational identification [J]. Social Behavior and Personality, 2018, 46 (2): 313-322.

[218] WANG Z, XU S, SUN Y, et al. Transformational leadership and employee voice: An affective perspective [J]. Frontiers of Business Research in China, 2019, 13 (1): 1-14.

[219] WARD A-K, RAVLIN E C, KLAAS B S, et al. When do high-context communicators speak up? Exploring contextual communication orientation and employee voice [J]. Journal of Applied Psychology, 2016, 101 (10): 1498-1511.

[220] WEBER R, CROCKER J. Cognitive processes in the revision of stereotypic beliefs [J]. Journal of Personality and Social Psychology, 1983, 45 (5): 961-977.

[221] WEI X, ZHANG Z X, CHEN X P. I will speak up if my voice is socially desirable: A moderated mediating process of promotive versus prohibitive voice [J]. Journal of Applied Psychology, 2015, 100 (5): 1641-1652.

[222] WEICK K E. The collapse of sensemaking in organizations: The mann gulch disaster [J]. Administrative Science Quarterly, 1993, 38 (4): 628-652.

[223] WEISS H M, CROPANZANO R. Affective events theory [J]. Research in Organizational Behavior, 1996, 18 (1): 1-74.

[224] WEISS M, KOLBE M, GROTE G, et al. We can do it! Inclusive leader language promotes voice behavior in multi-professional teams [J]. Leadership Quarterly, 2018, 29 (3): 389-402.

[225] WIJAYA N H S. Proactive personality, LMX, and voice behavior: Employee-supervisor sex (Dis) similarity as a moderator [J]. Management Communication Quarterly, 2018, 33 (1): 86-100.

［226］WU T Y, LIU Y F, HUA C Y, et al. Too unsafe to voice? Authoritarian leadership and employee voice in Chinese organizations［J］. Asia Pacific Journal of Human Resources, 2020, 58（4）: 527–554.

［227］WU W, QU Y Z, ZHANG Y H, et al. Needs frustration makes me silent: Workplace ostracism and newcomers' voice behavior［J］. Journal of Management & Organization, 2019, 25（5）: 635–652.

［228］WU W, TANG F, DONG X, et al. Different identifications cause different types of voice: A role identity approach to the relations between organizational socialization and voice［J］. Asia Pacific Journal of Management, 2015, 32（1）: 251–287.

［229］XU M Y, QIN X, DUST S B, et al. Supervisor–subordinate proactive personality congruence and psychological safety: A signaling theory approach to employee voice behavior［J］. Leadership Quarterly, 2019, 30（4）: 440–453.

［230］YU K Y T. A motivational model of person–environment fit: Psychological motives as drivers of change［C］// Kristof-Brown A L, Billsberry J（eds.）. Organizational Fit: Key Issues and New Directions. Wiley Blackwell, 2013.

［231］YUAN C Q, WANG Y F, HUANG W Y, et al. Can coaching leadership encourage subordinates to speak up? Dual perspective of cognition–affection［J］. Leadership & Organization Development Journal, 2019, 40（4）: 485–498.

［232］ZHANG G, INNESS M. Transformational leadership and employee voice: A model of proactive motivation［J］. Leadership & Organization Development Journal, 2019, 40（7）: 777–790.

［233］ZHANG Q H, HU H H, WANG C J. Negative mood and employee voice: The moderating role of leadership［J］. Social Behavior and Personality, 2020, 48（1）: 1–10.

［234］ZHANG Z D, ZHANG L, ZHENG J W, et al. Supervisor developmental feedback and voice: Relationship or affect, which matters?［J］. Frontiers in

Psychology, 2019（10）：1755.

［235］ZHOU J, GEORGE J M. When job dissatisfaction leads to creativity: Encouraging the expression of voice［J］. Academy of Management Journal, 2001, 44（4）：682–696.

［236］ZHOU X, SCHRIESHEIM C A. Quantitative and qualitative examination of propositions concerning supervisor–subordinate convergence in descriptions of leader–member exchange（LMX）quality［J］. The Leadership Quarterly, 2010, 21（5）：826–843.

［237］ZHU Y H, WU J. Does charismatic leadership encourage or suppress follower voice? The moderating role of challenge–hindrance stressors［J］. Asian Business & Management, 2020（1）：1–26.

［238］柏帅蛟，井润田，李璞，等.匹配研究中使用响应面分析的方法［J］.管理评论，2018, 30（3）：161–170.

［239］蔡松纯，郑伯埙，周丽芳，等.领导者上下关系认定与部属利社会行为：权力距离之调节效果［J］.中华心理学刊，2009, 51（1）：121–138.

［240］蔡松纯，郑伯埙，周丽芳.领导者与部属上下关系认定之理论模式建构［J］.中华心理学刊，2015, 57（2）：121–144.

［241］蔡松纯.领导者与部属上下关系认定之模式建构及其影响效果［D］.台北：台湾大学，2012.

［242］曹科岩，李宗波.心理契约破坏与员工建言行为的关系：领导成员交换的调节作用［J］.心理科学，2016, 39（3）：644–650.

［243］陈怀杰，李弘晖，郭建志，等.道德领导与员工建言行为：情感信任与团队成员关系冲突知觉的中介角色研究［J］.人力资源管理学报，2018, 18（2）：69–97.

［244］陈建，时勘.基于整合视角的员工建言行为研究评述［J］.管理评论，2017, 29（9）：215–228.

［245］陈靖枫.成人依附风格与领导者与部属上下关系认定：心理传

统性与现代性之调节效果［D］.台北：台北教育大学，2018.

［246］陈倩倩，樊耘，张旭，等.领导者信息共享与集体主义对员工促进性建言的影响机制研究［J］.管理学报，2017，14（10）：1523–1531.

［247］陈文平，段锦云，田晓明.员工为什么不建言：基于中国文化视角的解析［J］.心理科学进展，2013，21（5）：905–913.

［248］程兆谦，张德.基于过程视角的群体内冲突研究［J］.技术经济与管理研究，2006（4）：17–19.

［249］仇璐昱，陈彩燕，李静，等.情绪及情绪调节策略对认知灵活性的影响［J］.中国健康心理学杂志，2015，23（3）：421–425.

［250］代毓芳，张向前，郑文智.上下级之间应该存在何种关系？上下级关系图式［J］.心理科学进展，2022，30（1）：216–269.

［251］段锦云，黄彩云.个人权力感对进谏行为的影响机制：权力认知的视角［J］.心理学报，2013，45（2）：217–230.

［252］段锦云，施嘉逸，凌斌.高承诺组织与员工建言：双过程模型检验［J］.心理学报，2017，49（4）：539–553.

［253］段锦云，肖君宜，夏晓彤.变革型领导，团队建言氛围和团队绩效：创新氛围的调节作用［J］.科研管理，2017，38（4）：76–83.

［254］段锦云，张倩，黄彩云.建言角色认同及对员工建言行为的影响机制研究［J］.南开管理评论，2015，18（5）：65–74+150.

［255］范晓倩，于斌，曹倩.时间压力对员工创造力的影响机制研究［J］.广东财经大学学报，2020，35（3）：44–56.

［256］范晓倩，于斌.绩效压力如何促进员工创造力——领导—成员交换的调节作用［J］.上海财经大学学报，2021，23（2）：108–120.

［257］冯蛟，罗文豪，徐奇，等.领导者—员工关系类型及对员工创新行为的影响［J］.管理科学，2019，32（5）：60–74.

［258］付博，于桂兰，梁潇杰.上下级关系实践对员工工作绩效的"双刃剑"效应：一项跨层次分析［J］.科研管理，2019，40（8）：273–283.

［259］顾琴轩，周珍珍，戴芳.团队关系冲突对共享领导的影响研究：一个被调节的中介模型［J］.华南师范大学学报（社会科学版），2018，（3）：48-56.

［260］贾明媚，张靓婷，王琼.领导风格与员工建言：基于双向信任的视角［J］.科研管理，2020，41（3）：238-246.

［261］郭晓薇，范伟.基于整合构念的中国情境下员工上下级关系量表开发与检验［J］.管理学报，2018，15（1）：20-29.

［262］郭晓薇，李成彦.中国人的上下级关系：整合构念的建立与初步检验［J］.管理学报，2015，12（2）：167-177.

［263］韩翼，肖素芳，龚鹏飞.基于说服理论的员工建言与领导纳谏研究［J］.管理学报，2020，17（4）：509-517.

［264］何瑞枝，蔡启通.不当督导与员工建言行为：建言效能的中介与政治技能的调节效果［J］.管理学报，2018，35（3）：355-382.

［265］何瑞枝，蔡启通.主管神经质对与共建言行为的影响：情绪耗竭、自我效能与情绪调节的调节式中介模型［J］.人力资源管理学报，2017，17（3）：33-57.

［266］洪赞凯，严之好.社会影响观点探讨建言行为的有效影响途径：情感型信任及知觉同事网络中心性的调节效果［J］.人力资源管理学报，2017，17（4）：91-113.

［267］胡恩华，韩明燕，单红梅，等.工会实践能促进员工建言吗？——计划行为理论的视角［J］.外国经济与管理，2019，41（5）：88-100.

［268］胡国栋，陈宇曦.儒家礼治秩序与中国组织的领导纳谏行为［J］.学术研究，2020（8）：89-97+177.

［269］胡瑞，冯燕，孙山.认知灵活性对大学生创业意向的影响机制：基于链式中介效应的实证研究［J］.教育发展研究，2020，40（9）：78-84.

［270］胡晓娣.知识型员工建言行为的影响机制研究［D］.上海：复旦大学，2011.

［271］黄光国.人情与面子：中国人的权力游戏［M］//黄光国，胡先缙.人情与面子：中国人的权力游戏.北京：中国人民大学出版社，2010：1-44.

［272］纪乃文，李学佳.员工为何建言？探讨员工利社会动机与印象管理动机对建言行为的影响：求成型焦点、情感性组织承诺与公民行为压力的干扰效果［J］.管理学报，2018，35（1）：1-25.

［273］姜定宇，郑伯壎.华人差序式领导的本质与影响历程［J］.本土心理学研究，2014（42）：285-357.

［274］姜定宇.华人部属与主管关系、主管忠诚及其后续结果：一项两阶段研究［D］.台北：台湾大学，2005.

［275］井辉.包容性领导和领导距离对员工建言行为的影响——社会交换和社会认知视角的研究［J］.技术经济与管理研究，2017（8）：58-61.

［276］孔茗，袁悦，钱小军."看好"与"做好"：内隐原型交互对员工行为的影响［J］.科学学与科学技术管理，2019，40（1）：165-180.

［277］赖凤仪，林钲棽，陈晓玲，等.主管与同事关系品质对建言行为的非线性关系：心理安全知觉的中介角色［J］.人力资源管理学报，2016，16（3）：1-28.

［278］李澄锋，田也壮.领导排斥对员工建言行为的影响及作用机制［J］.中国管理科学，2017，25（8）：175-183.

［279］李方君，陈晨.员工建言发生和领导者建言采纳：权力感的视角［J］.中国人力资源开发，2020，37（7）：119-134.

［280］李方君，钟旭朋.促进型和抑制型建言的差异［J］.心理科学进展，2020，28（11）：1939-1952.

［281］李海，熊娟，朱金强.情绪对个体创造力的双向影响机制——基于阴阳观的视角［J］.经济管理，2016，38（10）：100-113.

［282］李嘉.任务互依性对员工建言行为的影响研究：人格特质的调节作用［J］.学海，2019（3）：176-182.

［283］李树文，罗瑾琏，梁阜.领导与下属性别匹配视角下权力距离一致与内部人身份认知对员工建言的影响［J］.管理学报，2020，17（3）：365-373.

［284］李树文，罗瑾琏.领导—下属情绪评价能力一致与员工建言：内部人身份感知与性别相似性的作用［J］.心理学报，2020，52（9）：1121-1131.

［285］李想，时勘，万金，等.伦理型领导对基层公务员建言与沉默行为的影响机制——资源保存和社会交换视角下的中介调节模型［J］.软科学，2018，32（1）：78-82.

［286］李燕萍，郑馨怡，刘宗华.基于资源保存理论的内部人身份感知对员工建言行为的影响机制研究［J］.管理学报，2017，14（2）：196-204.

［287］李正卫，戴丽华，王飞绒，等.领导积极幽默如何影响员工创造力：来自浙江IT企业的实证研究［J］.浙江大学学报（人文社会科学版），2021，51（5）：183-196.

［288］刘超，刘军，陈星汶，等.本土组织情境下上下级匹配模型的构建与探讨［J］.中国人力资源开发，2020，37（3）：58-77.

［289］刘顿，古继宝.领导发展性反馈、员工工作卷入与建言行为：员工情绪智力调节作用［J］.管理评论，2018，30（3）：128-139.

［290］刘海洋，刘圣明，王辉，等.领导与下属权力距离一致性对下属工作绩效的影响及其机制［J］.南开管理评论，2016，19（5）：55-65.

［291］刘娜婷，蔡秉毅，陈淑贞，等.利社会动机、建言行为与LMX之关联性分析：探讨政治技巧的调节角色［J］.人力资源管理学报，2016，16（4）：1-25.

［292］刘文钦.权力距离与员工建言意愿的关系研究——家庭环境、学校环境与工作环境的视角［J］.上海管理科学，2018，40（2）：47-53.

［293］刘翔平，郭文静，邓衍鹤.关系图式的理论发展及其实践意义［J］.北京师范大学学报（社会科学版），2016（4）：12-19.

［294］卢红旭，段锦云，刘艳彬.建言行为的理论机制及未来研究展望［J］.心理科学，2020，43（5）：1235-1242.

［295］卢红旭，周帆，吴挺，等.工作压力对建设型和防御型建言的差异影响［J］.心理学报，2019，51（12）：1375-1385.

［296］罗瑾琏，韩杨，钟竞.群体交互记忆系统成因机制研究［J］.管理学报，2015，12（1）：80-87.

［297］罗瑾琏，胡文安，钟竞.悖论式领导、团队活力对团队创新的影响机制研究［J］.管理评论，2017，29（7）：122-134.

［298］罗瑾琏，赵莉，钟竞.双元领导对员工创新行为的影响机制研究［J］.预测，2016，35（4）：1-7.

［299］罗兴鹏，张向前.正向领导对员工建言行为的跨层次影响：自我验证视角［J］.预测，2018，37（3）：7-14.

［300］罗兴鹏，张向前.正向领导对员工抑制性建言的跨层次影响［J］.科技进步与对策，2019，36（13）：138-144.

［301］马跃如，段伟.领导越包容，团队越高效？包容性领导对团队绩效的影响机制研究［J］.中国人力资源开发，2018，35（7）：44-55.

［302］迈尔斯，休伯曼，芬芬.质性资料的分析：方法与实践［M］.重庆大学出版社，2008.

［303］门一，樊耘，马贵梅.认知－情感要素对员工即兴行为影响机制的研究：一个跨层分析［J］.预测，2016，35（2）：17-22.

［304］牛雄鹰，丁言乔，王亮.包容型领导对企业商业模式创新的影响：基于员工建言视角［J］.预测，2019，38（1）：15-21.

［305］潘亮，杨东涛.代际视角下相对的领导—成员交换关系对员工建言行为的影响研究［J］.管理学报，2020，17（4）：518-526.

［306］彭坚，冉雅璇，康勇军，等.事必躬亲还是权力共享？——内隐追随理论视角下领导者授权行为研究［J］.心理科学，2016，39（5）：1197-1203.

［307］彭坚，王霄.与上司"心有灵犀"会让你的工作更出色吗？——追

随原型一致性、工作投入与工作绩效［J］.心理学报，2016，48（9）：1151-1162.

［308］彭坚，王霄.追随力认知图式：概念解析与整合模型［J］.心理科学，2015，38（4）：822-827.

［309］彭坚，王震，侯楠.你和上司合拍吗？组织中的上下级匹配［J］.心理科学进展，2019，27（2）：370-380.

［310］彭坚，王震.领导者言行一致对下属工作绩效的影响：基于工作与非工作双重情境的研究［J］.中国人力资源开发，2019，36（1）：83-94.

［311］彭坚，王震.做上司的"意中人"：负担还是赋能？追随原型—特质匹配的双刃剑效应［J］.心理学报，2018，50（2）：216-225.

［312］时勘，韩晓燕，郑丹辉，等.组织文化图式观的研究述评［J］.管理学报，2014，11（1）：149-156.

［313］隋杨，张悦，陈琴.上级发展性反馈与员工建言：情绪的中介作用及团队认同感的调节作用［J］.管理评论，2019，31（11）：161-170.

［314］孙健敏，尹奎，李秀凤.同事信任对员工建言行为影响的作用机制研究［J］.软科学，2015，29（11）：93-96.

［315］唐杰，林志扬，莫莉.多项式回归与一致性研究：应用及分析［J］.心理学报，2011，43（12）：1454-1461.

［316］滕修攀，程德俊.创造性团队如何盘活内部智力资源？——领导风格与工作特征对员工建言行为的影响［J］.管理现代化，2019，39（4）：78-81.

［317］王海花，杜梅，孙芹，等.互依性、知识获取与员工创新行为关系研究：一个有调节的中介模型［J］.科技进步与对策，2021，38（5）：134-142.

［318］王磊，邢志杰.权力感知视角下的双元威权领导与员工创新行为［J］.管理学报，2019，16（7）：987-996.

［319］王孟成.潜变量建模与Mplus应用［M］.重庆大学出版社，

2014.

[320]王啸天，陈文平，段锦云.中国背景下员工的面子观及其对建言和沉默行为的影响[J].心理研究，2019，12（3）：233-244+251.

[321]王晓辰，李佳颖，吴颖斐，等.领导人际情绪管理和员工建言的关系：有调节的中介效应分析[J].心理科学，2020，43（1）：158-164.

[322]王艳子，罗瑾琏，史江涛.任务互依性对团队创造力影响机理研究[J].科技进步与对策，2014，31（24）：146-150.

[323]王雁飞，郑立勋，郭子生，等.领导—下属关系图式一致性、信任与行为绩效——基于中国情境的实证研究[J].管理世界，2021，37（7）：162-181+112.

[324]王永跃，葛菁青，柴斌锋.伦理型领导影响员工建言的多重中介效应比较研究[J].心理科学，2017，40（3）：692-698.

[325]王震，许灏颖，宋萌."说话算话"的领导让下属更效忠：中国传统"报"文化视角下的领导言行一致与下属忠诚[J].管理评论，2018，30（4）：106-119.

[326]汪佳，孙健敏.悖论领导如何促进员工创新？认知灵活性与工作重塑的中介作用[J].现代管理科学，2019（8）：87-89.

[327]卫武，倪慧.工作家庭冲突对员工工作行为的影响：基于资源保存理论和身份认同理论的视角[J].管理工程学报，2020，34（1）：25-33.

[328]吴道友，高丽丽，段锦云.工作投入如何影响员工建言：认知灵活性和权力动机的作用[J].应用心理学，2014，20（1）：67-75.

[329]吴佳敏.团队任务特征对团队创造力影响的实证研究[J].经济研究导刊，2019（3）：127-128+132.

[330]吴明隆.问卷统计分析实务：SPSS操作与应用[M].重庆大学出版社，2010.

[331]谢江佩，戴馨，黎常.团队成员权力感知对建言行为的影响研究[J].科研管理，2020，41（7）：201-209.

［332］谢佩儒.双构面差序式领导与部属效能：上下关系认定之调节效果［D］.台北：台湾大学，2015.

［333］忻榕，徐淑英，王辉，等.国有企业的企业文化：对其维度和影响的归纳性分析［M］//徐淑英，刘忠明.中国企业管理的前沿研究.北京大学出版社，2004.

［334］熊文明，余维新，陈传明.基于意义建构—意义给赋理论的学术创业过程研究［J］.管理学报，2021，18（2）：243-252.

［335］徐悦，段锦云，李成艳.仁慈领导对员工建言的影响：自我预防和自我提升的双重路径［J］.心理与行为研究，2017，15（6）：839-845.

［336］徐悦，段锦云，姚香.领导建言期望对员工建言的影响：角色清晰度的调节作用［J］.心理研究，2017，10（6）：51-59.

［337］徐振亭，李鲜苗，罗瑾琏，等.舍己为公打破沉默：自我牺牲型领导对员工建言行为的跨层次影响研究［J］.科学学与科学技术管理，2019，40（8）：141-157.

［338］许为卫，杨光，朱梦茹，等.心理韧性与大学生创造性的关系—认知灵活性的中介作用［J］.中国健康心理学杂志，2019，27（12）：1885-1890.

［339］胥彦，李超平.服务型领导如何影响员工建言？领导信任和消极归因的作用［J］.中国人力资源开发，2018，35（12）：6-17.

［340］阎亮，马贵梅.工作满意或不满意促进建言？——代际差异与PIED的调节效应［J］.管理评论，2018，30（11）：176-185.

［341］杨君琦，毛雯慧.员工与主管适配度、心理赋权与建言行为关系之研究——职场友谊的调节角色［J］.科技与人力教育季刊，2018，5（1）：1-24.

［342］杨中芳.人际关系与人际情感的构念化［J］.本土心理学研究，1999（12）：105-179.

［343］于静静，蒋守芬，赵曙明.冲突管理方式与员工建言行为的关系研究——基于心理安全感和权力距离视角［J］.华东经济管理，2015，

29（10）：168–174.

［344］张潮，安彦名，刘金蕙，等.敬畏情绪对创造力的影响：认知灵活性的中介作用［J］.中国社会心理学评论，2020（2）：153–176+241.

［345］张若勇，刘光建，徐东亮，等.角色期望对员工建言行为的影响：角色身份与传统性的作用［J］.华东经济管理，2016，30（10）：138–146.

［346］张亚军，张金隆，张军伟，等.谦卑型领导与员工抑制性建言的关系研究［J］.管理评论，2017，29（5）：110–119.

［347］张亚军，张军伟，刘汕.领导宽恕对员工建言的影响研究［J］.科研管理，2017，38（11）：66–74.

［348］张亚军，张磊.领导宽恕与员工抑制性建言的关系研究［J］.管理世界，2017（12）：184–185.

［349］张振刚，陈志明，陈力恒.企业开放式创新特征的归纳性分析——基于28家创新型企业的问卷调查［J］.软科学，2014，28（12）：6–9.

［350］章凯，时金京，罗文豪.建言采纳如何促进员工建言：基于目标自组织视角的整合机制［J］.心理学报，2020，52（2）：229–239.

［351］赵红丹.本土研发团队内社会阻抑与团队知识共享［J］.科学学与科学技术管理，2014，35（12）：168–174.

［352］赵佳，罗瑾琏.研发团队共享式领导对创造力的影响——有调节的中介模型［J］.技术经济与管理研究，2020（9）：51–56.

［353］赵可汗，贾良定，蔡亚华，等.抑制团队关系冲突的负效应：一项中国情境的研究［J］.管理世界，2014（3）：119–130.

［354］周建涛，廖建桥.基于社会信息加工理论的谦逊领导对员工工作绩效的作用机制研究［J］.管理学报，2018，15（12）：1789–1798.

［355］周丽芳，姜定宇，郑伯埙.领导者—部属关系认定与利社会组织行为：照顾义务之中介［C］//中国社会心理学会，2008年全国学术大会组委会（编）.2008年全国学术大会论文摘要集，2008.

［356］周宓，于坤，王芙蓉.认知灵活性与个体适应能力：一个交叉

滞后的双向中介模型［J］.中国临床心理学杂志，2021，29（1）：182-186+190.

［357］周婉茹，周丽芳，郑伯埙，等.专权与尚严之辨：再探威权领导的内涵与恩威并济的效果［J］.本土心理学研究，2010，34（2）：223-284.

［358］周晔，黄旭，谢五届.资质过剩感会激发员工建言吗？——基于公平启发视角［J］.管理评论，2020，30（8）：1-12.

［359］朱苏丽，龙立荣，贺伟，等.超越工具性交换：中国企业员工—组织类亲情交换关系的理论建构与实证研究［J］.管理世界，2015（11）：119-134.

附　录

A　开放式问卷调查

1. 您的性别：［单选题］

　○男　　　　　　　○女

2. 您的年龄段：［单选题］

　○ 20 岁以下　　　○ 21~30 岁　　　○ 31~40 岁　　　○ 41~50 岁

　○ 51~60 岁　　　○ 60 岁以上

3. 您的教育程度：［单选题］

　○高中及以下（含职高、中专、中技等）

　○大专　　　　　　○本科　　　　　　○硕士　　　　　　○博士

4. 您的工作单位性质：［填空题］

_____

5. 您目前从事的行业：［填空题］

_____

6. 您的职位层级：［单选题］

　○一般工作人员　　　　　　　　　　○基层管理人员

○中层管理人员 ○高层管理人员

7. 您的任职年限：［填空题］ 单位：年

_____

8. 请问您怎么看待领导与下属之间的关系？您觉得领导与下属之间应该是一种什么样的关系？或者说应该如何相处？［填空题］

_____

_____

_____

9. 您的直属上司又是怎么看待上下级之间的关系的？他觉得领导与下属之间应该如何相处？［填空题］

_____

_____

_____

10. 请回想您向直接上司建言的经历，即针对工作中的相关问题，您想到一个有价值的观点、建议，或者一分担忧，您认为它对于公司的发展比较重要，能够改善组织现有的运作，如果不这样做，可能会对公司不利，或者失去很好的机会。因此您将这个观点，建议或者担忧向您的直接上司进行了反映或者汇报。

请举例说明该建言的具体情境。简要描述您是如何向领导建言的，包括建言方式、建言的内容、原因以及领导反应。［填空题］

可用讲故事的形式。

_____

_____

_____

B　质性研究文本信息和编码结果

范畴	标签	原始案例文本（节选）	条目数
A1 建言议题敏感性	AA2 触动或影响领导利益	B007 这是去年的一个工作上出现的问题，当时我的直属上司正处于年度考核，如果我把发现的问题向上司反映，怕他为难和影响他的考评，因此，衡量再三，还是决定不汇报	7
	AA3 影响触犯他人或部门利益	B008 但考虑到我的建议可能会招致一些的强烈反感，领导要平衡各方面的关系也很为难，所以进行了保留，一直没向分管领导提起自己的这个想法	5
A2 建言内容合理性	AA7 超出工作职责范围	B012 最后，我只是在审核相关凭证的时候发现的，这个数据本身跟我们部门没有关系，如果说了我怕别人觉得我多管闲事	2
	AA6 建言实施难度较大	B046 这个观点涉及的不仅仅是我自己所在的部门，要不算少数的部门一起努力配合，协调难度较大。实施起来应该有很大的阻力	4
	AA5 建议想法不够成熟完善	B048 我自己仅仅是对这个有点了解，有自己的看法，但是没有经过深入的思考和严密的测试，所以可以说是一个不成熟的观点	10
	AA8 问题不大没必要向上级汇报	B045 我本来打算说出来的，但是我思前想后，犹豫了非常久，心里想如果我不说，应该也不会有什么问题出现吧	2
A3 建言时机不合适	AA10 顾虑建言时机可能不合适	B044 我觉得现在不是向领导建言的最佳时机，我觉得起码要等事情走向不好的局面的时候我再去向领导说明，雪中送炭的话领导更加容易接受我的提议，这时候既能解决问题，又可以给领导留下一个好的印象，获得领导的好感	2

范畴	标签	原始案例文本（节选）	条目数
A4 预期领导拒绝	AA1 预期会遭到拒绝	B050 自己有担忧都不敢给领导说，因为说了领导也不会采纳	4
A5 畏惧领导权威	AA4 不敢挑战权威怕得罪领导	B034 领导一般都想树立自己的权威，我不敢挑战权威	6
A6 顾虑领导面子	AA9 顾虑领导面子和感受	B038 我可不想打领导的脸，让领导难堪，所以选择不说	12
A7 风险规避	AA11 工作不安全风险	B034 我怕提了建议以后领导给我穿小鞋，在以后的工作中给我设置障碍，我不愿意当枪打出头鸟的那一个	16
	AA12 拒谏风险	B049 我害怕被拒绝	11
	AA13 人际交往风险	B001 我担心的是我的建议会使上司反感我、敌对我	38
	AA14 建言失误风险	B031 并且在这个过程中很担心自己做错了，因为自己提出的建议反而导致了更大的损失	4
	AA15 心理不确定性	B048 这个观点只是一种可能性，有可能成功，有可能失败，有可能有效，有可能无效	13
A8 扁平化结构	AA16 扁平化模式畅所欲言	B052 我们的团队是扁平化模式所以大家都有什么说什么不存在问题不暴露	1
A9 工作环境不确定性	AA17 企业或部门正处于变动或调整期	B017 还有一方面原因就是，当时企业正处在改制时期，很多项目正在进行调整，包括人事任命，我的直属上司也在面临人事调动的可能性	6
A10 促进型建言	AA18 突破工作难题	B043 我们团队在支行乃至部门都处在一个有点尴尬的地位。本来，我们银行是随着国际结算业务起家的。近年来，来自他行的竞争越来越激烈，价格战打得响，业务推进却举步维艰。我心里是很想对此做些什么	8
	AA19 优化工作或提升效率	B022 向领导提供过一个改变报表方式的建议，是这样的，以前收集的统计报表都是乡镇统计员填写纸质报表，报给我们纸质表，我们再一个一个录入电脑中进行分项汇总，但是这样容易出错，因为涉及的乡镇比较多，而且指标分类特别多，特别容易出错，出错了也不好找是哪里的错误	36

范畴	标签	原始案例文本（节选）	条目数
A10 促进型建言	AA20 保障顺利正常地完成工作	B006 在工作过程中，为了让我们承接的一个项目快速完成，我向领导提出了团队成员组成的建议，我当时建议外聘专业人才特别是这个项目核心技术人才	13
A11 抑制型建言	AA21 纠正领导错误或弥补领导忽视问题	A063 当时是有收到一个案子，案件情况比较复杂，涉及的人物也比较多。领导在处理案件时，因为数据过于繁杂，有一个关键人物没有了解到，所以有一些差错，可能会导致一个比较严重的后果	22
	AA22 发现现有工作漏洞和问题	A042 我们公司当时在做一个非常大的项目，在项目的进行过程中，我发现这个项目中存在一个漏洞，这个漏洞可能给这个项目带来不可挽回的损失	30
	AA23 发现工作潜在问题或风险	A059 在上个月，我对公司现有的供应链不够稳定的情况进行反映，我认为这种情况会给公司的运营带来比较大的风险，导致公司可能在接下来的一段时间出现产品供应过量的情况，从而出现产品积压	11
A12 下属直言行为	AA24 遭受拒绝或怀疑后再次建言	B021 在我们再三提议下，他决定亲自去对方实地考察一下	14
	AA25 员工对领导有话直说勇于建言	B009 对于建言，我的心理负担不会很重	18
A13 亲组织动机	AA26 促进公司发展	B042 更加利于公司整体发展和创新	34
	AA27 防止公司利益损失	B017 不让企业受损失	28
	AA28 促进维护公司形象	B012 如果之前还有相同情形的人完全可以找公司，不利于公司的形象	4
A14 亲社会动机	AA29 改善工作环境设施	A065 我会向领导提出改善一下员工的生活条件，添加一些基础健身设施，供员工在工作之余放松自己	6

范畴	标签	原始案例文本（节选）	条目数
A14 亲社会动机	AA30 改善工作制度	A057 记得是去年我们部门薪酬体制改革，我认为考核体制还是倾向老员工，对新员工并不是十分公平，于是写了一份改革建议的书面材料，在领导不忙的时候，小心翼翼地和他说明了事情的经过	7
	AA31 改善工作待遇	B042 我认为公司还应该给加班的员工提供宵夜补给，可以是一些甜品或一些小吃之类的，另加上一些茶水或饮料	9
	AA32 改善团队氛围	B026 我认为如果不对这一现象加以纠正的话，那么大家都会滥用公司的资源，形成不良风气，因此我很想向上司建言	5
A15 利己动机	AA33 向领导表明自身立场和目标	B043 当我一旦开口也就感觉陈述起来都顺了，虽然最后没有马上得到肯定的答复，但至少让领导知道我们是想要争取该业务的	1
A16 辱虐型领导	AA34 领导滥用职权恶意欺压	B002 领导喜欢摆架子，不专业，质疑专业员工的方案，有点小权力，想什么做什么，滥用自己的职权做看心情的事情	2
A17 威权型领导	AA35 领导独断专行	B044 我觉得我的领导有自己的想法，他的观念形成之后就不会被别人所改变	5
A18 领导开放性	AA36 领导愿意承担风险创新	B017 作为领导敢于突破传统观念接受下属的创新想法，我觉得企业就需要这样的领导者	3
	AA37 领导开明通情达理善于纳谏	B011 我的领导并非那些不能接受下属建议的人，他是一个开明的人，愿意听取别人的意见并给别人一些指导性的意见	15
A19 领导亲和性	AA38 领导亲切不摆架子	B050 领导和我们特别的亲切，平时不摆架子	7
A20 领导意见征询	AA39 领导鼓励与意见征求	B041 我的领导鼓励我们提建议，希望我们遇到问题能直接建言	18
A21 领导认同下属	AA40 得到领导或公司的认同和肯定	B038 后来我的方案得到了认可，领导还大力地表扬我	26

范畴	标签	原始案例文本（节选）	条目数
A22 领导纳谏	AA41 领导采纳并落实	A046 领导考虑后，加入了一些自己的意见后同意了，并且实现了，在部门内部同大家进行一定的交流后，试运行了一段时间，效果还不错	72
A23 领导拒谏	AA42 领导忽视、套路拒绝或驳回	A057 他听了后未置可否，让我把材料放在他桌子上，结果就没有结果了，材料石沉大海，至今没有回音	10
A24 领导积极回馈	AA43 领导认真倾听、思考和讨论	B019 上司在听到我的反馈后，非常认真地和我一起分析了原因	31
A25 正向团队氛围	AA44 相互合作的团队	B036 再怎么样我们都属于一个团队的吧，虽然他是领头人，但如果出了问题还不是大家一起担	7
	AA45 勇于建言的同事	B050 我们工作的很多员工，都给领导提过建议	2
A26 负向团队氛围	AA46 团队氛围僵化	A049 之后我就很少提建议和意见，大家都心照不宣，所以整个班组平淡无趣	2
A27 建言准备灵活性	AA47 为建言充分准备相关专业内容	A074 我负责这项内容的日常执行，对执行情况很清楚，表达了对执行情况的不满意，提出更换的同时，列举了几个其他同类的供应商，也说明了在费用上的差异，提议先小范围尝试其他供应商的合作	24
A28 消极情感	AA48 害怕纠结矛盾忐忑	B031 主要就是害怕、担心	16
A29 建言实施灵活性	AA49 表达方式灵活性	A027 面对领导的严肃，只能用邮件的方式向领导建言	11
	AA50 建言时机灵活性	B009 如果工作中发现问题，一般我都会找个合适的时间，比如午休或者下班时间，私下和领导委婉地提出建议，说出自己的看法，提出这件事的利弊所在，并提出自己的建议，让领导定夺	3

续表

范畴	标签	原始案例文本（节选）	条目数
A30 工作 疏离	AA51 多一事不如少一事	B014 随着自己工作年限的增长和对领导和公司的了解，意识到并非所有的事情都能如自己所想的那样来，我只是一个普通的打工者，没有必要做一些让自己出力不讨好的事情	8
	AA52 下属抵触工作	B002 这样员工对待工作就有抵触心理	1
A31 工作意 义感	AA53 参与公司建设贡献自己力量	B033 我能够参与到店铺的改善中，感觉自己是被需要的是有能力的	3
	AA54 感到自我价值提升	B020 我很是欣慰，感觉到了自己活得很有价值	8
A32 工作 投入	AA55 员工愿意为工作投入付出	B014 虽然每天的工作量非常大，时常加班，还是没有加班费的加班，但是每天的干劲十足，确实是累并快乐着	6
A33 建言效 能感	AA54 建言价值认知	B024 我觉得这个意见是有价值的	13
	AA55 预期领导会接受	A054 我向主管领导提出的意见，领导一般都会采纳	3
A34 建言责 任感	AA56 对公司的责任感和义务感	B038 因为这也是我的大家庭，所以面对问题一定要敢于说	4
	AA57 作为下属的责任感和义务感	B031 作为员工有责任给领导提出一些建议	5
A35 信任	AA58 员工信任领导	A055 我相信领导一定会谨慎地考虑这件事情，因为领导都是明白人，很多事情他都能分辨出来	9
A36 尊重	AA59 领导尊重关心员工	B020 单位领导重视员工待遇，体贴员工生活情况，让员工放心工作，努力工作，把单位当成家一样	11
A37 和谐	AA60 与领导关系亲近和谐	B049 我认为我们的关系是非常亲近的	16
A38 情感共享（下属）	AA61 关系亲近有话直说相互理解（像朋友或家人）	B029 最好是朋友关系，那种能交心、可以随心所欲地说出自己真实想法的朋友关系	39

范畴	标签	原始案例文本（节选）	条目数
A38 情感共享（下属）	AA62 平等且亲近	A049 应该是平等关系，应该言无不尽才对	5
A39 工具交换（下属）	AA63 相互合作，平等互利	B047 领导与下属之间的关系和平相处，领导与下属之间应该是经济共赢，应该平等对待和相处	7
	AA64 平等关系应相互尊重公平对待	B023 我认为领导与下属之间应该是人格上的平等关系，道德上的促进关系	6
	AA65 平等合作共同完成工作	A044 领导和下属间的关系应该在工作中互帮互助，一起处理工作中的问题，以相同地位的关系来相处	7
	AA66 相互合作但关系保持一定距离	B046 既要保持一定距离，又要形成合力	18
	AA67 分工合作各负其责协作共赢	B014 下属和领导应该是合作互助的关系，工作中互相辅助合作，出现问题共同沟通，在合作的基础上领导做出决策	5
	AA68 平等的伙伴关系	B034 都为了共同的目标而奋斗，领导不必要高高在上，下属也不必卑微	6
	AA69 协作竞争	B009 领导与下属，在既定规则下相互协作也存在竞争	1
A40 权威服从（下属）	AA70 有明显上下分界	A020 在工作中，领导就是领导，下属就是下属。下属尊重领导，领导也要公私分明	17
	AA71 领导应保有权威	A071 领导还是要具有一定的权威，相处要融洽但在一定程度上要给领导足够的尊重和给他足够的权威按照他的话去做	4
	AA72 领导和被领导的关系	B010 我觉得领导和下属是管理与被管理的上下级关系	13
	AA73 下属应当尊重敬仰领导，不能事事反驳	A001 下属应该对领导有一种尊重和敬仰之心，不能事事反驳领导	1
A41 照顾回报（下属）	AA74 上级正确领导，下属表达意见	A063 领导应该做好领导工作，正确领导下属，下属要尊敬领导，领导有错要敢于质疑	12

范畴	标签	原始案例文本（节选）	条目数
A41 照顾回报（下属）	AA75 明显有上下分界但关系亲近	A018 我觉得领导和下属在工作中是上下级关系，下级必须听从上级的安排；在生活中，上下级是朋友关系，可以互帮互助，相互学习	23
	AA76 领导应该关心照顾下属	A055 领导爱护下属，就像是家人一样，非常的和谐共处	2
	AA77 像师生一样相互交流相互学习	A038 应该是一种类似于老师和学生的关系，相处时应该互相尊重	7
	AA78 下属尊敬服从领导，领导仁慈公正对待下属	A028 领导与下属上下级的关系还是比较分明的，对上以敬对下以慈	8
	AA79 上级应给下属提供指导，下属则有话直说，回馈领导指导	B049 在工作上领导给予下属指导与帮助，下属回馈领导的指导，帮助领导解决问题	2
	AA80 领导能够指导下属且关系亲近	B008 工作上领导能给我提供一些具体的指导，在工作遇到瓶颈时能够帮助我解决困难。工作之余平等相处，像兄弟姐妹一样有爱	3
A42 下属组织认同	AA81 对公司的认同	B020 对于公司，我有很深的感情	4
A43 下属的领导认同	AA82 员工敬重领导	B049 我的上司真的是一个非常优秀的人物，我尊重她	7
A44 情感共享（领导）	AA83 关系亲近有话直说（像朋友或家人）	B001 我的上司待下属友善，如同家人一样，相处愉快，能畅所欲言，能互相关心	34
	AA84 平等且亲近	A045 我的直属上司对待领导与下属之间的关系是平等的，他认为我们如果有什么对公司发展好的建议，就应该向他提出来，如果有什么烦心事也可以找她帮忙	5
	AA85 平等沟通互相学习	A035 我的直属上司觉得领导和下属是应该平等的，员工应该积极建言，多多发表意见，相互沟通互相学习	3

范畴	标签	原始案例文本（节选）	条目数
A45 工具交换（领导）	AA86 讲究效率的工作关系	A066 我的领导也讲究效率，希望我汇报的时候简洁直接	3
	AA87 客观公正，相互协作支持	A058 领导比较宽厚吧，客观对待。共同合作，团结一致奋斗	3
	AA88 平等的合作关系	B039 我的直属上司觉得领导和下属之间应该是一种合作共赢的关系，她觉得领导不应该仗势欺人，下属应该直言进谏	9
	AA89 关系应保有一定距离，较为疏远	B033 她应该觉得领导和下属之间就是纯粹的工作关系，只讲工作少谈生活	3
	AA90 互提建议共享工作知识	A019 互相尊重，互提建议，共享工作经验与知识	2
A46 权威服从（领导）	AA91 领导与被领导的关系，下属不应该给领导提意见	B006 我的直属上司认为领导就是领导，是权威者，下属对领导的命令必须绝对服从。他觉得领导与下属是不同阶层的人，下属应当尊重领导	12
	AA92 执行关系，下属应该认真完成工作并配合领导	B021 他觉得我们应该严格执行他的要求，也需要我们理解他、支持他、维护他	4
	AA93 有明显的上下分界	B029 他觉得自己高高在上，一副冷面孔，对待下属总是摆官架子，说官腔	7
A47 照顾回报（领导）	AA94 有一定权威且关系亲近	B040 她认为领导应该了解下属的工作能力，培养下属，同时又要对下属有一种掌控力，与下属的相处既有权威又融洽	5
	AA95 领导应善于倾听下属意见，把握大局	B051 领导是团队的核心，遇到问题和员工充分探讨，但又必须自己一锤定音	8
	AA96 领导应关心照顾下属，下属应向领导建言	A073 我的直接上司认为下属应该也有责任直接指出领导在工作中的失误，他有时请大家吃饭，有时会关心一些大家的生活状况	1
	AA97 上级帮助指导下属，下属则纠正提醒领导	A048 领导帮助下属成长，指挥下属做事情。下属对领导做错的一些事情进行提醒。两者应该互相帮助，互相进步	2

续表

范畴	标签	原始案例文本（节选）	条目数
A47 照顾回报（领导）	AA98 有上下之分但关系亲近	A030 我的直属领导对待上下属关系在生活和工作中是不同的，在工作中相当严肃，一定要按照规章制度，但在生活中，却玩到一块，不会存在上级的官威	19
	AA99 领导保有权威但可以提意见	B043 他比较倾向于领导与被领导，但也会征求下属的意见，他喜欢拿主意，但如果能第一时间说服他，他也会采纳我们的意见	3

C 团队员工调查问卷 I 和问卷 II

员工调查 I

填写注意事项：

（1）在进行团队编号时，调查者会邀请团队中的一位成员进行协助。

（2）调查者会告知协助者该团队的编号，进行团队编号的填写。

（3）在所有团队成员填写完问卷后，调查者会请协助者告知领导者如何填写团队编号，用团队编号进行配对。

第一部分

您的团队 / 部门编号：＿＿＿＿＿＿

（填写范例：Team1）

您的姓名首字母：＿＿＿＿＿＿

（填写范例：张三 =ZS）

第二部分：个人基本信息

1. 您的性别：

○男　　　　　　○女

2. 您的年龄段：

○≤ 20 岁　　　○ 21~25 岁　　　○ 26~30 岁　　　○ 31~35 岁

○ 36~40 岁　　○ 41~45 岁　　　○ 46~50 岁　　　○ 51~55 岁

○≥ 56 岁

3. 您的教育程度：

○高中及以下　○专科　　　　　○本科　　　　　○硕士

○博士

4. 您在贵单位的职级：

○一般职员　　○基层主管　　　○中层主管　　　○高层主管

5. 您和您目前的直接主管共事时间：_____ 年 ____ 月

（填写范例：3；5）

6. 您目前的团队 / 部门有____人。

（填写范例：3）

7. 您现在的工作岗位类型：

○销售 / 运营　○财务 / 会计　○研发 / 技术　○生产 / 制造

○人事 / 行政　○其他，请具体说明_____

8. 您现在所处企业的行业类型：

○制造业　　　○金融业　　　　○科技业　　　　○教育业

○房地产业　　○政府或公共服务业

○交通运输业　○批发零售业　　○环境服务业　　○建筑业

○其他，请具体说明_____

第三部分

请阅读下列语句，并根据你对职场中"领导和下属这一组角色之间应该是怎样关系"的看法，选择与你感受一致的选项。、

题项　　我觉得……	非常不同意	不同意	有点不同意	有点同意	同意	非常同意
1. 领导与下属应该要分享彼此的想法与感受	1	2	3	4	5	6
2. 领导与下属的关系应该是情感紧密相连的	1	2	3	4	5	6
3. 领导和下属应该能够相互展现真诚的情绪，不论是高兴或悲伤	1	2	3	4	5	6
4. 领导和下属之间应该互相关怀和体恤	1	2	3	4	5	6
5. 领导与下属就像是朋友一样，应该要互相帮助与关怀	1	2	3	4	5	6
6. 领导与下属应该是同甘共苦的关系	1	2	3	4	5	6
7. 领导经估算后提供下属缺少的资源，下属则根据领导提供的资源来决定工作表现	1	2	3	4	5	6
8. 领导与下属之间要相互计算双方能为彼此带来的实际利益	1	2	3	4	5	6
9. 领导与下属之间应该平等，只是在不同职位上进行各种任务的利益交换	1	2	3	4	5	6
10. 领导与下属的关系应该是相互利用对方的能力或资源，以完成工作任务	1	2	3	4	5	6
11. 领导与下属的关系，无非就是一种工作上的利益交换关系	1	2	3	4	5	6
12. 领导与下属的关系是经计算后，有条件地满足双方的工作要求	1	2	3	4	5	6
13. 领导和下属之间应该是工作表现与奖励惩处的交易关系	1	2	3	4	5	6
14. 领导和下属的关系应该是领导无条件地照顾下属，给予表现机会，下属则感恩并以忠诚回报领导	1	2	3	4	5	6

题项　我觉得……	非常不同意	不同意	有点不同意	有点同意	同意	非常同意
15. 领导应该无条件地帮助解决下属的各种困难，下属则表现出让领导肯定的行为以回报领导	1	2	3	4	5	6
16. 领导与下属的关系应该是领导要不藏私地指导下属，下属则努力学习以回报领导	1	2	3	4	5	6
17. 领导与下属的关系应该超越工作范围，领导无私地给予下属所需的任何资源，下属找机会回报领导工作以外的帮助	1	2	3	4	5	6
18. 领导与下属之间应该是上对下照顾而下对上回报的义务关系	1	2	3	4	5	6
19. 领导就是拥有比较多的权力，下属应该要服从领导的安排，以避免领导的惩罚	1	2	3	4	5	6
20. 领导与下属的关系就是职位权力高低的关系，领导发号施令，下属听命行事	1	2	3	4	5	6
21. 领导与下属的关系应该有明确的上下界线，不论领导的命令是否合理，下属应该都要服从	1	2	3	4	5	6
22. 领导与下属的关系是上下阶级的权力关系	1	2	3	4	5	6
23. 领导对下属应该保持权威，下属则应服从领导	1	2	3	4	5	6
24. 领导与下属的关系应该就是管理监督与顺从的关系	1	2	3	4	5	6

第四部分

请依据您的实际工作特征，对下列描述进行评价和判断。

题项	非常不符合	不符合	有点不符合	有点符合	符合	非常符合
1. 我需要从领导那里得到信息和意见才能做好工作	1	2	3	4	5	6

续表

题项	非常不符合	不符合	有点不符合	有点符合	符合	非常符合
2. 我从事的是个人工作，不太需要与领导协调或合作	1	2	3	4	5	6
3. 我需要与领导合作才能做好工作	1	2	3	4	5	6
4. 我需要与领导互相提供信息和意见才能做好工作	1	2	3	4	5	6
5. 我需要定期就工作相关问题与领导沟通	1	2	3	4	5	6

第五部分

请您根据自己的实际感受和体会，结合下列描述对您和直接主管的关系进行评价和判断。

题项	非常不同意	不同意	有点不同意	有点同意	同意	非常同意
1. 一般来说，我很清楚我的主管对我的工作表现是否满意	1	2	3	4	5	6
2. 我觉得我的主管对我的工作上的问题及需要非常了解	1	2	3	4	5	6
3. 我觉得我的主管对我的潜力知道很多	1	2	3	4	5	6
4. 我的主管会运用其职权来帮助我解决工作上重大的难题	1	2	3	4	5	6
5. 我的主管会牺牲自己的利益来帮助我摆脱工作上的困难	1	2	3	4	5	6
6. 我很信任我的主管，支持主管的决策	1	2	3	4	5	6
7. 我和主管的工作关系很好	1	2	3	4	5	6

员工调查 II

填写注意事项:

（1）在进行团队编号时，调查者会邀请团队中的一位成员进行协助。

（2）调查者会告知协助者该团队的编号，进行团队编号的填写。

（3）在所有团队成员填写完问卷后，调查者会请协助者告知领导者如何填写团队编号，用团队编号进行配对。

第一部分

您的团队 / 部门编号：＿＿＿＿＿＿＿

（填写范例：Team1）

您的姓名首字母：＿＿＿＿＿＿＿

（填写范例：张三 = ZS）

第二部分

请回想：在与直属主管的关系中，您经历以下情绪的频率是	从不	极少	偶尔	有时	经常	频繁	总是
兴奋的	1	2	3	4	5	6	7
兴高采烈的	1	2	3	4	5	6	7
喜悦的	1	2	3	4	5	6	7
幸福的	1	2	3	4	5	6	7
充满热情的	1	2	3	4	5	6	7
愉快的	1	2	3	4	5	6	7
宁静的	1	2	3	4	5	6	7
满意的	1	2	3	4	5	6	7
渴望的	1	2	3	4	5	6	7

续表

请回想：在与直属主管的关系中，您经历以下情绪的频率是	从不	极少	偶尔	有时	经常	频繁	总是
满足的	1	2	3	4	5	6	7
乐观的	1	2	3	4	5	6	7
生气的	1	2	3	4	5	6	7
害怕的	1	2	3	4	5	6	7
猜疑的	1	2	3	4	5	6	7
被激怒的	1	2	3	4	5	6	7
敌对的	1	2	3	4	5	6	7
厌恶的	1	2	3	4	5	6	7
被拒绝的	1	2	3	4	5	6	7
悲伤的	1	2	3	4	5	6	7
内疚的	1	2	3	4	5	6	7
担心的	1	2	3	4	5	6	7
失望的	1	2	3	4	5	6	7
抑郁的	1	2	3	4	5	6	7
孤独的	1	2	3	4	5	6	7
平静的	1	2	3	4	5	6	7
被需要的	1	2	3	4	5	6	7
惊喜的	1	2	3	4	5	6	7
痛苦的	1	2	3	4	5	6	7

第三部分

请依据实际情况选择下列描述与你相符的程度。

题项	非常不符合	不符合	有点不符合	有点符合	符合	非常符合
1. 我能以多种不同方式交流一个想法	1	2	3	4	5	6
2. 我尽量避免处在不熟悉的环境中	1	2	3	4	5	6
3. 我感觉自己从未做出过决定	1	2	3	4	5	6
4. 在任何特定情境中,我都能做出适当的行为反应	1	2	3	4	5	6
5. 对看似无法解决的问题,我能找到可行的解决方案	1	2	3	4	5	6
6. 要决定如何去做时,我很少有可供选择的方案	1	2	3	4	5	6
7. 我乐于以创造性的方式解决问题	1	2	3	4	5	6
8. 我的行为是我有意识做出决定的结果	1	2	3	4	5	6
9. 在任何特定情境下,我都有多种可能的行为方式	1	2	3	4	5	6
10. 我很难将知识应用在真实生活的特定情境中	1	2	3	4	5	6
11. 在处理问题时我愿意倾听并考虑多种替代方案	1	2	3	4	5	6
12. 我有尝试不同行为方式所必需的自信心	1	2	3	4	5	6

D 团队主管调查问卷Ⅰ和问卷Ⅱ

主管调查Ⅰ

第一部分

您的团队 / 部门编号:＿＿＿＿＿＿

(填写范例:Team1)

第二部分：个人基本信息

1. 您的性别：

○男　　　　　　○女

2. 您的年龄段：

○≤ 20 岁　　　○ 21~25 岁　　　○ 26~30 岁　　　○ 31~35 岁

○ 36~40 岁　　○ 41~45 岁　　　○ 46~50 岁　　　○ 51~55 岁

○≥ 56 岁

3. 您的教育程度：

○高中及以下　　○专科　　　　○本科　　　　　○硕士

○博士

4. 您在贵单位的职级：

○一般职员　　　○基层主管　　　○中层主管　　　○中层主管

5. 您现在的工作岗位类型：

○销售 / 运营　　○财务 / 会计　　○研发 / 技术　　○生产 / 制造

○人事 / 行政　　○其他，请具体说明＿＿＿＿＿＿

6. 您现在所处企业的行业类型：

○制造业　　　　○金融业　　　　○科技业　　　　○教育业

○房地产业　　　○政府或公共服务业

○交通运输业　　○批发零售业　　○环境服务业　　○建筑业

○其他，请具体说明＿＿＿＿＿＿

第三部分

请阅读下列语句，并根据你对职场中"领导和下属这一组角色之间应该是怎样关系"的看法，选择与你感受一致的选项。

题项　我觉得……	非常不同意	不同意	有点不同意	有点同意	同意	非常同意
1. 领导与下属应该要分享彼此的想法与感受	1	2	3	4	5	6
2. 领导与下属的关系应该是情感紧密相连的	1	2	3	4	5	6
3. 领导和下属应该能够相互展现真诚的情绪，不论是高兴或悲伤	1	2	3	4	5	6
4. 领导和下属之间应该互相关怀和体恤	1	2	3	4	5	6
5. 领导与下属就像是朋友一样，应该互相帮助与关怀	1	2	3	4	5	6
6. 领导与下属应该是同甘共苦的关系	1	2	3	4	5	6
7. 领导经估算后提供下属缺少的资源，下属则根据领导提供的资源来决定工作表现	1	2	3	4	5	6
8. 领导与下属之间要相互计算双方能为彼此带来的实际利益	1	2	3	4	5	6
9. 领导与下属之间应该平等，只是在不同职位上进行各种任务的利益交换	1	2	3	4	5	6
10. 领导与下属的关系应该是相互利用对方的能力或资源，以完成工作任务	1	2	3	4	5	6
11. 领导与下属的关系，无非就是一种工作上的利益交换关系	1	2	3	4	5	6
12. 领导与下属的关系是经计算后，有条件地满足双方的工作要求	1	2	3	4	5	6
13. 领导和下属之间应该是工作表现与奖励惩处的交易关系	1	2	3	4	5	6
14. 领导和下属的关系应该是领导无条件地照顾下属，给予表现机会，下属则感恩并以忠诚回报领导	1	2	3	4	5	6
15. 领导应该无条件地帮助解决下属的各种困难，下属则表现出让领导肯定的行为以回报领导	1	2	3	4	5	6
16. 领导与下属的关系应该是领导要不藏私地指导下属，下属则努力学习以回报领导	1	2	3	4	5	6
17. 领导与下属的关系应该超越工作范围，领导无私地给予下属所需的任何资源，下属找机会回报领导工作以外的帮助	1	2	3	4	5	6

续表

题项　　我觉得……	非常不同意	不同意	有点不同意	有点同意	同意	非常同意
18. 领导与下属之间应该是上对下照顾而下对上回报的义务关系	1	2	3	4	5	6
19. 领导就是拥有比较多的权力，下属应该服从领导的安排，以避免领导的惩罚	1	2	3	4	5	6
20. 领导与下属的关系就是职位权力高低的关系，领导发号施令，下属听命行事	1	2	3	4	5	6
21. 领导与下属的关系应该有明确的上下界线，不论领导的命令是否合理，下属应该都要服从	1	2	3	4	5	6
22. 领导与下属的关系是上下阶级的权力关系	1	2	3	4	5	6
23. 领导对下属应该保持权威，下属则应服从领导	1	2	3	4	5	6
24. 领导与下属的关系应该就是管理监督与顺从的关系	1	2	3	4	5	6

主管调查 II

第一部分

您的团队 / 部门编号：＿＿＿＿＿＿＿＿

（填写范例：Team1）

第二部分

下面描述的是您的直接下属在工作中的想法与做事方式，请对下面的描述，逐项评价每位成员的情况。请首先写下直接下属成员姓名首字母（如张三＝ZS），再分别对每位员工逐题进行评价，并在下列空格中填入相应的分数（1~6）。以下范例供您参考。

（提示：下属姓名缩写需与团队员工调查问卷的姓名缩写一一对应）

范例	下属 1 ZS S	下属 2 LS S	下属 3 WWS	下属 4 ZLS	下属 5 PPD	下属 6 JDS	下属 7 LQD
该员工对可能影响本部门的事积极谋发展、提建议	3	4	2	5	6	2	4

非常不同意	不同意	有点不同意	有点同意	同意	非常同意
1	2	3	4	5	6

请打分：最低为 1 分，最高为 6 分	下属 1	下属 2	下属 3	下属 4	下属 5	下属 6	下属 7	下属 8	下属 9	下属 10
1. 该员工对可能影响本部门的事积极谋发展、提建议										
2. 该员工积极建议对本部门有利的新项目										
3. 该员工为改进本部门工作流程提出建议										
4. 该员工为帮助本部门达成目标积极建言献策										
5. 该员工为改进本部门运营提出建设性建议										

请打分：最低为1分，最高为6分	下属1	下属2	下属3	下属4	下属5	下属6	下属7	下属8	下属9	下属10
6. 该员工劝阻其他同事不要做对绩效不利的事										
7. 即使存在反对意见，该员工还是坦诚地指出可能严重影响本部门的问题										
8. 对于可能影响本部门效率的事情该员工勇敢建言，即使这样做会使其他人难堪										
9. 当本部门出现问题时，该员工勇于指出问题所在，即使这样做会影响自己和其他同事的关系										
10. 在工作中出现需要协调的问题时，该员工主动向上级反映										